espejo de españa

147

«Ni está el mañana —ni el ayer— escrito.»

ANTONIO MACHADO

El dios Ibero

1. La colección ESPEJO DE ESPAÑA, bajo el signo de Editorial Planeta, pretende aportar su colaboración, no por modesta menos decidida, al cumplimiento de una tarea que, pese a contar con tantos precedentes ilustres, día tras día se evidencia como más urgente y necesaria: el esclarecimiento de las complejas realidades peninsulares de toda índole —humanas, históricas, políticas, sociológicas, económicas...— que nos conforman individual y colectivamente, y, con preferencia, de aquellas de ayer que gravitan sobre hoy condicionando el mañana.

2. Esta aportación, a la que de manera muy especial invitamos a colaborar a los escritores de las diversas lenguas hispánicas, se articula inicialmente en siete series:

I los españoles
II biografías y memorias
III movimientos políticos, sociales y económicos
IV la historia viva
V la guerra civil
VI la España de la posguerra
VII testigos del futuro

Con ellas, y con las que en lo sucesivo se crea oportuno incorporar, aspiramos a traducir en realidades el propósito que nos anima.

3. Bueno será, sin embargo, advertir —puesto que no se pretende engañar a nadie— que somos conscientes de cuantas circunstancias nos limitan. Así, por ejemplo, en su deseo de suplir una bibliografía inexistente muchas veces, que cabe confiar estudios posteriores completen y enriquezcan, ESPEJO DE ESPAÑA en algunos casos sólo podrá intentar, *aquí* y *ahora*, una aproximación —sin falseamiento, por descontado, de cuanto se explique o interprete— a los temas propuestos, pero permítasenos pensar, a fuer de posibilistas, que tal vez los logros futuros se fundamentan ya en las tentativas presentes sin solución de continuidad.

4. Al texto de los autores que en cada caso se eligen por su idoneidad manifiesta para el tratamiento de los temas seleccionados, la colección incorpora un muy abundante material gráfico, no, obviamente, por razones estéticas, sino en función de su interés documental, y, cuando la obra lo requiere, tablas cronológicas, cuadros sinópticos y todos aquellos elementos que pueden complementarlo eficazmente. Se trata, en definitiva, de que cada uno de los títulos, en su unidad texto-imagen, responda a la voluntad de testimonio que preside las diversas series.

5. Sería ingenuo desconocer, empero, que este ESPEJO que, acogido a la definición que Stendhal aplicara a la novela, pretendemos pasear a lo largo del camino, según se proyecte a su izquierda o a su derecha recogerá, sin duda, sobre los mismos hombres, sobre los mismos hechos y sobre las mismas ideas, imágenes diversas y hasta contrapuestas. Nada más natural y deseable. La colección integra, sin que ello presuponga identificación con una u otra tendencia, obras y autores de plural ideología, consecuente con el principio de que ser liberal presupone estar siempre dispuesto a admitir que *el otro* puede tener razón. Aspiramos a crear un ágora de libre acceso, cerrada, única excepción, para quienes frente a la dialéctica de la palabra preconicen, aunque sólo sea por escrito, la dialéctica de la pistola.

6. Y si en algunas ocasiones la estampa que ESPEJO DE ESPAÑA nos ofrezca hiere nuestra sensibilidad o conturba nuestra visión convencional, unamos nuestra voluntad de reforma a la voluntad de testimonio antes aludida y recordemos la vigencia de lo dicho por Quevedo: «Arrojar la cara importa, que el espejo no hay de qué.»

RAFAEL BORRÀS BETRIU
Director

Diciembre de 1973.

Nosotros, los españoles

Una breve historia de España

Vicente Palacio Atard

Nosotros, los españoles

Una breve historia de España

EDITORIAL PLANETA BARCELONA

ESPEJO DE ESPAÑA
Dirección: Rafael Borràs Betriu
Serie: Los españoles

Córcega, 273-279, 08008 Barcelona (España)
Ilustración al cuidado de Antonio Padilla
Diseño colección y cubierta de Hans Romberg
Ilustración cubierta: «El Paseo de Colón», de Pablo Picasso, Museo Picasso, Barcelona (S.P.A.D.E.M., 1991)

Procedencia de las ilustraciones: Archivo Editorial Planeta, Archivo Mas, Cover, EFE, Europa Press, Gamma/Flash Press, X. Ràfols

Primera edición: agosto de 1991
Depósito Legal: B. 19.982-1991
ISBN 84-320-7547-7
Composición: Foto Informática, S. A. (Aster, 10,5/11)
Impresión: Duplex, S. A., Ciudad de Asunción, 26-D, 08030 Barcelona
Encuadernación: J. Rovira
Printed in Spain - Impreso en España

ÍNDICE

A mis nietos, Javier e Ignacio
A sus amigos Mari Carmen y Rafael Estevan
A todos los que quieren conocer el pasado
pensando en el futuro de España

INTRODUCCIÓN

Las seis fundaciones de España

Al entrar en la última década del siglo XX los españoles nos encontramos ante tres desafíos históricos: el desarrollo del proyecto político que entraña el Estado de las autonomías, bosquejado en la actual Constitución española; la creación de Europa, que no es sólo un Mercado común, ni sólo una alianza militar, aunque la economía y la defensa sean cosas muy importantes, pero que ha de hacerse también sobre los soportes de la unión política y la integración de la diversidad cultural en unas señas de identidad comunes; por fin, el tercer desafío de nuestro tiempo consiste en la llamada de Hispanoamérica, la potenciación de los lazos que den fuerza actual a esa realidad del mundo hispánico.

Vivimos hoy en una España que es, como toda agrupación humana organizada, un resultado histórico y también es, o debe ser, un proyecto de futuro. No siempre ha habido españoles, ni España es una creación intemporal. Somos lo que somos por una herencia secular, y seremos lo que seamos según elijamos nuestro destino y nos encaminemos hacia él. La historia no avanza por vía de dirección única: son varios los caminos y las direcciones ante las que los hombres, en su vida individual o colectiva, tienen que optar. Sólo el determinismo dogmático ha creído estar en posesión del único sentido de la historia. Si nos sacudimos las ataduras de cualquier determinismo, la Historia aparece como fruto de la libertad. La libertad en la decisión de los hombres al elegir entre las posibilidades de cada momento, posibilidades que surgen a veces inesperadamente. España ha llegado a ser lo que hoy es a través de un proceso secular en el que han decidido la voluntad de las generaciones pretéritas, su comportamiento ante las posibilidades que se les ofrecieron a ellas, la capacidad de proyectar su futuro.

España es, por supuesto, una realidad geográfica. Quiero decir que, por de pronto, la realidad histórica de España se asienta sobre una realidad geográfica. Algunos parecen reducir el concepto España a pura geografía: la imagen que cada día nos transmite el Meteosat, un perfil de tierras de contornos muy bien definidos entre el Mediterráneo y el Atlántico, al que los antiguos griegos llamaron Iberia, como se lee en el libro III de la *Geographiké* de Estrabón, y que es descrita como una piel tendida, la famosa «piel de toro».

Los fenicios y los griegos focenses hicieron el *Descubrimiento geográfico* de esta región de la tierra y fundaron en ella *emporios,* factorías costeras desde las que entraron en relación e hicieron tratos con los indígenas. Para que la geografía dejara paso además a la Historia no bastaron, sin embargo, aquellos tratos e intercambios. Fue preciso que los cartagineses y los romanos hicieran el *Descubrimiento político* de estas tierras. Tal descubrimiento fue consecuencia de las *guerras púnicas,* de la lucha entre romanos y cartagineses por el dominio del Mediterráneo occidental, en la cual la posición estratégica de la Península ibérica adquirió un inesperado valor. El resultado fue la victoria de los romanos sobre los cartagineses y el establecimiento de su autoridad en las tierras que entonces fueron bautizadas con el nombre que había de perpetuarse hasta nuestros días: Hispania.

No sólo dieron los romanos nombre a Hispania. Hicieron algo más: crearon una nueva entidad social, política, administrativa y cultural que había de tener larga vigencia histórica. A ellos cabe atribuir por eso la *primera fundación de España.* Al instalarse los romanos era éste un territorio con definida personalidad geográfica, habitado por diferentes pueblos y tribus: turdetanos e iberos, celtas y celtíberos, ilergetes y vacceos, lusitanos, vascones, autrigones, várdulos, caristios, astures. Cada uno de esos pueblos primitivos, ya hablaran la misma lengua o lenguas diversas, ya provinieran del mismo tronco étnico o se diferenciaran racialmente, no tenían conciencia de su solidaridad social. Eran extraños unos a otros, en ocasiones hostiles unos a otros.

La solidaridad social de estos pueblos que habitaban Iberia o Hispania se formará por dos estímulos diversos y sucesivos. Uno, el menos importante, la respuesta a la agresión exterior, al enemigo común romano, durante la conquista. La prolongada lucha creó lazos de solidaridad entre las tribus, ya fueran celtibéricas o lusitanas. La resistencia tuvo más de individuales esfuerzos que de empeños conjugados de los pueblos indígenas. El otro estímulo decisivo fue la recreación política, administrativa y cultural que Roma emprendió desde el comienzo de su asentamiento y que desarrolló durante seis siglos, el proceso que se conoce con el nombre de romanización.

La idea de la unidad político-administrativa de los territorios, aunque impuesta por la fuerza, se basa en la identidad geográfica de la Península, y corrige al mismo tiempo los factores dispersivos que impone esa misma geografía en el interior peninsular. La comunicación física, la construcción de las calzadas, aproxima a las gentes y reduce el aislamiento tribal. La comunicación interracial supera el estado primitivo. La comunicación cultural se generaliza paulatinamente con el uso del latín. A todo esto hay que añadir el factor definitivo de cohesión de lo disperso, de potenciación de lo común que fue la recepción de la nueva fe religiosa: el cristianismo. Romanización y cristianismo, he ahí los dos cimientos de la primera fundación de España. La dominación romana aparece así, según dice el gran maestro de los historiadores españoles de nuestro siglo, don Claudio Sánchez-Albornoz, como «una etapa afirmativa de la estructura funcional y de la contextura anímica primigenia de los españoles».

A esta etapa añádanse los casi tres siglos de la prolongación visigótica de Hispania. Sobre el soporte hispanorromano los visigodos hicieron aportes perdurables a esa contextura vital de los españoles, que se reflejaron en los reinos medievales y en la influencia eclesiástica a partir del III Concilio de Toledo, así como en la exaltación de las relaciones de tipo personal de *gardingos* y *fideles,* que se sobreañadían a la *devotio* ibérica y a las relaciones de clientela del Bajo Imperio.

De pronto, sobre Hispania irrumpe la invasión musulmana. En breve tiempo toda la estructura visigótica se derrumbó: las querellas intestinas de los godos y el entreguismo colaboracionista de algunos de ellos explican cómo ocurrió la increíble catástrofe. Pero no desaparecieron en ella todos los elementos hispanorromanos y visigodos, que pronto iniciaron la Reconquista, es decir, la *segunda fundación de España.* Cuando mayor era el peligro de desaparición de la herencia hispana, la misma adversidad generó nuevas fuerzas para rehacer esa entidad histórica. Fue una refundación que tardó mucho tiempo en completarse, lo que dejaría notorias huellas en la vida hispana. Fue, en realidad, una segunda fundación inacabada. Las crónicas medievales nos hablan de la «pérdida de España», romanceado ya el nombre latino antiguo. Se había perdido España, había que recobrarla. Ése fue el anhelo común que sólo se vio definitivamente cumplido al cabo de ocho siglos. Fue una larga, complicada y trabajosa historia...

Los hispanogodos hubieron de replegarse a las montañas del Norte, como es bien sabido, y se fundieron allí con los pobladores aborígenes para defenderse contra el islam. Aquella reagrupación de elementos supuso una resurrección parcial de lo primitivo, nunca enterrado del todo por la dominación romana y visigótica. Así coinciden los tres elementos originarios de la España medieval cristiana en los espacios astur-cantábrico y pirenaico: lo romano, lo godo y lo indígena. Por otra parte, la herencia cultural preislámica se conservaba con fuerza en al-Andalus.

Lo preislámico perduró en al-Andalus en dimensiones histórico-culturales considerables: en el siglo XI, tres siglos después de la primera invasión, la mayor parte de los andalusíes hablaban el romance mozárabe y no la lengua árabe. Los varios millones de mozárabes que permanecieron en al-Andalus resistieron por mucho tiempo la adopción de los hábitos mentales y formas de vida islámicas. La orientalización de la España musulmana fue tardía, a pesar del empeño de algunos emires y califas Omeyas, y sólo se fue logrando por la dispersión de los centros de irradiación que fueron los taifas. Al-Andalus se había hispanizado parcialmente, y a ello contribuyeron en no pequeño grado las mujeres y el vino.

Durante los ocho siglos de la «reconquista» los hispanocristianos se acostumbraron a convivir con el islam, sea en guerra, sea en largos períodos de paz. Hay mozárabes, cristianos que viven bajo dominio musulmán, y mudéjares, musulmanes que viven bajo dominio cristiano. Se producen intercambios en las letras y en las artes, algunas veces en las modas del vestir y en los usos sociales. Pero de ese conjunto de convivencias y rupturas, desde que Táriq y Muza desembarcan en el año 711, hasta la recuperación de Granada en 1492; del conjunto de agregaciones y disgregaciones en los reinos cristianos formados en la Edad Media, y de las uniones y taifas en al-Andalus; del impresionante movimiento migratorio de repoblación que acompaña a la reconquista; de todo ello saldrán los cinco reinos establecidos en la geografía peninsular al final de la Edad Media: cuatro de ellos cristianos, que se habían esforzado con parcial éxito en recobrar la España perdida en la batalla del Guadalete. Fue una obra de todas las gentes de España, cada una a su manera, con apoyos y medios diferentes, formando sociedades parcialmente disímiles, con ingredientes de burguesía y feudalismo en Cataluña, con un patriciado caballeresco y una sociedad de hombres libres en Castilla. Pero gentes que, como subraya Sánchez-Albornoz, «cuando rompían las cadenas que los ataban a la monotonía de su vivir diario, descubrían la integral semejanza» de su contextura histórica.

La segunda fundación de España se había hecho trabajosamente, a base de la herencia hispanocristiana y visigótica, a la que se suman los aportes de la cristiandad ultrapirenaica, y también algunos procedentes de las culturas islámica y hebrea, fruto de la yuxtapuesta convivencia secular de la Edad Media.

La tercera y decisiva fundación de España se realiza durante el largo reinado de los Reyes Católicos, llevada a cabo con éxito duradero por una serie de circunstancias, afortunadas unas, azarosas otras, pero siempre acordes con el proyecto histórico anterior. En ese proyecto tuvo su parte, como demostró Jaime Vicens Vives, el monarca catalanoaragonés Juan II, que preparó la unidad española de los Reyes Católicos, al mantener con gran tesón la iniciativa del matrimonio de Isabel y Fernando, con una visión muy cabal de sus consecuencias.

A veces algunos historiadores regatean la virtualidad de la unidad española vinculada al matrimonio de Isabel y Fernando, una unión personal en los titulares de las dos Coronas. La *tercera fundación* de España sería así generadora de la unidad territorial y política en la Corona, pero sólo de una imperfecta «unidad nacional». No se crearon instituciones comunes a los dos reinos. El peso de las dos Coronas gravitaba por separado. Pero también es verdad que se incorporaron a Castilla por derecho de conquista dos de los otros tres reinos peninsulares. Así el mapa de la España moderna quedaba perfilado con notable aumento del peso específico castellano, que ratificó su posición de eje peninsular no sólo por su emplazamiento geográfico, sino también por su peso demográfico y su capacidad económica.

En el reinado de los Reyes Católicos se afirma el prestigio de la monarquía como factor de seguridad y justicia, que corrige en gran parte la anarquía de los señores y los feudales, vertebrando el nacimiento del Estado moderno como factor de organización en torno a la Corona. Incluso anuncian como un propósito conveniente aproximar a los súbditos de las dos Coronas, según se declara en la ley III del ordenamiento de las Cortes de Toledo, en 1480, es decir, al año siguiente de haberse realizado la sucesión en Aragón: «Pues, por la gracia de Dios, los nuestros reinos de Castilla e de León e de Aragón son unidos, e tenemos esperanza que, por su piedad, de aquí en adelante estarán en unión... así es razón que todos los naturales dellos se traten e comuniquen en sus tratos e facimientos.»

Ocurrió entonces, además, el «gran salto» de la nueva monarquía española en el mundo en dos direcciones: el descubrimiento de América y la proyección de la política europea. La consecuencia inmediata de esta última fue el advenimiento de la Casa de Austria al trono, precisamente cuando se perfilaba en Europa un proyecto de modernidad al que la España moderna, recién fundada, había de oponer el suyo. La frustración del proyecto histórico español, tras la derrota consumada en el siglo XVII, dio motivo al tema de la «decadencia», a la angustiada autocrítica posterior, alentada por una hipercrítica venida desde fuera, que subrayaba el éxito de la «otra modernidad» europea, del otro proyecto histórico. De ahí esa supuesta dicotomía España-Europa, la consideración de España como «la exiliada del presente» europeo del siglo XVII.

Pero este concepto de decadencia ha sido sometido a revisión crítica desde hace sesenta años. Uno de los primeros fue Federico de Onís, en sus *Ensayos sobre el sentido de la cultura española,* publicados en 1932. Su testimonio es significativo por la fecha en que se escribe y por la formación intelectual del brillante profesor de literatura, hombre de la izquierda intelectual. La contradicción de Europa en el siglo XVI no se había extinguido cuando Onís escribía y afirmaba: «Conforme vamos conociendo libres de prejuicios europeos modernos, lo que España realmente fue y quiso ser en los comienzos de la Edad Moderna, en su Renacimiento, parece ser que lo que España representó frente a Europa fue precisamente el esfuerzo por salvar todo eso que la civilización moderna necesita y por integrarlo en una unidad superior moderna, que llegó de hecho a ser realizada en las creaciones mayores de nuestra cultura en el siglo XVI.»

A principios del siglo XVIII España era un pueblo empequeñecido en sus territorios, debilitado moralmente por la conciencia de frustración de su proyecto histórico, militarmente vencido, arruinada su economía. Pero las nuevas condiciones territoriales impuestas por los tratados de Utrecht, el advenimiento de la nueva dinastía borbónica y el espíritu crítico del siglo XVIII dieron pie a la *cuarta fundación de España.*

La unión territorial peninsular en la Corona, por un momento lograda bajo Felipe II, había quebrado en 1640 con la Restauración portuguesa. El primer hecho que hay que resaltar en la situación derivada de los tratados de Utrecht es la consolidación definitiva del *dualismo ibérico*. El proyecto de recobrar la unidad histórica hipanovisigoda, integrando todos los reinos cristianos en una sola monarquía, no pudo consolidarse en la confederación plural que había sido la Monarquía Católica de los siglos XVI y XVII.

Pero en el siglo XVIII se opera un cambio: se desprenden Italia y los Países Bajos de la antigua Monarquía Católica, y el titular de la Corona será sólo rey de España y de las Indias. Hasta comienzos del siglo XVIII el término «España» incluía genéricamente a todos los territorios cuyos orígenes se remontaban a la Hispania romanovisigótica, entre los que se reconocía una irrenunciable relación. Todavía el 16 de mayo de 1703, en el preámbulo al tratado de alianza de Portugal con el Imperio, Gran Bretaña y Holanda, el rey Pedro II de Portugal razona su intervención en la guerra de Sucesión española contra Felipe V del siguiente modo: «... por tener particular motivo de temer que el siglo presente y la posteridad culparían a un rey que, siendo por origen y por nacimiento español *(pois os portugueses vaô inclídos debaixo da denominaçao de Espanhois)* hubiese abandonado su patria, la España, en tiempo de su mayor necesidad, y hubiese negado una amigable mano a la Madre común de ambas naciones, la misma España que imploraba la asistencia de sus hijos.»

El resultado de la guerra de Sucesión y la «Nueva Planta» de la monarquía introducida por Felipe V dan lugar a la que yo llamo *cuarta fundación* de España. Aquella guerra había sido en su origen una conflagración general contra Luis XIV, pero en su dimensión estrictamente española fue también una guerra civil, porque muchos súbditos de la Corona de Aragón tomaron partido a favor del archiduque austriaco Carlos, el rival de Felipe V. La derrota de los «súbditos rebeldes» indujo a Felipe V a proponer las reformas politicoadministrativas de la «Nueva Planta» como un castigo. El planteamiento de la reforma en términos de fidelidad-infidelidad y, por consiguiente, su resolución como castigo, fue un grave error, cuya onda larga ha seguido resonando en nuestra historia contemporánea. Pero si el factor desencadenante fue la situación bélica, la idea de la Nueva Planta respondía a un concepto de la organización de la monarquía absolutista y del poder público de la misma, cuyos antecedentes se remontan a Felipe II y al conde-duque de Olivares, y que se solapaba con el problema de la transformación de un orden histórico en un orden racional, propio del espíritu del siglo XVIII. A esto se añade el espejismo del modelo francés, conducente no sólo a reforzar el poder de la Corona, sino a simplificar la administración y el gobierno de la pluralidad de reinos.

La monarquía que sale de esta fundación será más homogénea, castellanizará la administración, y el gobierno de los reinos de la Corona de Aragón tenderá a una mayor uniformidad, al mismo tiempo que de esta manera pretende imponer más cohesión, sobre el supuesto erróneo de que la uniformidad perfeccionaba la unidad nacional. Por otra parte, el ímpetu reformista de los ilustrados despliega una impresionante actividad para la reconstrucción material de España. En todo caso ese programa de reconstrucción y la propia unidad nacional quedaron sometidos muy pronto a una prueba tremenda, sobrellevada con éxito: la guerra de la Independencia frente a la invasión napoleónica.

La *quinta fundación de España* se inicia en las Cortes de Cádiz y se llevará a cabo a lo largo del siglo XIX, bajo la inspiración creadora del pensamiento progresista liberal. En muchos aspectos continúa la línea de reformas del siglo XVIII, y, siguiendo el modelo francés de la Revolución, propende a centralizar y uniformar la administración. Por eso, el reino de Navarra y las provincias vascas, que habían conservado sus fueros, sus instituciones particulares y su personalidad histórica durante el siglo XVIII, después de mantener en la guerra de Sucesión su lealtad a Felipe V, sufrieron los efectos de las tendencias uniformistas a raíz de las guerras carlistas. Otra vez se barajó el binomio fidelidad-infidelidad, y la aplicación de una reforma como castigo. Los liberales reincidían en el mismo error que los absolutistas un siglo antes.

Pero justamente cuando desde las estructuras del Estado liberal se apretaban las clavijas uniformistas y centralizadoras, creyendo reforzar de este modo la unidad nacional, desde la sociedad de los antiguos reinos y provincias forales se daba la réplica de un regionalismo nacionalista que reivindicaba la conservación de su personalidad histórica y que había de evolucionar en el siglo XX, en algunos casos, hacia posiciones límite independentistas.

Así llegamos al momento actual en que se intenta la *sexta fundación de España* sobre la base del Estado de las autonomías. Este momento es todavía una historia *in fieri,* es presente y futuro que ha de hacerse. Por ello, ése es el dominio de la política y de los políticos, y aquí el historiador debe cederles la palabra. Pero la historia algo tiene que ofrecer a esa reflexión sobre el futuro.

En nuestros días asistimos a un fenómeno bastante generalizado y cotidiano que consiste en la afirmación de los valores locales, de la personalidad histórica de lo particular, la lengua, la cultura, las instituciones, los intereses materiales. Está bien que se protejan todos los legítimos intereses y valores particulares, pero ello no debe hacernos olvidar los denominadores comunes que nos unen a todos los españoles. La hipertrofia de las historias locales no debe hacernos ignorar que una de las peculiaridades de determinados valores locales consiste en haber servido de apoyo y unión con los demás.

Por eso, al llegar a este punto se suscitan unas cuantas interrogaciones respecto al futuro. ¿Cómo se hará la sexta fundación de España, que ya se ha iniciado en el marco constitucional? ¿Sabremos afianzar el legado común de la historia para realizar el enunciado del artículo 2.º de nuestra actual constitución: la unidad indivisible de España, basada en el ejercicio de las autonomías, de la solidaridad nacional y de la democracia?

Ahí debe darse la respuesta al primer desafío de nuestro actual momento histórico. Pienso que sólo así, y no en los particularismos de taifas y cantones, podrá integrarse España en una Europa política superadora de las limitaciones nacionalistas, pero respetuosa con las formas específicas de reconocerse entre sí las naciones que la integran. El tercer desafío, las relaciones y los lazos con Hispanoamérica, a fin de potenciar esa entidad moral que es la comunidad hispánica de naciones, tan difícil de articularse en proposiciones concretas, exige también el afianzamiento de lo que une entre sí a los españoles, para que su presencia sea tenida como valiosa y deseable por nuestros fraternos amigos de América...

Ésta es la línea sobre la que ha de trazarse, a mi modo de ver, basado en las raíces de la historia, el diseño de nuestro proyecto de futuro. O, utilizando el concepto orteguiano, el proyecto sugestivo de vida en común de los españoles.

CAPÍTULO I
Los pueblos primitivos

Al finalizar el segundo milenio antes de Cristo los primitivos habitantes de la Península inician su historia, al entrar en contacto con los colonizadores procedentes del Mediterráneo oriental, donde la cultura de los metales había alcanzado un alto desarrollo desde que se halló el modo de fundir el cobre y el estaño para obtener el bronce.

Iberos, celtas y celtíberos

Iberos, celtas y celtíberos formaron el sustrato humano de la primitiva historia española. Los iberos eran el componente demográfico y cultural más importante y antiguo de la Península antes de la llegada de los romanos. Su principal asentamiento se extendía por la franja mediterránea. En el sureste, aproximadamente dentro de los límites de la actual Andalucía, habitaban los turdetanos, y es allí donde, hacia el siglo VI a. J.C., floreció la «ciudad» de Tartessos, descrita por los griegos como un poderoso foco de organización social, cultural y política, con un legendario rey llamado Argantonio. El poderío de Tartessos se basaba en los beneficios de la minería, derivados de los intercambios con los comerciantes púnicos y helénicos. El geógrafo griego Estrabón afirmó que «los turdetanos resultan ser los más cultos de los iberos». Los descubrimientos arqueológicos más recientes del Cerro de los Santos, Porcuna, y otros yacimientos ponen en evidencia la riqueza de unas culturas todavía mal conocidas, que forman el complejo entramado ibérico, turdetano y tartésico.

Los iberos eran agricultores, cultivaron sobre todo cereales y usaron el arado dental y varios tipos de herramientas para la labranza. Conocieron también algunas especies de árboles frutales y hacia el año 500 a. J.C. se introdujo el cultivo de la vid y del olivo.

Vivían en pequeños núcleos de población, generalmente instalados en puntos elevados del terreno, en la proximidad de los ríos o en los bordes montañosos. Este tipo de asentamiento revela las finalidades defensivas de su elección. Las tierras cultivadas se hallaban en la proximidad de los poblados. Algunas veces, si se disponía de pastos, completaban las faenas agrícolas con el pastoreo de ganado ovino o vacuno.

La organización social se basaba en un régimen tribal, con una jerarquización de grupos dentro de cada tribu, de manera que prevalecía una aristocracia guerrera, poseedora casi siempre de los mejores lotes de tierra y que dispensaba su protección a grupos de clientes. Las relaciones intertribales estaban poco desarrolladas y con razón puede hablarse del «individualismo ibérico», en parte imputable a la escasez de vías naturales de comunicación y a las condiciones geográficas que propiciaban el aislamiento. Con frecuencia las relaciones intertribales eran de hostilidad. En cambio, las relaciones intrafamiliares alcanzaban un alto desarrollo, así como los vínculos del soldado con el jefe al que servía, que tuvo su mejor expresión en la *devotio* ibérica admirada por los romanos, y en virtud de la cual el soldado no sobrevivía al jefe muerto en campaña.

El conocimiento del torno de alfarero permitió fabricar una cerámica que proporcionaba las vasijas y utensilios domésticos necesarios. Muchos de estos vasos contienen expresivos dibujos de la vida social, sobre todo escenas de cazadores y guerreros, así como bailes y ceremonias litúrgicas. Los iberos conocieron también la escritura. La lectura de su alfabeto es posible actualmente, aunque no se haya logrado todavía descifrar su idioma.

Hacia el año 800 a. J.C. parece ser que entraron en la Península los primeros «invasores» celtas, procedentes de las cuencas del Rin y del Ródano. Más tarde llegaron nuevas oleadas celtas, la más importante de las cuales tuvo lugar en el siglo VI a. J.C. Existen dificultades para identificar antropológicamente estos asentamientos, porque los celtas practicaban el rito funerario de la incineración y, por consiguiente, no se han conservado restos humanos. Pero, en cambio, son los «campos de urnas» crematorias los que permiten seguir la dispersión de los celtas por el territorio peninsular.

Los celtas eran portadores de la cultura hallstática del hierro, lo que les daba una gran superioridad en armamento sobre los indígenas ibéricos. Por eso, aunque su número fue relativamente reducido, impusieron su dominación fácilmente. El área de establecimiento celta parece que abarcó toda la mitad norte de la Península y parte del territorio al sur del sistema monta-

Los iberos eran el componente demográfico y cultural más importante y antiguo de la Península antes de la llegada de los romanos. (En la imagen, jinete ibérico decorando un vaso hallado en Liria.)

El poderío de Tartessos se basaba en los beneficios de la minería. (En la foto, mina de oro en la almeriense Rodalquilar.) **El geógrafo griego Estrabón afirmó que «los turdetanos resultan ser los más cultos de los iberos».**

Los celtas eran portadores de la cultura hallstática del hierro (aunque esté hecho de bronce este hermoso carro celta hallado en Mérida), **lo que les daba una gran superioridad en armamento sobre los indígenas ibéricos. Por eso, aunque su número fue relativamente reducido, impusieron su dominación.**

ñoso central, hasta el río Tajo, así como la costa atlántica occidental. Ahora bien, dada su inferioridad numérica y su menor desarrollo en otros aspectos culturales, fueron en parte absorbidos por los pueblos indígenas, con quienes llegaron a fundirse en la meseta septentrional, formando los pueblos celtibéricos, que recibieron diversas denominaciones, así como en la cuenca media del río Ebro, del Jalón y del alto Duero. Una población celtibérica había de hacerse famosa por su resistencia a Roma: Numancia.

El sustrato étnico y cultural de iberos, celtas y celtíberos se mantuvo abierto a nuevos contactos culturales y entrecruzamientos raciales, de los cuales hay que subrayar los mantenidos con dos civilizaciones antiguas del Mediterráneo: la semita púnica (fenicios y cartagineses) y la helénica.

Los vascos o vascones

Un caso singular, que ofrece todavía numerosos interrogantes a prehistoriadores y antropólogos, es el de los primitivos pobladores del occidente de la región pirenaica y sus zonas próximas. Algunos antropólogos han definido la existencia de un tipo humano, que han denominado «pirenaico-occidental», y que pudo estar asentado en esta región en el período que los prehistoriadores llaman Eneolítico, que correspondería allí a unos 3 500 años a. J.C. Este tipo humano tendría bastantes coincidencias con el tipo vasco moderno en los lugares donde se ha conservado con menos entrecruzamientos étnicos. Hay quien establece incluso una relación directa entre este hombre pirenaico-occidental y el primitivo hombre de Cro-Magnon; nombre que toma de una cueva del Périgord, y que aparece en la época de la última glaciación, o sea, hace más de 35 000 años. Sin embargo, después del último período glaciar, muchas especies animales se replegaron hacia el norte de Europa, lo cual provocó importantes desplazamientos de pueblos y hombres en pos de la caza, por lo que es muy difícil establecer filiaciones genéticas rigurosas.

Ahora bien, lo que sí parece clara es la existencia de un tipo peculiar en el área pirenaica occidental y territorios próximos, zona de paso para las migraciones de pueblos, como los celtas, y con quienes tuvieron contactos, como parece revelar la simultaneidad de topónimos eusquéricos, celtas y celtibéricos. A esos pueblos autóctonos establecidos en ambas vertientes del Pirineo occidental y aproximadamente extendidos por el territorio actual del País Vasco, de Navarra y parte de la Gascuña francesa es a quienes los romanos denominaron vascones o, por una variante fonética, gascones. Ellos completan, junto a iberos y celtas, el amplio y variado mosaico étnico de los pobladores primitivos de nuestra Península.

Colonizaciones antiguas: fenicios y cartagineses

Los fenicios y los griegos arribaron a las costas levantinas de la Península y al estrecho de Gibraltar en busca de los metales. La riqueza minera del subsuelo español constituía el principal atractivo para los pueblos del Oriente mediterráneo, que apetecían el oro, la plata, el cobre y el estaño. Las fuentes literarias y la arqueología no acaban de ponerse de acuerdo en las fechas. Pero posiblemente la fundación de Gadir (Cádiz) por los fenicios deba fecharse alrededor del año 1100 a. J.C. Los fenicios de Tiro navegaban por el Mediterráneo y fundaban colonias, entre ellas Cartago, en el litoral norteafricano del Mediterráneo occidental. El importante relato del *Periplo de Avieno* alude a diversos puntos frecuentados por navegantes y colonizadores púnicos desde el cabo de Gata hasta Cádiz. La navegación fenicia se prolongaba por aguas del Atlántico en pos del estaño de las llamadas islas Casitérides, nombre derivado de la casiterita, de la que se obtenía el estaño; navegación cuyo secreto quisieron guardar celosamente durante siglos contra competidores extraños.

Cuando la ciudad de Tiro cayó bajo el poder del persa Nabucodonosor, en el año 573 a. J.C., heredó Cartago la iniciativa púnica en el Mediterráneo occidental, y defendió las dispersas colonias fenicias de la amenaza de sus rivales los griegos focenses. Se entabló de este modo una pugna entre la talasocracia helénica y la talasocracia púnica, cuyo momento culminante fue la batalla naval de Alalia, en aguas de Cerdeña (535 a. J.C.), tras de la cual se reafirmó el predominio cartaginés en el Mediterráneo occidental.

Las tres principales colonias púnicas en la Península y Baleares fueron Gadir, Ebusus (Ibiza), fundada en el siglo VII a. J.C., y, mucho más tarde, Cartago Nova (Cartagena). Se ha calculado en 6 000 o 7 000 los habitantes de Gadir. A fines del siglo III a. J.C., momento de máximo esplendor de las colonias púnicas en la Península, el total de pobladores de aquella estirpe debió de ser del orden de los 30 000. Los contactos con los habitantes indígenas, por las relaciones económico-comerciales y por las necesidades de mano de obra, sobre todo en las minas, se completaron con los matrimonios mixtos.

Los restos arqueológicos nos revelan las características del arte púnico en el territorio ibérico: sarcófagos antropoides; collares, cadenas y cinturones de oro, como los del tesoro de la Aliseda; cerámica variada. La circulación de monedas de distintas procedencias nos hablan de la amplitud de su comercio marítimo, así como de la penetración de su influencia en áreas interiores de la Península.

La intervención romana en el conflicto greco-púnico en el Mediterráneo motivó el tratado romanocartaginés del año 348 a. J.C., por el que se reconocía la influencia púnica en el área mediterránea peninsular desde el estrecho hasta Mastia, o sea, el emplazamiento de la posterior Cartago Nova.

Los griegos

El poderío helénico en el Mediterráneo oriental se fundaba, además de la posesión de la Grecia continental, en la de los archipiélagos jónicos, de las costas de Asia Menor y, finalmente, de los puntos de apoyo de Egipto. Su posterior irrupción en el Mediterráneo occidental se basó en el dominio del sur de Italia y de Sicilia, la Magna Grecia, y en la colonia de Massalia (Marsella). La fama de Tartessos sirvió a los griegos de estímulo para alcanzar la Península ibérica en busca del estaño, imprescindible para la cultura helénica del bronce, disputando a los fenicios el monopolio de aquel metal.

Fuentes literarias hablan del viaje de Koláios a Tartessos. El secreto de la navegación a las tierras del estaño también quisieron guardarlo celosamente los griegos, como antes lo habían hecho los fenicios: de ahí las leyendas de un «mar tenebroso» más allá de las columnas de Hércules, es decir, el estrecho de Gibraltar.

No es posible precisar cronológicamente los primeros establecimientos griegos en el litoral de la Península, aunque probablemente se remontan al siglo VIII a. J.C. Pero los griegos focenses, o sea, los procedentes de la ciudad de Focea, en el Asia Menor, alcanzaron las costas ibéricas a mediados del siglo VII y fundaron Mainaké, cerca de Málaga, en la vecindad del mundo tartésico. Más al norte se establecieron también otras colonias en Hemeroscopeion (Denia) y Emporion (Ampurias). Esta última, fundada a mediados del siglo VI por intervención de los griegos de Massalia, llegó a ser la más importante de las colonias griegas en nuestra Península.

Después de la destrucción de Focea a manos de los persas (año 540 a. J.C.) y de la batalla naval de Alalia contra los carta-

Dada su inferioridad numérica, los celtas fueron absorbidos por los pueblos indígenas, con quienes llegaron a fundirse en la meseta septentrional, formando los pueblos celtibéricos. (A la pastoril cultura celtibérica pertenece este toro en bronce.)

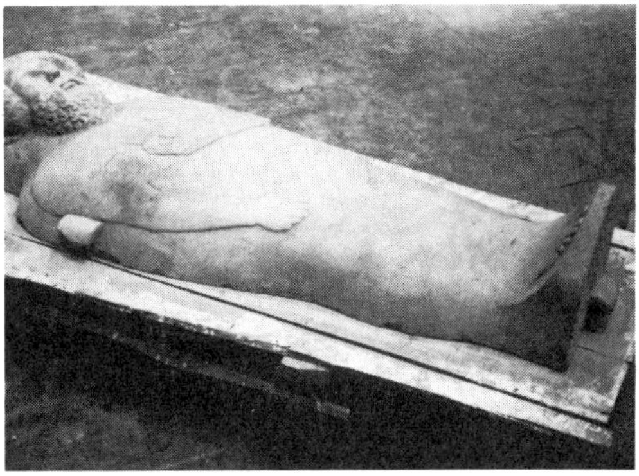

También los fenicios y los griegos arribaron a la costa levantina de la Península y al estrecho de Gibraltar en busca de los metales. Posiblemente la fundación de Gádir o Cádiz por los fenicios (de donde procede este sarcófago antropoide) **deba fecharse alrededor del año 1100 a.C.**

A la decadencia de la colonia griega de Ampurias contribuiría, en parte, el uso en la navegación por el Mediterráneo de naves romanas de mayor tonelaje y calado, para las cuales el puerto de la antigua Emporion (en la imagen) **se hizo impracticable.**

Tras la batalla naval de Alalia (535 a.C.) los cartagineses reafirmaron su poder en el Mediterráneo occidental. (Del arte púnico es buena muestra este tesoro hallado en La Aliseda cacereña.)

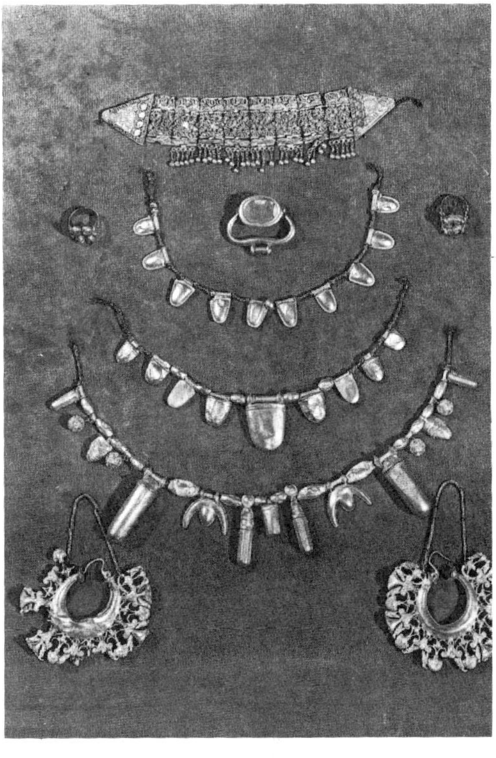

gineses y sus aliados etruscos, las colonias griegas del Mediterráneo occidental tuvieron que soportar una fuerte presión púnica. Las prolongadas «guerras médicas» en Oriente, que enfrentaron a griegos y persas, repercutieron en la situación de las colonias en territorio ibérico. Las del noreste peninsular, Emporion y Rhode (Rosas), se mantuvieron durante bastante tiempo apoyadas por Massalia, hasta que esta ciudad sufrió asimismo importante quebranto en su poderío mercantil, tanto marítimo como en el interior de las Galias. Fue entonces cuando Emporion tuvo que desarrollar el máximo esfuerzo para sobrevivir, de lo que dan testimonio las importantes acuñaciones de moneda ampuritana.

En el mejor momento de la colonización helénica se establecieron numerosas factorías desde el cabo de Creus hasta el de la Nao. Eran establecimientos de dimensiones reducidas, pequeños enclaves sin dominio efectivo territorial interior, pero activos puntos de intercambio mercantil. Emporion contó con unos 2 000 habitantes. No hubo, por tanto, asentamiento significativo de población griega, por lo que el efecto de esta colonización fue sobre todo de carácter cultural, al transmitir las influencias helénicas en alto grado a los habitantes de Iberia, y que se reflejan de modo muy singular en el arte.

La decadencia de Ampurias, último foco de la colonización griega, se consumó bajo el dominio romano en Hispania. A ello contribuyó en parte el uso en la navegación del Mediterráneo de naves de mayor tonelaje y calado, para las cuales el puerto de la antigua Emporion se hizo impracticable.

CAPÍTULO 2

La Hispania romana

Romanos y cartagineses protagonizan en el siglo III a. J.C. una serie de guerras en el Mediterráneo occidental, las llamadas «guerras púnicas». Se luchaba en tierra y en el mar, y estaba en juego el comercio marítimo. Fue también el momento decisivo en el conflicto de las dos civilizaciones mediterráneas: la semita y la filohelénica.

La Península ibérica en la estrategia de las «guerras púnicas»

La influencia cartaginesa en España a mediados del siglo III a. J.C. conservaba el dominio del mar ibérico y la llave del estrecho con la posesión de Gadir.

Esto permitirá a Amílcar Barca desembarcar en la vieja base púnica, en el año 237, con el propósito no sólo de restablecer la posición de los cartagineses en la Península, sino también para asegurar una plataforma territorial, económica y humana que le permitiera sostener de nuevo la guerra contra Roma, la revancha de la derrota anteriormente sufrida. En efecto, Amílcar y su sucesor Asdrúbal afianzan de nuevo la influencia cartaginesa en el valle del Guadalquivir y en la costa del sureste levantino. Asdrúbal fundó entonces Cartago Nova, base naval estratégica, y estableció relaciones amistosas con los iberos, de que es ejemplo su matrimonio con una mujer indígena.

Roma no había tenido hasta entonces intereses directos en territorio ibérico, sino a través de sus aliados griegos massaliotas. Sin embargo, la reconstrucción de la fuerza política y militar cartaginesa produjo alarma entre los romanos, que pretendieron frenarla por la vía diplomática, aunque para ello transigieran con algunas concesiones sobre los anteriores límites de influencia. Este sentido tiene el «tratado del Ebro», firmado el año 226, que reconocía como límite de la expansión cartaginesa las orillas de aquel río. ¿Por qué Sagunto, ciudad ibérica, quedó exceptuada de las condiciones generales del tratado del Ebro y confirmó Roma con ella un tratado de alianza en el año 221?

Justamente entonces Asdrúbal fue asesinado y le sucedió el joven Aníbal, que empleó la presión militar para asegurarse la sumisión de los celtíberos de la Meseta norte antes de emprender su gran plan: la guerra contra Roma. Inmediatamente después, en el 219 a. J.C., ataca y conquista la ciudad de Sagunto. Luego cruza los Pirineos orientales con un gran ejército de mercenarios y de aliados ibéricos, iniciando así la famosa marcha que le llevará hasta las puertas de Roma. Sagunto había sido, en verdad, un pretexto, el factor desencadenante de una nueva «guerra púnica», que había de dar ocasión a la presencia de los romanos en el territorio ibérico.

Los romanos en Hispania

Roma dio una respuesta estratégica de gran envergadura al desafío de Aníbal: llevar la guerra al centro mismo del poder cartaginés, es decir, a la Península ibérica. En el año 218 un ejército mandado por Cneo Escipión desembarca en Ampurias, se asegura una base de operaciones entre el Pirineo oriental y el Ebro, conquista Tarraco (Tarragona), que será la primera plaza fuerte en territorio peninsular, capital de la provincia que pronto será llamada «Hispania Citerior». Por primera vez aparece de este modo el nombre de Hispania en la historia.

La guerra de los romanos contra los cartagineses en la Península estuvo apoyada por numerosas tribus indígenas: hasta cierto punto fue una guerra civil entre tribus autóctonas al servicio de los dos grandes contendientes. La llegada de refuerzos romanos con Publio Escipión tuvo un doble objetivo: impedir que Aníbal recibiera en Italia tropas de refresco salidas de la Península ibérica, y asimismo iniciar operaciones en gran escala para reconquistar Sagunto y disponerse a atacar Cartago Nova. La gran ofensiva romana se realiza con relativa facilidad entre los años 218 y 214. Pero en esta fecha los hermanos Escipión sufren sendas derrotas que obligan a los romanos a retroceder hasta el Ebro, conservándose sólo la ciudad de Sagunto.

Pero vencedores los romanos de Aníbal en Capua, reemprenden la guerra contra los cartagineses en Hispania. Otro miembro de la familia Escipión, Publio Cornelio, luego llamado el Africano, conquistó Cartago Nova (año 209), derrotó a los cartagineses en Baecula (Bailén), se descolgó por el valle del Guadalquivir, el Betis de los romanos, y por fin, en el 206, conquistaba la vieja ciudad púnica de Gadir. Prácticamente había desalojado a los cartagineses del territorio hispano. La derrota de Aníbal en Zama (año 202 a. J.C.) completó el desastre cartaginés. Poco después emprenden los romanos la conquista de Grecia, al vencer en Kinocéfalos al rey Filipo de Macedonia, en el año 197. Las naves romanas harían del Mediterráneo el *mare nostrum*.

La resistencia contra Roma

Antes de que los romanos concluyeran la guerra contra Cartago en suelo ibérico, ya se había iniciado la resistencia de los indígenas contra los nuevos dominadores. Indíbil y Mandonio, caudillos de las tribus ilergetes establecidas en la zona de las actuales provincias de Huesca y Lérida, anteriormente aliadas de los romanos, alzan las armas contra Escipión, mientras éste funda la primera colonia romana en Hispania, la ciudad de Itálica, que recibe este nombre por haberse asentado en ella los soldados veteranos procedentes de Italia. Así se ponía de manifiesto el propósito de establecer Roma permanentemente su poder.

Después del año 206 a. J.C. los romanos se habían instalado en dos áreas geográficas dispares, denominadas Hispania Citerior e Hispania Ulterior, convertidas en «provincias». Pero los procónsules romanos y luego los pretores tuvieron que hacer frente a las rebeliones de los indígenas, exasperados por las exacciones tributarias y la presión del poder romano. Casi doscientos años tardó Roma en dominar la Península, de la que en sólo doce años había expulsado a los cartagineses.

Tan prolongada duración de las guerras en Hispania, en contraste con lo ocurrido en las Galias, donde los romanos impusieron su dominación en veinte años, se explica por razones geográficas y también socioculturales. Los galos se unieron para la defensa común bajo un caudillo, Vercingetórix: concentradas así sus fuerzas, ofrecieron batalla campal y pudieron ser aplastados de un golpe. En cambio, los indígenas hispanos, que se hallaban dispersos en pequeños pueblos, no siempre solidarios entre sí, lucharon aislados, sin aunarse contra el enemigo común muchas veces: así ocurrió con los turdetanos (Culcas), antes tenidos por gentes pacíficas; con los bravos lusitanos (Viriato); con los celtíberos (Numancia); con los vascones, cántabros y astures, a quienes debió someter finalmente Agripa, yerno de Octavio Augusto, en pleno auge imperial de Roma. «Hispania, como ninguna otra parte de la tierra —escribió el historiador romano

Tito Livio—, es a propósito para hacer y rehacer la guerra, tanto por la naturaleza del país como por sus habitantes.»

Durante dos siglos Roma empeñó fuertes contingentes militares para reducir a los indóciles hispanos. Numancia es el símbolo de la resistencia de los celtíberos. Tres fueron las «guerras celtibéricas», escalonadas a lo largo del siglo II a. J.C. La última, la «guerra numantina», se prolongó desde el año 143 al 133, frente a los cónsules Metelo, Pompeyo y Mancino. A éste le infligieron un duro revés en el desfiladero de Renieblas, y tuvo que resignarse a firmar una paz humillante, que no fue ratificada, sin embargo, por el Senado romano, por instigación de otro miembro de la familia Escipión, tan ligada a las cosas de Hispania.

Fue éste Publio Cornelio Escipión Emiliano el encargado de dirigir la guerra contra los celtíberos. Para ello hubo de restablecer la disciplina de las desmoralizadas tropas romanas, traer refuerzos y adoptar un dispositivo militar formidable. Se calculan en 60 000 los soldados que pusieron sitio riguroso a Numancia, circunvalándola con campamentos y obras militares muy importantes. Los 4 000 numantinos en armas fueron agotados por el hambre. Los que no quisieron rendirse se dieron voluntariamente la muerte antes de caer prisioneros. Escipión, para escarmiento ajeno, celebró su victoria destruyendo por el fuego las ruinas de la ciudad vencida.

La «pax romana»

En el siglo I a. J.C. Roma se había adueñado de las tierras hispanas más ricas. Por fin, Octavio hará posible la *pax augusta* en todo el ámbito de lo que ya constituía el Imperio romano.

Cuando Octavio Augusto impera en Roma, en la región Bética, sometida a un proceso de romanización que duraba ya dos siglos, se había difundido bastante la lengua latina. También en la Tarraconense había una fuerte asimilación de la cultura romana. En la Celtiberia se introducían con menor fuerza los hábitos culturales romanos. El Norte cantábrico, apenas sujetado aquellos días por las legiones, estaba lejos de encajar la cultura latina y, por supuesto, nunca llegó a ser del todo romanizado. Son, pues, la Bética y la Tarraconense las regiones a las que puede aplicarse ya en el siglo de Augusto la afirmación que Menéndez Pidal hiciera de una Hispania que, «olvidada de su iberismo, viene pronto a ser un país enteramente latino, que en seguida se distingue por su señalado valor en el pensamiento y en el arte» de Roma.

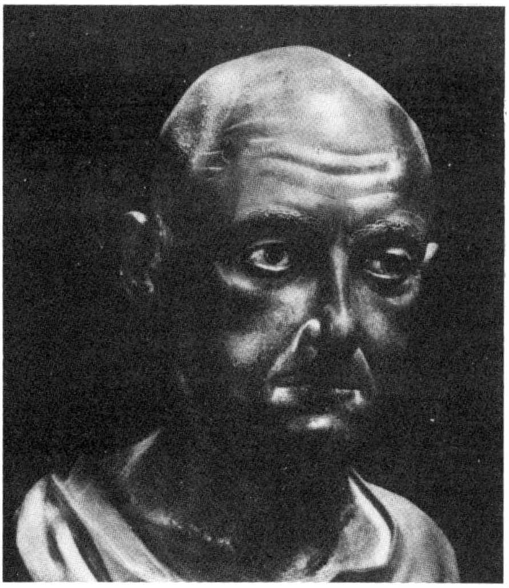

Escipión «el Africano» (aquí su busto en bronce) **se apoderó de Cartagonova el año 209, volvió a derrotar a los cartagineses en Bailén y, descolgándose por el valle del Guadalquivir, conquistó en el 206 a.C. la vieja Gádir, desalojando prácticamente a los púnicos del territorio hispano.**

Casi doscientos años tardaría Roma en conquistar la Península. Tito Livio escribía: «Hispania es a propósito para hacer y rehacer la guerra, tanto por la naturaleza del país como por la de sus habitantes.» Ya en pleno auge imperial romano, los vascones terminarían por rendirse a Marco Vipsanio Agripa (en la imagen), **yerno de Octavio Augusto.**

En la populosa Gádir residió el mayor número de ciudadanos romanos de condición nobiliaria tras Roma y Padua. De allí era la familia de los Balbo, que tanto influiría en las ideas de Julio César (en el busto), **y un Balbo fue el primer cónsul romano de origen provincial.**

Caracalla, al otorgar el derecho romano a todos los habitantes del Imperio, contribuyó a la integración cultural de la Península. También las calzadas (tal esta Vía cabe las murallas de Tarragona) **aseguraron las comunicaciones militares y políticas uniendo pueblos y hombres. Por ellas circuló la savia de la nueva sociedad, sus usos y costumbres.**

El contacto de los hispanos y de los romanos produce evidentemente una interrelación, un trasvase mutuo de influencias; pues, si bien los hispanos adoptan las formas de vida romanas, no dejan de incidir con personalidad propia en las expresiones artísticas y literarias latinas. Esta interrelación necesita un clima de paz para producir sus mejores frutos. La paz romana significa, por de pronto, un orden nuevo. En lo político, la extensión del derecho latino a los municipios hispanos desde el reinado de Vespasiano, y el acceso parcial a la ciudadanía romana. Las magistraturas romanas se introducen en los ámbitos urbanos indígenas. A la vez comienza una transferencia de gentes hispanas al servicio de la administración imperial, que se desplazan a la propia Roma o a las otras provincias del Imperio.

Durante los siglos I y II d. J.C. se afianza la administración romana y parece ser una garantía de paz duradera, a favor de la cual pueden florecer las artes, la cultura literaria, el comercio y toda la vida económica. De este modo se realizan las grandes construcciones monumentales que adornan las ciudades hispanorromanas o las obras públicas (puentes, calzadas, acueductos, teatros) diseminadas por toda la geografía.

El comercio marítimo alcanzó por algún tiempo su mayor desarrollo. Las rutas comerciales del Mediterráneo intensificaron su actividad, ya fuese la ruta norteafricana, que se apoyaba en Cartago, hasta alcanzar el Mediterráneo oriental (Alejandría); ya la que por los puertos levantinos tocaba en la Narbonense, para remontar desde allí las vías fluviales del Ródano y enlazar con las del Rin, o para seguir hacia los puertos itálicos y, principalmente, al de Ostia, construido por el emperador Claudio cerca de Roma.

Gadir era además un punto de apoyo en las rutas del Atlántico, que llegaban hasta los puertos de las Galias o de Britania, o hasta las costas del noroeste hispano, para el transporte de minerales.

La *pax romana* significó también un mayor grado de seguridad en los territorios interiores, puso fin a las luchas tribales, posibilitó así la decidida aplicación al cultivo de la tierra. Los mejores rendimientos agrícolas permitieron alimentar a una población en aumento, que en el siglo I d. J.C. tal vez alcanzara los seis o siete millones de habitantes.

La división administrativa provincial no se mantuvo inalterable. Augusto estableció tres provincias: Citerior, Ulterior y Lusitania, cada una de ellas subdividida en distritos (diócesis y conventos jurídicos). La división provincial de Augusto fue modificada posteriormente por Caracalla y, sobre todo, por Diocleciano.

La romanización: la vida urbana

Treinta y cinco años después de la fundación de Itálica se erigió Carteia (171 a. J.C.), colonia de libertos, en la que se establecieron hijos de soldados romanos y de mujeres indígenas, mestizaje que venía produciéndose a lo largo de los muchos años de guerras y ocupación militar. Poco después de Carteia se fundó Córdoba, la primera colonia patricia romana, con nobles del orden ecuestre. Estas ciudades «romanas» en suelo hispano ejercieron desde el primer momento influencia política y cultural sobre los indígenas. Las «colonias» de soldados fueron un factor fundamental en la romanización de todo el Imperio y particularmente de Hispania (Itálica, Mérida, Zaragoza, Braga, León, entre otras).

La presencia romana interfirió el curso de las civilizaciones ibéricas y la «romanización» fue el resultado de una asimilación gradual, lograda bajo los efectos de la superior cultura y el dominio político. Uno de los factores principales de la romanización fue la urbanización del territorio, que conllevaba el desarrollo de la organización municipal. No debe extrañarnos que las antiguas ciudades prerromanas fueran las primeras en asimilar las nuevas formas sociales. Éste es el caso de Gadir, que llegó a ser una de las más populosas del Imperio y en la que residieron mayor número de ciudadanos romanos de condición nobiliaria, después de Roma y Padua.

Fue una familia noble gaditana, la de los Balbo, la que prestó máxima colaboración a Julio César en la maduración de sus ideas políticas y en la puesta en práctica de las mismas; es decir, en el propósito de transformar la idea y la estructura del primitivo Estado-ciudad romano, engrandecido por las conquistas, en un modelo nuevo de Imperio universal. Fue también precisamente un Balbo el primer cónsul de Roma de origen provincial.

Durante la segunda mitad del siglo I d. J.C. los efectos de la romanización eran evidentes. De aquel tiempo es la descripción de Plinio el Viejo, en los libros III y IV de su *Naturalis historia,* en los que se refiere a las tierras hispanas y a las gentes que las habitan. Al exponer la organización de las provincias menciona unos doscientos nombres de ciudades, de las que había diferentes tipos. Además de las colonias y los *municipia civium romanorum,* que tenían el privilegio del derecho y la ciudadanía romana, la mayor parte de los municipios hispanos gozaban del derecho latino, otorgado por Vespasiano. También había ciudades «libres», con sus propias leyes y autonomía tributaria, exentas de recibir guarnición militar romana y teóricamente no dependientes del gobernador provincial: esta condición era otorgada unilateralmente por el Senado romano. Se diferenciaban de las ciudades «federadas» en que éstas gozaban de análogas libertades, pero mediante un tratado *(foedus)*. Por fin, las ciudades «estipendiarias» pagaban impuestos personales o territoriales a Roma *(stipendium, tributum)*.

La ley de Caracalla, del año 212 d. J.C., al otorgar el derecho romano a todos los habitantes del Imperio, contribuyó definitivamente a la integración cultural. Para entonces el idioma latino se había impuesto en las ciudades de las provincias hispanas, dando cohesión a las diversas culturas indígenas. De la muy romanizada Bética salen en la segunda mitad del siglo I grandes escritores hispanorromanos: los dos Séneca, Pomponio, Mela, Luciano, Columela; de la Tarraconense, Marcial y Quintiliano.

Las calzadas, aquella red viaria construida para asegurar las comunicaciones militares y políticas en los dilatados territorios sometidos a Roma, unieron también pueblos y hombres. Eran los caminos por los que circulaba la savia de la sociedad nueva, los usos, las costumbres, los modos sociales. Roma exportaba, en efecto, sus costumbres y hábitos a las provincias; un ejemplo de ello son los espectáculos circenses o el teatro. Las ciudades hispanorromanas han conservado las ruinas de sus teatros (Sagunto, Mérida), además de sus templos.

Las viviendas suntuosas de los ricos hispanorromanos trataron de emular las del patriciado romano. Pero, a partir del siglo III, se produjo un retroceso de la vida urbana. Las magistraturas municipales se fueron convirtiendo en onerosos servicios de los que se procuraba huir. Así, la clase dirigente urbana abandonó la ciudad para instalarse en el campo. Pero en sus «villas» rurales los ricos propietarios instalaron la ornamentación y el lujo de las anteriores mansiones urbanas. En ellas se han conservado numerosos mosaicos decorativos, que perpetúan el recuerdo de aquellas costumbres.

La explotación de los recursos naturales. La sociedad rural

Hispania significaba para Roma, ante todo, disponer de los recursos de su subsuelo rico en metales. Desde el momento de la conquista los procónsules y gobernadores hacen considerables remesas de oro y plata, amonedados o en lingotes. Parece ser que en el primer medio siglo de la presencia romana en Hispania se enviaron a Roma medio millón de libras de plata y diez mil de oro.

Uno de los efectos históricos del Imperio romano es el de haber hecho posible la difusión del cristianismo en el orbe mediterráneo. Así es como llegaron a la Península los primeros apóstoles. Parece absolutamente seguro que san Pablo (en este frontal polícromo catalán) **visitó Hispania, como anunció desde Corinto en el epílogo de su Carta a los Romanos.**

Está fuera de discusión el ascendiente del elemento hispánico en el Imperio romano. Los españoles Trajano y Adriano contribuyeron a crear esa síntesis política y cultural mediterránea. Otro español, Teodosio (aquí en un disco de plata repujada) **contuvo el desbordamiento de los pueblos bárbaros y dio al problema un cauce político admitiéndolos como «federados».**

Los escritores romanos prodigaron los *laudes Hispaniae* y en sus alabanzas nunca olvidaban la mención primordial de las riquezas metalíferas. Estrabón, que calificó de exageradas algunas de estas alabanzas, considera por su parte que en la Turdetania o Bética, «hasta ahora ni el oro, ni la plata, ni el cobre, ni el hierro nativos se han hallado tan abundantes y excelentes». Polibio, en el año 133 a. J.C., decía que 40 000 hombres trabajaban en las minas de plata de Cartagena. Plinio aseguraba, en el siglo I d. J.C., que la producción aurífera de la región galaicoleonesa sobrepasaba las 20 000 libras anuales. El estaño y el cobre mantuvieron su antiguo renombre en Gallecia, en Lusitania y en la Bética.

En cuanto a los recursos agrarios, pronto conocieron los romanos la realidad geográfica hispana. Estrabón distingue entre una Hispania «casi toda rica en sus tierras» y una Hispania abrupta e improductiva, de tierras pobres, pues la componen «sierras y bosques y llanuras que tienen un delgado suelo fértil» y donde además el agua escasea.

En el cultivo de la tierra predominaron, hasta el siglo III d. J.C., los trabajadores libres, que cultivaban sus propiedades, si las tenían, o labraban fincas en arrendamiento. Había también trabajadores por cuenta ajena o braceros, pero en la agricultura fue escaso en ese tiempo el empleo de mano de obra servil. Al extenderse el sistema de «villas» o grandes unidades de explotación, en los siglos del Bajo Imperio, se introdujo la tendencia a conservar la mano de obra agraria mediante la adscripción de los colonos a la tierra, es decir, un régimen de servidumbre.

La mano de obra esclava se utilizó en todo momento en el laboreo de las minas y, en menor escala, en funciones burocráticas o domésticas auxiliares.

Así pues, la sociedad hispanorromana estuvo formada por gentes de diversa condición: la aristocracia, según los órdenes nobiliarios romanos; hombres libres y libertos que obtenían su redención por varios medios; por fin, las gentes sometidas a un régimen de servidumbre o esclavitud. Con el tiempo se fueron diferenciando las clases de los *possessores,* ricos hacendados, y de los *humiliores,* pobres.

Cuando sobrevino la decadencia del Imperio y comenzaron las invasiones bárbaras, la vida social hispanorromana gravitaba sobre los *possessores,* verdaderos señores campesinos, que practicaban una vida refinada que se había hecho difícil en los medios urbanos, y en la que eran frecuentes las monterías y cacerías, cuyo testimonio queda en los restos arqueológicos de ciervos y jabalíes, y en los mosaicos de las *villae.*

La cristianización

Uno de los efectos históricos del Imperio romano es el haber hecho posible la difusión del cristianismo en el orbe del Mediterráneo. Así es como llegaron a la Península ibérica los primeros apóstoles, cuya predicación se inició en un medio pagano indígena, al que se había sumado el culto a los dioses del sincretismo oficial, incluido el culto al emperador.

Parece absolutamente seguro que san Pablo visitó Hispania, como anunció desde Corinto en el epílogo de la *Carta a los romanos*. En cambio, no es posible aceptar históricamente sin reservas la supuesta predicación de Santiago y la de los Siete Varones Apostólicos (Torcuato, Tesifonte, Indalecio, Segundo, Eufrasio, Cecilio y Hesiquio), discípulos inmediatos de los doce apóstoles.

Probablemente la difusión de la religión cristiana se inició ya desde el siglo I, pero de modo poco espectacular, sobre todo en las ciudades, donde la introdujeron soldados, magistrados y comerciantes venidos de Roma. Pero los progresos de la evangelización debieron de ser lentos: a mediados del siglo III existían algunas comunidades cristianas organizadas, acogiéndose tal vez a los *collegia* o asociaciones permitidas en el derecho común. Ahora bien, las primeras leyes persecutorias de los emperadores Septimio Severo, en el año 202, y Mancino, entre el 235 y 239, no se aplicaron en territorio hispano, por lo que cabe conjeturar la escasa resonancia social cristiana por aquellas fechas en nuestra Península.

Sin embargo, en el año 250 consta la existencia de dos obispos, en Astorga y Mérida, que eludieron la persecución de Decio. Poco después hay constancia de la diócesis de Zaragoza. A principios del siglo IV se reunía en Illiberis (Elvira) un concilio al que acudieron diecinueve obispos de otras tantas diócesis hispanas. Parece ser, por tanto, que la primera expansión importante del cristianismo en Hispania corresponde a los años comprendidos entre las grandes persecuciones de Valeriano (253-260) y de Diocleciano (304-305). En esta época aparecen documentados los primeros mártires: el obispo Fructuoso de Tarragona y sus diáconos Augurio y Eulogio, en el año 259. El *Peristephanon* de Prudencio da cuenta de esta «corona martirial» de la primitiva Iglesia hispana, entre cuyos mártires destaca el valenciano Vicente.

Al producirse el Edicto de tolerancia de Constantino y Licinio, el año 313, los cristianos se vieron favorecidos; y muy principalmente cuando el emperador Teodosio publicó el Edicto del año 380, que declaraba el cristianismo religión oficial, única y obligatoria en todo el Imperio. La nueva situación facilitó la predicación y el proselitismo, aunque en los medios rurales, en los *pagos,* se conservara un fondo larvado de las creencias «paganas». Por otra parte, entonces aparecieron también las primeras desviaciones heréticas, entre las que destacó la de Prisciliano.

La Iglesia hispana del siglo IV contaba ya con figuras de influencia universal. Además del papa san Dámaso, que gobernó la Iglesia entre los años 366 y 384, sobresale el obispo Osio de Córdoba, que contribuyó decisivamente a formular el credo del primer Concilio Ecuménico de Nicea, en el año 325, y a quien debemos recordar también como inspirador de la manumisión de los esclavos, decretada en el año 321 por el emperador Constantino. La libertad de los esclavos y la aceptación del cristianismo integraban en la sociedad romana extensas masas anteriormente rebeldes o marginadas.

Para hacer frente a las supersticiones y las creencias del paganismo, conservadas más o menos abiertamente en los medios rurales, el Concilio de Illíberis consideró diversas medidas que debían adoptarse. También san Martín de Dumio, en *De correctione rusticorum,* se refiere al problema del sustrato pagano que se mantenía en las costumbres y en las creencias. Los efectos residuales de tales costumbres se prolongaron durante muchos años. Por otra parte, en la región vascocantábrica, escasamente romanizada, la penetración del cristianismo fue muy tardía, pues sólo se realiza en los primeros siglos medievales.

La difusión de las creencias cristianas tuvo, a su vez, repercusión en el arte, no sólo en la construcción de templos, sino en la adopción de figuras y símbolos. En los años de persecución ese simbolismo se enmascaró con signos profanos, pero que se incorporaron al repertorio del arte paleocristiano, entre los que serán frecuentes el tema del Buen Pastor y el de Orfeo amansando a las fieras.

Hispania en la decadencia del Imperio

Los historiadores se han preguntado si, a medida que avanzaban los siglos del Imperio, hubo algo que prefigurara ya en los hispanorromanos el modo de ser español. Críticos literarios han señalado concomitancias senequistas con el culteranismo; o de la epopeya de Lucano, que contradice la tradición grecolatina con el realismo de la epopeya española.

En el pensamiento, en las letras, en la política y hasta en el arte, el impacto mutuo hispano y romano fue duradero. Así, la peculiaridad ornamental de la arquitectura, o el realismo escultórico prerromano que se refunde con los nuevos modelos.

Lo que está fuera de discusión es el ascendiente del elemento hispánico en la Roma imperial. Antes de que finalizara el siglo I d. J.C., en el año 98, la responsabilidad del gobierno recayó por primera vez en un emperador provincial, es decir, no originario de Roma: éste fue el bético Trajano, que, entre otras cosas, dio a Roma la última provincia que pudo incorporar al Imperio, la Dacia, es decir, Rumania. La Bética, que había proporcionado a Roma el primer cónsul provincial, proporcionó también los dos primeros emperadores procedentes de las provincias: Trajano y Adriano, su primo.

A medida que transcurrían los años las provincias adquirieron cada vez una fuerza mayor en esa síntesis política y cultural mediterránea que tuvo por centro a Roma. Hubo también emperadores africanos e ilirios. Uno de éstos, Diocleciano, que reinó entre los años 285 y 305, dividió el Imperio en dos partes: Oriente y Occidente. Con esta división se pretendía afrontar el problema de la seguridad exterior, comprometida en las fronteras por los pueblos bárbaros, así como reconstruir también el deteriorado sistema interior de gobierno.

La reorganización politicoadministrativa de Diocleciano fue muy compleja y afectó a Hispania, que constituyó una «diócesis» o gobernación del Imperio de Occidente, en la cual se integraban cinco provincias peninsulares (Bética, Lusitania, Gallecia, Tarraconense y Cartaginense), a las que añadió la Mauritania Tingitana, el glacis de seguridad norteafricano del estrecho.

Entonces fue llamado al trono de Constantinopla otro español, el emperador Teodosio, casado con española, que contuvo el desbordamiento de los pueblos bárbaros sobre las fronteras, y dio al problema un cauce político admitiéndolos como «federados», o sea, como auxiliares de las legiones romanas: tal será el caso de los godos.

Teodosio reunió por última vez el Imperio de Oriente y Occidente en una sola mano. A su muerte, el año 395, su hijo Arcadio hereda Oriente y Honorio Occidente, pero ni éste ni sus sucesores pudieron evitar la entrada de los bárbaros en Italia, en las Galias y en Hispania.

La decadencia del Imperio sobrevenía tras un largo proceso de transformación social y económica interna, agravada desde el siglo III. La concentración de la actividad económica en las «villas», o grandes explotaciones agrarias, fue correlativa al decaimiento del comercio marítimo y a la contracción de la vida económica anteriormente floreciente. El desorden monetario, la tasa de precios de Diocleciano y la congelación de fletes a los *naviculari* o transportistas marítimos, son fiel exponente de todo ello.

En esta situación los bárbaros llegaron hasta la Península ibérica y muy pronto, en el siglo V, el poder romano será asumido en ella por los visigodos.

CAPÍTULO 3

La Hispania visigoda

Los romanos habían dado nombre a Hispania, que, romanceado en la Edad Media, ha perdurado hasta nuestros días. Ellos fueron los primeros fundadores de España. Habían puesto orden en el conglomerado de tribus y gentes que la poblaban, dándoles una dirección política y acostumbrándolas a vivir según la ley y el derecho. Les habían dotado de una lengua común a todos, abierta a la comunicación con los demás pueblos, y los insertaron en el tronco de la cultura helénica, que los romanos habían recibido.

Pero a comienzos del siglo V la obra de Roma estuvo en grave riesgo de perderse, amenazada por las invasiones de los pueblos «bárbaros». Sin embargo, uno de esos pueblos, el de los visigodos, una rama del tronco godo, recogió la herencia de Roma, agregando a ella un nuevo factor, que actuó como fundente de los elementos sociales germánicos e hispanos, y que fue la unidad religiosa. De este modo puede decirse que los visigodos completaron la fundación de España.

Las invasiones «bárbaras»

En el año 409 vándalos y alanos, pueblos bárbaros que habían llegado hasta las Galias, continuaron sus migraciones y penetraron en la Península ibérica, parece ser que atraídos por las noticias de la buena cosecha que aquel año hubo en Hispania, mientras en las Galias escaseaban los alimentos. Poco después también los suevos traspasaban los Pirineos.

Desde este momento y por un tiempo de veinte años, los pueblos «bárbaros» recorrerán las tierras de Hispania en varias direcciones, se instalarán en algunas regiones, lucharán entre sí y ocasionarán desmanes de todas clases. El obispo Hidacio, testigo y cronista de aquellos sucesos, expone la imagen de desolación de Hispania, abatida por el desorden, la desorganización de las estructuras del antiguo Estado romano, la anarquía de la vida social, las muertes violentas, el hambre, la peste. «Desolando nuestra tierra los bárbaros todo es ya confuso e incierto», dice.

Los historiadores discuten si hubo un pacto o *foedus* entre los invasores y las autoridades romanas residuales para acordar un reparto del territorio peninsular. Tampoco se conocen con exactitud las posibles resistencias armadas de la población hispanorromana, que debieron de producirse, aunque como respuestas aisladas a la agresión. En todo caso, los vándalos asdingos, después de atravesar la Península de norte a sur, abandonaron a los pocos años nuestro territorio para instalarse en el norte de África.

Los suevos, en cambio, se fijaron en Galicia, conviviendo con las poblaciones antiguas. Los reyes Rékhila y Rekhiario sostuvieron guerras con los visigodos, que para entonces ya habían llegado a afirmar su autoridad en la mayor parte de Hispania. Aunque reducidos a la región noroeste de la Península, los suevos mantuvieron la independencia de su reino hasta que en el año 583 fueron sometidos por Leovigildo.

La entrada de los pueblos bárbaros a principios del siglo V tuvo como consecuencia el establecimiento de los visigodos en Hispania. El año 416 firmaron un pacto con el emperador Honorio para combatir en la Península ibérica a aquellos invasores, a los que en efecto eliminaron parcialmente, acabando con los alanos y los vándalos silingos. El rey visigodo Valía estableció a su pueblo, mediante pacto, en el sur de las Galias, con centro en la actual Toulouse. Más tarde Eurico dominó el valle del Ebro y toda la Tarraconense. Sobrevino entonces la caída del Imperio romano de Occidente, en el año 476, y los visigodos afirmaron su poder en la mayor parte de Hispania.

Así es como ocurrió el asentamiento definitivo de la población visigoda, al mismo tiempo que Alarico II era derrotado por los francos en Vouillé, el año 507, y las luchas subsiguientes forzaron a Amalarico a replegarse sobre la Península, fijando su sede en Barcelona el año 531. Posteriormente Atanagildo hizo de Toledo la capital del reino.

El reino visigodo de Toledo

El reinado de Atanagildo coincide con la reacción imperial de Justiniano en el Oriente bizantino, y a quien pide ayuda para defenderse de un noble rival, Agila, que le disputaba el trono.

Las invasiones de los pueblos «bárbaros» pusieron en peligro la obra de Roma. A principios del siglo V, suevos, vándalos y alanos penetraron en la Península. En el año 416, los visigodos firman un pacto con el emperador Honorio (en el busto) **para combatir a aquellos invasores. Tras imponer la unidad religiosa, actuarán como fundente de los elementos sociales germánicos e hispanos, llevando a cabo la segunda fundación de España.**

Los visigodos, minoría cristiano-arriana, fueron tolerantes con la mayoría hispano-católica hasta que Leovigildo (en el medallón junto a su hijo Hermenegildo) **se propuso forzar la unidad religiosa, el arrianismo como factor político. No logró ese propósito pese a sus persecuciones y violencias, de las que fue víctima el citado, y católico, Hermenegildo.**

Recaredo, su sucesor, acabó con el enfrentamiento convirtiéndose él mismo al catolicismo. Conversión ratificada en el III Concilio de Toledo (año 589), del que fue artífice principal el arzobispo de Sevilla, san Leandro. (El primero, a la izquierda, en este vitral de la catedral de León.)

De este modo las disputas civiles de los visigodos en Hispania, espoleadas por el carácter electivo de la monarquía, dieron una primera ocasión a la intervención extranjera. Los bizantinos se apropiaron por algunos años del sureste español y de la Bética.

Leovigildo sometió a los vascones en el año 581, a los suevos en el 583 y redujo en parte a los bizantinos. Pero no pudo lograr su propósito de aunar a los godos y a los hispanorromanos en una fe religiosa común, la arriana, que profesaban los nuevos dominadores. Éstos no eran más de 150 000, en tanto que los hispanorromanos católicos llegaban a los siete millones aproximadamente. De este modo, un problema de división de razas, culturas y religiones separaba a la aristocracia militar goda del pueblo hispano.

En efecto, no sólo la religión, sino también la prohibición de los matrimonios mixtos había separado a unos y otros hasta aquel momento. El levantamiento de esta prohibición, en tiempos de Leovigildo y Recaredo, coadyuvó a la unidad de ambos pueblos, ratificada por la conversión de Recaredo al catolicismo y, más tarde, por la promulgación de la *Lex visigothorum* de Recesvinto, en el año 654, que unificaba los códigos: en adelante la ley sería la misma para visigodos e hispanos.

La influencia de la Iglesia. Los concilios de Toledo

La Iglesia hispanorromana resistió los desórdenes provocados por las invasiones entre los años 409 y 429. A veces los obispos actuaron de mediadores en las disputas de los bárbaros entre sí, a veces fueron las únicas autoridades capaces de negociar la defensa de los hispanos.

De los pueblos germánicos que se establecieron en la Península, los suevos eran paganos, hasta que en el siglo VI se convirtieron definitivamente al catolicismo, por obra del obispo san Martín de Braga. Los visigodos, cristianos arrianos, fueron tolerantes con los hispanos católicos, hasta que Leovigildo se propuso forzar la unidad religiosa como factor político, pretendiendo obligarlos a aceptar el arrianismo. No logró su propósito, a pesar de persecuciones y violencias, una de cuyas víctimas fue su propio hijo Hermenegildo, decapitado por mantenerse en la fe católica, a la que se había convertido. Pocos meses después de la muerte de Leovigildo, ocurrida en 587, su hijo y sucesor Recaredo, cambiando el signo de la política de su padre, acabó con el enfrentamiento religioso de los godos y los hispanos, convirtiéndose él mismo al catolicismo. Esta conversión fue solemnemente ratificada en el III Concilio de Toledo, abierto el 6 de mayo del año 589. Asistieron sesenta y dos obispos de Hispania, incluida la recién sometida Galicia, y de la Galia Narbonense, que entonces dependía del reino godo de Toledo. San Leandro, gran artífice de aquella conversión, declara las consecuencias de la misma: «A la discordia en Hispania sucede la paz santa, la unanimidad, y con ella la estabilidad del reino terrenal... Los que antes nos atribulaban con dureza, de pronto nos alegran con su fe; los que nos hacían gemir bajo pesada carga, ahora por su conversión se han hecho corona nuestra.»

Desde entonces la Iglesia católica tuvo gran influencia no sólo cultural, sino también política en el reino visigodo. La identificación Iglesia-Estado se hallaba influida aquí por el ejemplo del Imperio bizantino contemporáneo. Contribuyó también el concepto de la realeza expuesto por san Isidoro, que se apoya en dos afirmaciones. Primera, que el rey debe obrar rectamente, pues el pecado y la injusticia hacen ilegítimo al monarca: por el pecado *regis nomen amittitur* (se pierde el nombre de rey). En la práctica esto quería decir que la Iglesia podría sancionar la legitimidad de los monarcas. Segunda, el rey debe auxiliar a la Iglesia, lo que conlleva la intromisión civil en el orden eclesiástico. Los reyes convocan conciliares y sínodos de la Iglesia hispanogoda, y los cánones conciliadores adquieren fuerza de ley civil. Los reyes exponían en el *Tomus regius* los temas a debatir, tanto civiles como eclesiásticos; los nobles designados por el rey asistían a los concilios junto a los obispos. Los reyes se inmiscuían en los nombramientos episcopales, que ya el II Concilio provincial de Barcelona había reconocido en el 599 como *sacra regalia,* y que confirmó el XII Concilio de Toledo.

La contraposición al «regalismo» será la intervención de la Iglesia en asuntos civiles. El IV Concilio de Toledo encomendó a los obispos la defensa del pueblo contra los abusos de las autoridades civiles, y Recaredo los mandó que vigilaran las actuaciones de los recaudadores de impuestos. También formaron parte del consejo del monarca o Aula Regia.

Esta forma de interrelación entre las potestades civil y eclesiástica tuvo considerable proyección en nuestra historia posterior. Hoy día se halla totalmente superado este concepto de las relaciones entre el poder civil y la autoridad eclesiástica, pero debemos interpretarlo en el contexto de su tiempo para no incurrir en anacronismos. En este sentido valen las palabras de don Ramón Menéndez Pidal cuando decía que, «contando con la mayor romanidad de reyes letrados, como Chindasvinto y Recesvinto, bien pudieron obispos de subido valor en doctrina y en moral, como Isidoro, Eugenio, Ildefonso, Julián, dirigir una audaz y peligrosa coordinación de la Ciudad celeste con la Ciudad terrena, en esa Alta Edad Media caracterizada en todas partes por ser eclesiástica la dirección del pensamiento y de la vida».

La cultura visigótica

La convivencia de los visigodos y los hispanos dio lugar a formas culturales nuevas y se puede decir, con Gómez Moreno, que los siglos «calificados de bárbaros para todo el Occidente dieron aquí frutos de organización y exquisitez... desde el punto de vista cultural al menos».

En Hispania se conservó el derecho romano, cuando en otras partes prevalecía el germánico. Los visigodos usaron el latín como lengua escrita, y el Código de Eurico fue el primer repertorio legal germánico.

Al instalarse en nuestro territorio abandonaron los godos su vida errática de pueblo itinerante, y se hicieron permeables a la comunicación con los hispanos. La superior cultura de éstos, en especial la cultura eclesiástica, logró que prevaleciera el fondo clásico latino, que san Isidoro de Sevilla acertó a recopilar. La obra enciclopédica de sus *Etimologías* conserva el valor universal de la herencia grecorromana. Un contemporáneo suyo, san Braulio, obispo de Zaragoza, resumió el significado de la obra isidoriana: «En medio de la rudeza, deficiencia y vacío en que envejecemos, Dios nos dio a Isidoro como vínculo que nos renueva las obras memorables de los antiguos.» El valor transmisor de culturas desempeñado por los pueblos y las tierras de España en la historia aparece aquí de un modo concreto: la Antigüedad clásica se pone al alcance del medievo cristiano.

Pero además de las *Etimologías,* san Isidoro es autor de dos obras históricas en las que se afirman las peculiaridades hispanogóticas. La *Crónica universal* es una relación contrapuesta de los éxitos de la monarquía goda y de la decadencia imperial de Bizancio. La *Historia gothorum* es la justificación sublimada del pueblo visigodo hecha por un hispano, cuando unos y otros se hallan refundidos sobre la base del elemento aristocrático godo y el elemento cultural y popular hispano. Esta fuerza de lo originario local se refleja en la conservación del nombre de Hispania por la monarquía goda. Como dice Menéndez Pidal, no surgió aquí una Gotia, a la manera de lo que ocurrió en otros lugares de la conquista germánica, donde aparecieron la Francia de

La Iglesia católica tuvo gran influencia no sólo cultural sino también política en el reino visigodo. El concepto de realeza expuesto por san Isidoro (visto así por la paleta de Murillo) hará que la Iglesia se permita sancionar la legitimidad de la monarquía...

...Y que los monarcas se inmiscuyan, a su vez, en los nombramientos de obispos. En contraposición a este «regalismo», el IV Concilio de Toledo encomendará a los obispos la defensa del pueblo contra los abusos de las autoridades civiles. Recaredo incluso les autorizó a vigilar la actuación de los recaudadores de impuestos.

En esa Hispania de los godos se desarrolla una arquitectura original, con influencias bizantinas, en la que se emplea piedra de sillería y se construye en bóveda. Los franceses admiraron e imitaron ese tipo de edificio «gothica manu constructa», del que es buena muestra la iglesia orensana de Santa Comba de Bande. (Aquí, su interior.)

los francos, la Lombardía o la Anglia, que tomaron su nombre de los respectivos pueblos conquistadores. La Hispania visigótica será continuadora de la Hispania romana.

En esa Hispania de los godos se desarrolla una arquitectura original. Desde el siglo VI, y teniendo como centro de irradiación Mérida, apareció un tipo de edificación nuevo, con influencias bizantinas, en el que se emplea la bóveda, la piedra de sillería y la rica ornamentación, como en San Juan de Baños o en San Pedro de la Nave. Los francos admiraron e imitaron este tipo de edificios *gothica manu constructa.*

También esa Hispania tendrá su cronología peculiar. El obispo y cronista Hidacio adopta la datación de la que luego se llamará «era hispana», es decir, el año 34 a. J.C., como punto cronológico de referencia. Etimológicamente la «era» se refiere al tributo mandado cobrar aquel año por Augusto en todo el Imperio; pero «el año de la era» se convirtió en la base de la cronología hispana desde el siglo V, tres siglos antes de que en el Imperio carolingio empezara a usarse el año del nacimiento de Jesucristo.

Así pues, con la introducción de elementos originales sobre el fondo romano anterior, la Hispania visigótica hará posible la pervivencia cultural antigua y su continuidad en los siglos posteriores, al sobrevenir la nueva invasión de la Península, esta vez por el Sur, protagonizada por los musulmanes.

CAPÍTULO 4
Al-Andalus

A principios del siglo VIII desaparece la Hispania visigoda. Tras la invasión musulmana se instala un nuevo poder en la Península ibérica, que producirá una profunda transformación cultural. El latín desapareció como lengua oficial de gran parte del territorio, sustituido por el árabe, aunque continuara en todas partes el uso popular de los idiomas derivados del latín romanceado, incluso entre la población sujeta a las autoridades musulmanas. También la religión católica fue desplazada parcialmente por el islam, pues un considerable número de cristianos aceptaron convertirse a la religión musulmana, a los que se conocerá con el nombre de *muladíes*.

Es verdad también que parte de la población hispanorromana bajo dominio musulmán conservó sus antiguas creencias religiosas y serán llamados *mozárabes*. De análoga manera, en los siglos posteriores, cuando los reinos cristianos recuperen territorios islamizados, parte de la población musulmana allí establecida conservará sus creencias y sus costumbres, designándoselos con el nombre de *mudéjares*.

Los musulmanes dieron al territorio peninsular el nombre de al-Andalus. Desde la batalla del Guadalete, en 711, que decidió fulminantemente la suerte de la Hispania visigoda, hasta el año 1492, en que Granada fue reconquistada por los Reyes Católicos, el poder político sobre el territorio peninsular quedó repartido entre musulmanes y cristianos, aunque de manera desigual y fluctuante, a lo largo de ocho siglos. El poderío musulmán se mantuvo muy firme hasta el siglo X, momento culminante de su hegemonía política y de su esplendor cultural, bajo el califato de Córdoba. Pero a partir del siglo XI se producen los primeros grandes avances de la Reconquista cristiana, a la vez que se fracciona al-Andalus en numerosos «reinos de taifas», que sólo ocasionalmente serán reunidos con posterioridad por los almorávides y los almohades. Pero estos nuevos invasores africanos no pudieron restablecer la hegemonía política musulmana en la Península. Desde la segunda mitad del siglo XI los reinos de taifas pagaban *parias,* es decir, eran tributarios de los reinos cristianos para conservar la paz. Sin embargo, el régimen de parias no pudo evitar el repliegue islámico, que se consumó en el siglo XIII, quedando desde entonces sólo el reino «moro» de Granada como epígono del antiguo al-Andalus.

El reino nazarí de Granada sobrevivió gracias al pago de fuertes parias a Castilla, hasta que, faltando los recursos del oro del Sudán, que habían aprovisionado a Granada de medios de pago hasta mediados del siglo XV, los nazaríes dejaron de satisfacer los tributos y los Reyes Católicos reanudaron contra ellos la guerra que había de poner punto final a la España musulmana.

En al-Andalus y en los reinos cristianos medievales, además de la convivencia de cristianos y musulmanes, existió un tercer componente étnico y religioso, los judíos, que denominaron Sefarad a la Península ibérica, por lo que, andando el tiempo, a los judíos de este origen se los denominaría *sefarditas.* Las tres religiones y las tres culturas coexistieron casi siempre pacíficamente, con algunas alternativas de intolerancia y persecución.

Córdoba fue el gran foco religioso y cultural de al-Andalus. Allí se instalaron los emires, que se independizaron pronto del califa de Damasco, y que en el año 909 se erigieron ellos mismos en califas, asumiendo así las jefaturas política y espiritual del islam andalusí, y extendieron su doble influencia a los territorios del Mogreb norteafricano.

La conquista musulmana. El emirato

La conquista musulmana se produjo en un tiempo brevísimo. Antes de finalizar el año 711 habían tomado Toledo, la capital hispanogoda. Sucesivamente ocuparon Sevilla y Mérida, Zaragoza y casi todo el valle del Ebro. En algunas partes, como ocurrió en la región murciana, suscribieron acuerdos con el gobernador godo, que allí era el conde Teodomiro, y que pactó la sumisión mediante el pago de tributos, conservando por algún tiempo cierta autonomía. Por el noroeste penetraron los invasores hasta Galicia y Asturias, por el noreste sobrepasaron los Pirineos y, en el año 725, llegaron hasta Nîmes. Todo esto lo consiguió un ejército reducido en número, pues nunca dispusieron de más de 20 000 hombres, la mayor parte bereberes. Sólo a mediados del siglo VIII llegó otro importante contingente de 30 000 soldados sirios.

La conquista musulmana se produjo en un tiempo brevísimo gracias a la descomposición interna del reino visigodo. La acometida de árabes, bereberes y sirios (su caballería entrevista así en un códice bizantino) **se vio finalmente contenida por la resistencia cristiana en las montañas de Asturias y en la cordillera pirenaica.**

En el año 756 un descendiente de los Omeyas instalado en Córdoba se proclamó emir independiente de Damasco con el nombre de Abderrahmán I. No faltaron las revueltas en tiempos del Emirato, promovidas a veces por los «faquíes» más fanáticos de la estricta observancia coránica o por focos rebeldes mozárabes. (Página de un manuscrito mozárabe, en el grabado.)

Al autoproclamarse califa en el año 929, Abderrahmán III —hijo y nieto de mujeres vasconas— convirtió a Córdoba en una de las urbes más ricas, populosas y florecientes del mundo. La construcción de Medina Azahara o «ciudad esplendorosa» (aquí, sus ruinas) **sirvió para dotar de digna residencia al poderío califal.**

La descomposición interna del reino visigodo, dividido en banderías y guerras civiles, explica la rápida conquista musulmana. La destrucción completa en una sola batalla campal de la principal fuerza militar y la connivencia o alianza de algunos nobles visigodos con los invasores explican la caída catastrófica del reino godo. Desde los tiempos de Atanagildo habían ocurrido frecuentes intervenciones extranjeras en los asuntos internos de la monarquía goda, como hemos dicho en el capítulo anterior, que permitieron a los bizantinos imperiales apropiarse de algunos territorios en la Península. Más tarde fueron los francos, que apoyaron a Sisenando, mediante pago de un precio en metálico. El carácter electivo de la monarquía facilitaba las disputas y violencias, pero los intentos de establecer la sucesión hereditaria también originaron reacciones violentas entre las familias de Chindasvinto y Wamba. Precisamente Wamba sometió al conde Paulo de Septimania, que se había sublevado apoyado por los francos. Desde el destronamiento de Wamba, en el año 680, la guerra civil era el cáncer de la monarquía visigoda.

Los conquistadores musulmanes, árabes, bereberes y sirios, al establecerse en las tierras más ricas y fértiles de al-Andalus, se casaron con mujeres indígenas, por lo que el aporte étnico se diluyó rápidamente en el conjunto de la población andalusí, que conservó sus antiguas características.

La acometida militar musulmana se vio finalmente contenida por la resistencia cristiana en las montañas de Asturias y en la cordillera pirenaica. La audaz penetración al norte de los Pirineos fue rechazada en el año 732 por el rey de los francos Carlos Martel en la batalla de Poitiers. A contener la presión musulmana a mediados del siglo VIII contribuyeron las persistentes malas condiciones climatológicas en la Meseta, con prolongados años de sequía, que ocasionaron la despoblación del valle del Duero. Igualmente gran parte de Galicia quedó despoblada a raíz de las expediciones del rey asturiano Alfonso I, que reforzó su incipiente y pequeño reino con aquellos pobladores. De esta manera, en la segunda mitad del siglo VIII, al-Andalus quedaba limitado al Norte por extensas zonas desérticas en los valles del Miño, el Duero y parte del alto Ebro, así como por las montañas pirenaicas...

Desde el año 719 se había consolidado la jefatura política en el emir de Córdoba, nombrado por el califa de Damasco. Más tarde, y como consecuencia de las luchas civiles en Oriente entre las familias califales omeyas y abasidas, llegó a Córdoba un descendiente omeya, Abderramán I, que en el 756 se proclamó emir independiente. Fue inútil que el califa de Damasco al-Mansur pretendiera someterle *manu militari,* porque el omeya cordobés salió victorioso de la contienda y desde entonces el islam occidental quedó separado políticamente del tronco originario.

Los conquistadores se habían repartido las mejores tierras, pero ellos no eran agricultores, por lo que no las cultivaban directamente, y por eso los antiguos labradores conservaron su uso mediante el pago de una renta. De este modo la vida en al-Andalus, después de varios años de la conquista, no vio alteradas las costumbres y hábitos ordinarios de sus antiguos habitantes hispanogodos, y ya se ha dicho que el romance mozárabe se mantuvo como idioma común, siendo el árabe utilizado en el lenguaje oficial y de las capas sociales elevadas. Sólo durante el emirato de Abderramán II, en el siglo IX, hubo una notoria orientalización cultural, estableciéndose frecuentes intercambios de viajeros entre Córdoba y Bagdad.

Los tiempos del emirato no fueron una balsa de aceite en el interior del dominio musulmán. Se produjeron varias revueltas y sublevaciones, promovidas a veces por los *faquíes* más fanáticos de la estricta observancia coránica. Algunos de estos focos locales rebeldes tuvieron su centro en Toledo, ciudad que había conservado el importante fondo mozárabe originario. Los hubo también en la «frontera» del valle del Ebro, favorecidos por su situación periférica respecto a Córdoba. Pero la rebelión más grave se produjo en el siglo IX contra la orientalización y tuvo lugar en la región de Málaga, capitaneada por el andalusí Omar ben-Hafsun, quien se convirtió al cristianismo, dando a su prolongada y extensa resistencia un carácter antiislámico.

El califato de Córdoba

El año 912 fue proclamado emir Abderramán III, quien más tarde, en 929, se autodeclaró califa, con lo que reunía todos los poderes religiosos, además de los políticos, militares, hacendísticos y judiciales. Era un monarca absolutista que podía gobernar arbitrariamente sin que nadie le exigiera responsabilidades. Si el emirato había roto la teórica unidad política del islam, el califato de Córdoba rompía la unidad religiosa. Abderramán III, que era hijo y nieto de mujeres vasconas, era rubio como casi todos los omeyas, de piel muy blanca, corto de piernas, por lo que su figura no resultaba esbelta, aunque mejoraba montado a caballo, según cuentan sus coetáneos. Era el resultado del mestizaje que se produjo en al-Andalus, y que mantuvo el sustrato racial indígena en la población andalusí.

Córdoba alcanzó entonces el momento de mayor esplendor, por la magnificencia de su corte, por la ampliación de la mezquita y de las edificaciones públicas, por las riquezas acumuladas en las arcas califales, y por el prestigio que aureoló su nombre más allá de las fronteras del mundo cristiano oriental y occidental. Una prueba de ello fue la embajada que envió el emperador de Bizancio, Constantino VII Porfirogéneta. Córdoba y Bizancio mantuvieron durante casi dos siglos excelentes relaciones. La construcción de Medina Azahara, o sea, «la ciudad esplendorosa», con sus bellos jardines y edificios, sirvió para dotar de una digna residencia al esplendor califal.

Durante los primeros años de su reinado no se propuso ampliar las conquistas territoriales, pero sí mantuvo frecuentes operaciones de castigo, o *aceifas,* contra los reinos cristianos del Norte, que por su parte también practicaban operaciones de saqueo en territorio andalusí. No hubo, por tanto, batallas importantes, aunque, coligados el rey de León Ramiro II, el de Navarra García Sánchez y el conde castellano Fernán González, obtuvieron una victoria en Simancas, en el año 939, que fue muy sonada. Pero la indiscutible superioridad militar musulmana obligó a los reinos cristianos a procurar mantener relaciones pacíficas con el califa, que intervino en las disputas internas de los cristianos, quienes a veces buscaban su ayuda o protección y con quien tenían relaciones de parentesco.

Córdoba era, sin duda, la más populosa, rica y floreciente de las ciudades andalusíes. Pero otras muchas entidades de población daban al conjunto de al-Andalus el carácter de una sociedad urbanizada. Así Toledo, Valencia, Málaga, Sevilla, Zaragoza, Almería, Granada y otras ciudades, que ejercían influencia sobre los territorios vecinos. Las mezquitas, las alcazabas y los baños eran los principales edificios urbanos. Esos núcleos urbanos eran centros administrativos y políticos, pero también de un activo comercio que caracterizó la economía califal cordobesa, favorecida por la abundancia de dinero metálico (dinares de oro, dirhames de plata) que se difundieron por toda la Europa cristiana y fueron modelos del patrón monetario en otras partes.

También en las ciudades se desarrolló una variada industria artesana, desde la alfarería a los textiles, los repujados en cuero y las industrias de lujo, como la orfebrería y la perfumería. Todavía hoy se conservan algunas de estas industrias de la artesanía tradicional, como los cordobanes, guadameciles, la platería, los azulejos, etc.

A pesar de las prohibiciones coránicas sobre el vino, en todas

Amén de un centro político-administrativo de primer orden, Córdoba fue también sede de un activo comercio. Su moneda (tal este dirham de plata) **se difundió ampliamente por toda la Europa cristiana, llegando a servir como patrón monetario.**

Las guerras civiles acabaron con el califato el año 1031. La reunificación política del Al-Andalus —tras su fragmentación en reinos locales o taifas— la volverán a imponer a lo largo de un siglo los fanatizados bereberes almorávides después de que su emir, Yusuf ben-Tafsin, derrotara a Alfonso VI (en la miniatura) **en Sagrajas y Uclés. Emir que fracasó, no obstante, en su empeño por conquistar Toledo.**

Durante la segunda mitad del siglo XII los invasores almohades restablecieron la unidad política del Islam andaluz (en la foto, la sevillana Torre del Oro, bastión del amurallado recinto almohade), **hasta ser derrotados por los cristianos en las Navas de Tolosa (1212). Ya casi mediado el siglo XIV la nueva invasión de los benimerínes se vería cercenada por Alfonso XI en el Salado, quien ponía así fin a la «islamización» de España.**

las regiones de al-Andalus se cultivaba la vid y se vendía vino para el consumo legal de mozárabes y judíos. Pero también lo consumían los musulmanes andalusíes y hasta los emires y califas quebrantaban con frecuencia la prohibición. Las autoridades musulmanas solían ser bastante tolerantes con quienes abusaban de las bebidas alcohólicas. Los poetas andalusíes han reflejado en numerosos zéjeles, en los versos de sus poemas líricos, su entusiasmo por el vino. Por eso, Sánchez-Albornoz opina que el vino y las mujeres son los dos elementos que más contribuyeron a hispanizar a los conquistadores musulmanes.

La cultura literaria alcanzó notable desarrollo, así como los estudios de matemáticas, astronomía, filosofía y medicina.

Abderramán III extendió la influencia política y cultural de Córdoba por el Mogreb africano, de donde se surtía de soldados. Sus continuadores, Alháquem II e Hixem II, mantuvieron la preponderancia cordobesa, tanto en la Península ibérica como en el norte de África. Durante el califato de Hixem II, a fines del siglo X, ejerció el gobierno efectivo en Córdoba un jefe militar, Almanzor, que sostuvo repetidas hostilidades contra los cristianos del Norte, llegando en sus aceifas a Santiago de Galicia, León y Barcelona. Su nombre causaba espanto entre las gentes de aquellos reinos y condados, hasta que, al regreso de una de estas correrías, fue sorprendido y muerto en la batalla de Calatañazor, en el año 1002.

Las taifas. Invasiones africanas: almorávides, almohades y benimerines

Poco después de la muerte de Almanzor estalló en Córdoba un período de desórdenes y anarquía, acentuada al fallecer Hixem II, aunque todavía su sucesor, Hixem III, se pudo hacer reconocer como califa, al menos nominalmente. Dos décadas de guerras civiles, desde 1009 hasta 1031, acabaron con el califato como institución y mermaron el poderío musulmán en la Península. La unidad política de al-Andalus se rompió, fraccionándose en casi medio centenar de pequeños reinos locales, o taifas, de los que los más importantes, como Toledo, Sevilla, Valencia, Málaga, consiguieron reabsorber a los vecinos más débiles o pequeños.

Pero la reunificación política de al-Andalus fue obra de nuevos invasores musulmanes procedentes de África, que irrumpieron en la Península a fines del siglo XI. Los almorávides eran una secta de gentes de origen bereber, fanatizadas por un imán que predicaba la vuelta a la pureza coránica primitiva, o sea, un movimiento fundamentalista rudimentario y brutal, que podemos situar, *mutatis mutandi,* en la línea de los integrismos a los que tan proclive resulta el mundo islámico en el curso de los siglos. Después de conquistar las principales ciudades del norte mogrebí (Marraquech, Fez, Orán, Ceuta) desembarcaron en al-Andalus llamados por el rey taifa Almotámid de Sevilla, quien solicitó su ayuda para detener la oleada reconquistadora de los cristianos, que poco antes, en 1085, habían tomado Toledo.

El emir almorávide Yusuf ben-Tafsín venció, en efecto, a Alfonso VI primeramente en Sagrajas y luego en Uclés, pero fracasó en el intento de recuperar Toledo, que era el objetivo principal señalado. Los almorávides se aplicaron entonces a deponer a los reyezuelos taifas en sucesivas campañas, culminadas en 1115 con la toma de la taifa de Mallorca, con lo que la unidad política del islam andalusí quedó restablecida.

La reforma religiosa de los almorávides, que contó con el apoyo bastante generalizado de los *ulemas* andalusíes, chocó sin embargo con los hábitos populares, y el comportamiento de los africanos provocó diversos rechazos. Pero, sin duda, el dominio almorávide supuso el retroceso de la cultura literaria y científica que había continuado hasta entonces en al-Andalus. Con los almorávides se produjo el primer intento de africanización del mundo andalusí: se prohibió el uso del idioma romanceado, imponiendo exclusivamente el árabe. Los mozárabes fueron perseguidos y muchos emigraron a los reinos cristianos, a cuya repoblación contribuyeron. El filósofo Averroes, comentarista de Aristóteles y que había de influir mucho en el mundo cristiano medieval, por su afán de conciliar la razón y la fe, y que había conseguido sobrevivir a la invasión almorávide, fue finalmente condenado por un emir almohade.

La unidad impuesta por los almorávides en al-Andalus no se mantuvo mucho tiempo. A la muerte del emir Alí ben-Yusuf, en 1143, surgieron de nuevo las taifas. Fue aquél el momento propicio para una nueva invasión africana, la de la secta de los almohades, que, después de hacerse dueños del norte del Mogreb, entraron en la Península y, a lo largo de la segunda mitad del siglo XII, restablecieron la unidad política del islam andalusí. Pero su enfrentamiento con los reinos cristianos acabó en la rotunda y sangrienta batalla de las Navas de Tolosa, en el año 1212, tras la que desapareció su dominio y resurgió el localismo andalusí.

En adelante, el nuevo empuje de la Reconquista cristiana en el siglo XIII dejará reducido el islam en la Península al reino moro de Granada. El último intento de una nueva invasión africana, la de los benimerines, a principios del siglo XIV, fue desbaratado en sus comienzos por Alfonso XI en la batalla del Salado. El riesgo de la «africanización» de España quedó de este modo alejado definitivamente.

CAPÍTULO 5

La España recobrada

Al ocurrir la invasión musulmana en el siglo VIII sólo unos núcleos cristianos en las montañas del Norte, en Asturias o en el Pirineo, opusieron una primera tenaz resistencia a su dominación. Era el comienzo de la larga empresa histórica que sólo había de concluir ocho siglos más tarde. Las crónicas medievales hablan de una «España perdida» por los visigodos, de una España que se trataba, sin embargo, de recobrar. El prolongado esfuerzo de «recuperación» de España es el que solemos conocer con el nombre de *Reconquista* y se desdobla en dos aspectos: la guerra y la repoblación.

El reino astur-leonés

La primera embestida musulmana se estrelló en los contrafuertes pirenaicos y quedó frustrado su intento de penetrar en las Galias, por lo que se produjo el repliegue islámico sobre unas «fronteras» estables. Por su parte el núcleo de resistencia asturiano había dado fe de vida en la batalla de Covadonga, en el año 718, bajo la jefatura del noble hispanogodo Pelayo, erigido como rey y continuador de la monarquía visigoda. Su yerno, Alfonso I (739-757), consolidó aquel reino con el asentamiento de numerosos pobladores hispanocristianos de la Meseta Norte y de Galicia, e instaló su corte en Oviedo.

Alrededor de esta ciudad surgió una organización política, basada en unas instituciones rudimentarias y en una economía de subsistencia. Se produjo también un renacimiento artístico, del que dan testimonio algunas iglesias y palacios, como Santa María del Naranco y el palacio de Ramiro I, o las iglesias de Santa Cristina de Lena, San Juan de Valdediós y San Miguel de Lillo. En un relieve de esta iglesia, en el que se ven al rey y los acólitos, halla expresión, simple y bella a la vez, lo que era la realidad social de la incipiente Reconquista en la aislada región asturiana.

Durante los siglos VIII y IX el reino de Oviedo resistió las reiteradas campañas de saqueo de los emires de Córdoba y entabló contactos con Carlomagno, contactos que recogió la leyenda de Bernardo del Carpio. Pero sólo en tiempos de Alfonso III, a principios del siglo X, fue posible ya descolgarse desde la cordillera sobre la Meseta y extender ampliamente el territorio dominado, dando un fuerte impulso a la repoblación. Así se fundó León, donde el rey Ordoño II estableció la nueva capital del reino. En adelante la repoblación de la Meseta se efectúa por el sistema de *presura,* o sea, a base de campesinos libres que defendían sus propias tierras, con preferencia al sistema de ciudades o a un régimen vasallático señorial. De este modo se alcanzó la línea del Duero, que fue repoblada en Zamora, Toro y Simancas.

El siglo X fue, sin embargo, una dura etapa de supervivencia para el reino leonés, como para los demás reinos y condados cristianos que se habían formado hasta entonces, por la fuerza desplegada desde la Córdoba califal. Pero no eran solamente los avatares de la lucha contra los moros los que decidieron la suerte del reino de León, sino también los derivados de las relaciones con los otros grupos cristianos protagonistas de la historia de esa época.

Los condados pirenaicos y el reino de Navarra: Sancho el Mayor

Los núcleos de resistencia que en el siglo VIII se formaron en el Pirineo, a diferencia del reino asturiano, estuvieron bajo la influencia de los monarcas francos. La expedición que Carlomagno dirigió, a fines del siglo VIII, contra los musulmanes de Zaragoza, y que dio lugar a la legendaria batalla de Roncesvalles, hay que situarla en el contexto de esa influencia.

En el Pirineo oriental surgieron en el siglo VIII pequeños núcleos cristianos gobernados por condes, bajo la tutela carolingia. Así había de ocurrir en Pallars, Urgell, Besalú, Gerona y Barcelona. Este conjunto de territorios forma lo que en la terminología carolingia se denomina la Marca Hispánica. Las «marcas» eran las zonas fronterizas del imperio de Carlomagno, cuya defensa se encomendaba a los «marqueses». El condado de Barcelona, después de una serie de agregaciones y disgregaciones territoriales, llegó a reunir la mayor parte de los condados al este del río Llobregat, la región que con el tiempo se llamaría la «Cataluña vieja». Se considera a Vifredo el Velloso como el primer conde independiente de Barcelona, a fines del siglo IX.

Los orígenes del reino de Navarra se remontan a Íñigo Arista, a principios de la novena centuria. La dinastía de los Arista fue sustituida en el año 905 por Sancho I Garcés, que inaugura la dinastía de los Jimeno. Su mujer, la famosa reina Toda, regente de su hijo García Sánchez I y tía de Abderramán III, dotada de buen tacto y sentido político, consiguió para el pequeño reino de Pamplona una notoria influencia. Aquella dinastía alcanzó su máximo esplendor con Sancho III el Mayor (1004-1035).

La vecindad geográfica y las relaciones con los señores establecidos al norte del Pirineo dieron a la monarquía navarra el sello feudalizante que consagró Sancho III: los territorios se consideraban patrimonio personal del rey, que podía dividirlos o repartirlos entre sus hijos, en contraste con la tradición visigótica de la monarquía conservada en León. Por otra parte, la influencia franca en Navarra se traduce también en aspectos culturales y eclesiásticos, e incluso en la concepción de la monarquía de derecho divino: «*Rex Dei gratia navarrorum*», según se expresa en su titulación.

La paradoja de Sancho III el Mayor es que aspiró a reunir en sus manos los territorios de la España cristiana, lo que logró en gran parte, pero al fin ocasionó la división de lo que había reunido. De esa división surgieron los dos nuevos reinos de Aragón y Castilla.

En efecto, Sancho III se apropió primeramente del condado de Ribagorza, luego del de Castilla, hizo vasallos suyos al rey de León Bermudo III y al conde de Barcelona Berenguer Ramón I, así como al conde de Gascuña, al norte del Pirineo. Un cronista catalán de su tiempo le llamó «*rex ibericus*». Pero a su muerte, en 1035, y como si el fenómeno coetáneo de las taifas musulmanas se hubiera contagiado a los cristianos, impulsado en este caso por las distribuciones que había hecho aquel rey entre sus hijos, éstos se declararon independientes, desconociendo la supremacía del rey de Navarra, García, el de Nájera. Así, Fernando I se proclamó rey de Castilla y conquistó además León por las armas. Por su parte, Ramiro I se declaró rey de Aragón.

Estos dos reinos estaban llamados desde entonces a tomar parte activa en la Reconquista. En cambio Navarra, que por un momento, a principios del siglo XI, había desempeñado el papel principal y hegemónico entre los reinos cristianos españoles, quedó después de Sancho el Mayor sin horizontes para la Reconquista, al resultar envuelto aquel reino por el sur, en el valle del Ebro, por los dominios de Castilla y Aragón. Sólo por breve tiempo llegaron a unirse en una ocasión las coronas de Aragón y Navarra; pero a la muerte de Alfonso I el Batallador, se proclamó en Navarra a un descendiente por línea bastarda de la antigua casa real, García Ramírez, llamado por este motivo el Restaurador. Así concluyó la efímera unión de aquellos reinos.

En adelante Navarra, sin desentenderse de los sucesos peninsulares, trabó crecientes relaciones con los condados norpirenaicos y con los monarcas francos, lo que en siglos posteriores se acentuaría, al acceder a su trono la Casa de Champaña. Juana de Champaña casó con el que sería rey de Francia, Felipe, por lo que en 1274 ambas coronas se unieron, situación que perduró hasta 1326, en que se introdujo la Casa de Evreux. Finalmente, en el siglo XV, el trono de Navarra pasó sucesivamente a los condes de Foix y de Labrit. Las parcialidades internas navarras y la vinculación de los Labrit a Francia favorecerán la intervención castellana en 1512.

La Reconquista durante los siglos XI y XII. Alfonso VI y el Cid

Tras la repoblación de los territorios del valle del Duero en el siglo XI los monarcas castellanoleoneses dieron un gran impulso a la Reconquista. El objetivo más importante entonces alcanzado fue la toma de Toledo por Alfonso VI, en el año 1085. Toledo había sido la base principal de la «frontera» media de los musulmanes, y conservaba el recuerdo prestigioso de la sede episcopal y de la vieja capitalidad visigoda. La toma de aquella ciudad significaba también un extraordinario avance de los territorios cristianos recobrados, que desplazaba sus límites meridionales desde la cuenca del Duero a la del Tajo. Fue a raíz de este avance cuando se repoblaron ciudades como Ávila, Segovia, Arévalo, Sepúlveda, Olmedo y Soria.

Alfonso VI y uno de sus vasallos, Rodrigo Díaz de Vivar, el *Cid Campeador,* protagonizaron un enfrentamiento personal, cuya resonancia histórica se ha magnificado, por haber dado argumento al primer poema épico en lengua castellana, el *Cantar de mio Cid.* En cualquier caso, este *Cantar* y la azarosa vida del Cid constituyen un buen testimonio de la sociedad de la época. Expulsado de Castilla por la enemistad del rey, aquel valeroso caballero puso sus armas al servicio de otros señores, como el rey Pedro I de Aragón, o el rey moro Mustaín de Zaragoza, o emprendió por su cuenta campañas militares que terminaron haciéndole dueño de la ciudad de Valencia, entre 1094 y 1099, arrebatada al rey moro de aquella taifa, Alcádir. La versión que transmite el *Cantar* de las relaciones entre Alfonso VI y el Cid nos da la imagen de un monarca ingrato y vengativo frente a un modelo de caballeros, fuerte en la adversidad, generoso en el triunfo, leal siempre a sus compromisos, incansable en la lucha: «¡Dios qué buen vasallo si oviera buen señor!»

La sucesora de Alfonso VI, en 1109, fue la reina doña Urraca, viuda de Raimundo de Borgoña y madre del que sería Alfonso VII. Doña Urraca se casó con Alfonso I el Batallador de Aragón, para unir a los reinos cristianos contra el peligro almorávide, que había despertado una general alarma después del triunfo obtenido por los nuevos invasores africanos en la batalla de Uclés. Pero pasado el peligro moro, aquel matrimonio resultó ser una fuente de desavenencias, hasta que fue anulado canónicamente por el Papa. Entonces se generalizó un estado de guerra y desórdenes entre Aragón y Castilla, en el que se implicaban las revueltas nobiliarias y los intereses señoriales.

Alfonso VII se coronó como emperador en León, en 1135, en presencia del rey de Navarra, García Ramírez, del conde Ramón Berenguer IV de Barcelona y de otros señores de ultrapuertos. Con ello daba testimonio de sus pretensiones hegemónicas en los reinos cristianos de España, consecuencia de la continuidad monárquica que representaba el reino leonés, y de la notoria prepotencia territorial que había adquirido. En efecto, Alfonso VII de León y Castilla tomó Coria, Ocaña, Uclés y Consuegra. Pero la política de aquel monarca, pese a la pompa imperial de que quiso revestirse, fue desafortunada para la unión de los reinos cristianos. A su muerte se separaron de nuevo León y Castilla, quedando en este último reino Sancho III, mientras en León se proclamaba a Fernando II, y ambos reinos tardaron todavía un siglo en unirse definitivamente. Por la parte occidental leonesa, el condado portugués que se había gestado en el siglo XI, se consagró por fin como reino independiente, bajo el largo reinado de Alfonso I Enríquez, entre los años 1114 y 1185.

El reino portugués dio entonces un gran empuje a la Reconquista en la franja occidental de la Península, tomó Lisboa y alcanzó Évora y Beja, en el Alemtejo, aunque le frenaron los almohades, que recuperaron muchos de los territorios al sur del Tajo.

Por su parte, los sucesores de Alfonso VII mantuvieron el impulso reconquistador. Sancho III fortificó el paso de Despeñaperros y encomendó la defensa de aquellos lugares a la orden militar de Calatrava, con lo que introducía una nueva modalidad en las empresas reconquistadoras. Alfonso VIII tomó la ciudad de Cuenca en 1177, y avanzó por el valle del Júcar, pero fue vencido algunos años más tarde en Alarcos, batalla que demostró la superioridad táctica de la caballería ligera almohade, al envolver al ejército cristiano y atacarle por la espalda, táctica que muy pronto sería aprendida y aplicada con éxito por los cristianos.

Los comienzos de la Reconquista aragonesa y catalana

A fines del siglo XI el rey Pedro I de Aragón inició el descenso desde los contrafuertes pirenaicos hacia el valle del Ebro, conquistando Huesca y Barbastro. Pero fue su sucesor, Alfonso I, llamado el Batallador, quien llevó adelante el gran avance reconquistador, con la toma de Zaragoza en 1118. Este rey estaba muy influido por la idea de Cruzada, entonces en boga en la cristiandad europea, y fundó la primera orden militar española. Hubo de enfrentar la reacción de los almorávides y murió batallando contra ellos. Pero así como en el oeste peninsular se conservaron Toledo y lo sustancial de los territorios reconquistados por Alfonso VI, pese a la ofensiva almorávide, así también en Aragón se conservaron Zaragoza y las tierras del valle del Ebro.

En Aragón, la repoblación de los territorios rescatados de los moros se hizo frecuentemente con gentes venidas del norte de los Pirineos, si bien en las ciudades permanecieron casi siempre los habitantes musulmanes, los mudéjares.

Alfonso I no dejaba hijos al morir y en su testamento cedía los reinos a las órdenes militares, de las que esperaba, sin duda, la mejor defensa contra los invasores africanos. Esta insólita decisión no se cumplió. Los navarros proclamaron, como ya se ha dicho, al Restaurador García Ramírez, y los aragoneses a Ramiro II, el Monje. Este monarca, dispensado de sus votos canónicos, tuvo una hija, Petronila, en la que renunció la Corona, después de casarla con el conde de Barcelona, Ramón Berenguer IV, que así tuvo bajo su gobierno los territorios de Cataluña y Aragón. Su hijo, Alfonso II (en la cronología catalana, Alfonso I), fue el primer rey de ambas Coronas, de Aragón y Cataluña. A partir de este momento Cataluña tenía un conde con denominación de rey sólo a título personal, por serlo de otro reino, pero las estructuras feudales dominantes en el ámbito y en la sociedad catalana no consintieron que su señor tuviera más título que el de conde de Barcelona. No será príncipe o rey de Cataluña. En el siglo XIV, a partir de Pedro IV el Ceremonioso, se hablará de principado de Cataluña; pero un principado sin príncipe, porque este título nunca se usó. Fue una limitación impuesta desde

Un yerno de don Pelayo, Alfonso I, consolidó el reino astur tras repoblarlo con gentes de la Meseta y de Galicia. Alrededor de su corte, en Oviedo, surgió una organización política basada en unas instituciones rudimentarias y en una economía de subsistencia. Se produjo también un renacer artístico del que dan testimonio iglesias como la de Santa María del Naranco (en la foto).

El navarro Sancho III «el Mayor» (en el grabado) **hizo vasallos suyos al rey de León (Bermudo III), al conde de Barcelona (Berenguer Ramón I) y al conde de Gascuña. Un cronista catalán de su tiempo le llamó «rex ibericus». A su muerte —y como si el fenómeno coetáneo de los taifas musulmanes se hubiera contagiado a los cristianos—, sus hijos se declararon independientes, sembrando las semillas de nuevos reinos.**

A diferencia del reino asturiano, en el Pirineo los núcleos de resistencia estuvieron bajo la influencia de los monarcas francos. La expedición que Carlomagno (en el grabado) **dirigió, a finales del siglo VIII, contra los musulmanes de Zaragoza —y que dio lugar a la legendaria batalla de Roncesvalles— hay que situarla en el contexto de esa influencia.**

dentro de las estructuras oligárquicas catalanas. El historiador Ferrán Soldevila ha subrayado que no fue ésta una mera cuestión nominalista, sino el resultado de la configuración política de aquel país.

Los condes catalanes habían extendido, durante los siglos XI y XII su influencia y su poder político por el sur de Francia, desde el Rosellón y la Cerdaña hasta la Provenza. Las relaciones vasalláticas y hereditarias del sistema feudal francés favorecieron los designios de los condes catalanes. Precisamente con Ramón Berenguer IV alcanza su punto culminante esta expansión, que después quedó interrumpida a consecuencia de la batalla de Muret, en 1213, en la que perdió la vida el rey Pedro II, cuando guerreaba a favor de su cuñado y aliado el conde de Toulouse, contra Simón de Montfort, que mandaba la «cruzada» de los señores del norte de Francia contra los albigenses. Se ha dicho algunas veces que este suceso frustró la posibilidad de un reino pirenaico, a caballo sobre las dos vertientes del centro y el oriente de la cordillera.

Pero esta frustración tuvo su contrapartida, pues al desentenderse de los problemas del Mediodía francés, que absorbían la atención de los condes catalanes, se vieron libres para promover la expansión por el Mediterráneo en el siglo XIII. Barcelona había sido, en efecto, cuna de actividades comerciales y marineras. En el siglo XII mantenía ya relaciones con las principales ciudades mercantiles del Mediterráneo occidental y oriental. Parecía así perfilada a desempeñar en el futuro un gran papel en aquel espacio, como de hecho llegó a ocurrir.

El camino de Santiago. El arte románico

El descubrimiento de la tumba que se creyó ser del apóstol Santiago dio origen en el siglo XI a una corriente de peregrinación, propia de la piedad medieval y procedente de diversas regiones de la cristiandad europea. Los avances de la Reconquista hasta el Tajo y el Ebro aseguraban ampliamente la ruta de los peregrinos. El camino de Santiago se convirtió de este modo en un importante nexo de comunicación cultural con el mundo cristiano transpirenaico, que produjo consecuencias interesantes en el plano espiritual y también en el material, porque a lo largo de esa ruta hubo un asentamiento de población foránea que favoreció el aumento de los intercambios comerciales y la aparición en Castilla y León de una incipiente «burguesía», en el más estricto sentido de la palabra.

Pero, sobre todo, la ruta de la peregrinación jacobea fue la principal vía de introducción del arte románico en España, junto a las iglesias del Pirineo oriental, donde ya en la primera mitad del siglo XI se había iniciado la construcción del monasterio de Ripoll, el más hermoso ejemplar del románico catalán, con sus cinco naves y sus siete ábsides. En él vivió el abad Oliva, una de las figuras más representativas de la cultura monacal de aquel tiempo. En las iglesias del románico catalán hay influencias lombardas, además de las francesas, de los maestros constructores que allí trabajaron. Las iglesias de Sant Martí de Cuixà y Sant Climent de Taüll son también muy representativas de este arte que florece en el Pirineo catalán durante los siglos XI y XII.

En el Pirineo navarro-aragonés, en la segunda mitad del siglo XI, se construyó la catedral de Jaca, lugar de uno de los pasos pirenaicos más frecuentados por los peregrinos, y cuya iglesia irradió su influencia artística sobre otras muchas construcciones de templos. Los monasterios de Leyre y San Juan de la Peña son otros excelentes ejemplos del arte románico en aquella región.

En Castilla y León, la iglesia de San Martín de Frómista, que carece de crucero y contrafuertes exteriores, recuerda todavía el arte asturiano precedente. Pero a fines del siglo XI empieza la construcción de San Isidoro de León, que constituye uno de los más interesantes monumentos románicos. La ruta del románico no sólo jalona los templos de Frómista, Sahagún y León, sino que se extiende hacia el sur en el siglo XII, por el valle del Duero, en Toro, Zamora, Salamanca (catedral vieja), y Soria (iglesia de Santo Domingo). En una línea más meridional, el románico castellano alcanza Segovia (San Esteban, San Millán, San Martín) y Ávila (San Vicente). En Ávila se conserva también uno de los más espléndidos monumentos de la arquitectura civil románica: las murallas que circundan la ciudad.

La impresionante «fiebre constructora» en la Castilla del siglo XII se refleja en el gran número de iglesias románicas esparcidas por su geografía, de las que solamente en la provincia de Palencia se registran más de seiscientas.

Pero el gran monumento románico de la Península es la catedral de Santiago de Compostela. Iniciada en el año 1075, la consagra el arzobispo Gelmírez en 1105. En ella trabajaron maestros normandos. La magnificencia de esta construcción se hace patente en sus dimensiones: casi cien metros de longitud, la nave central tiene diez metros de anchura. La esbelta sensación de altura se consigue por la utilización de arcos peraltados. La disposición de las tres naves, que se prolongan en el crucero y se rematan en la amplia girola, con capillas radiales, facilita la circulación de los peregrinos por el interior. El sincretismo de elementos artísticos que concurren en la catedral compostelana hacen de ella un gran exponente de la convergencia de estilos y culturas que ocurre en la España del siglo XII.

La escultura desempeñó un papel indispensable en la ornamentación de los templos: pórticos y portadas (el de la Gloria en Santiago, las de Ripoll y Sangüesa), fachadas como la de las Platerías, claustros como el de Silos, capillas y altares, dan ocasión a crear notables piezas escultóricas, en las que el realismo y la fantasía se combinan, así como los temas bíblicos predominantes y las escenas de la vida cotidiana. Los artistas producen también imágenes exentas, como crucifijos o imágenes de la Virgen y el Niño.

La pintura románica sirvió además a la decoración de los murales de los templos (ábsides, muros, bóvedas), que desgraciadamente han desaparecido en su mayor parte. Las pinturas al fresco de Sant Climent y Santa Maria de Taüll, las de San Baudilio de Berlanga y San Isidoro de León son el testimonio de este arte, en el que el hieratismo de los modelos bizantinos se suaviza y se hace más expresivo. En Castilla-León hubo también un florecimiento de los miniaturistas, basados en la tradición mozárabe.

El gran impulso reconquistador del siglo XIII

Los almohades habían recompuesto el poderío musulmán en al-Andalus y, a principios del siglo XIII, se supo que preparaban un gran ejército en África para trasladarlo a la Península y derrotar con él a los cristianos. Cundió el temor entre éstos y se entablaron contactos para que todos los reinos cooperasen a la defensa común. Así se llegó a reunir, en efecto, una gran fuerza en el año 1212, para auxiliar al rey Alfonso VIII de Castilla, acudiendo en persona Sancho el Fuerte de Navarra y el aragonés Pedro II.

Este ejército se desplazó desde Toledo hacia el Sur, y después de una serie de movimientos tácticos de los aliados cristianos y de los almohades en torno a los pasos de sierra Morena, se dio la batalla campal que tuvo por escenario un lugar situado entre Santa Elena y Miranda del Rey, que había de llamarse las Navas de Tolosa.

La batalla ocurrió el 16 de julio de 1212. La caballería ligera cristiana envolvió a los almohades, cuyo numeroso ejército quedó casi totalmente deshecho, aunque el emir al-Muminín, que lo mandaba, pudo huir a uña de caballo. El botín recogido fue tan importante que, a corto plazo, produjo un notable descenso en la cotización del oro en la cristiandad europea.

Allí acabó la última amenaza grave para España procedente de África. Sin embargo, no se pudo llevar a cabo la explotación inmediata de aquella decisiva victoria, desde el punto de vista militar, por las epidemias que se produjeron durante aquel verano y por la pertinaz sequía que duró varios años y fue causa de malas cosechas consecutivas. Sólo a partir de 1224 se puso en marcha otra vez la empresa reconquistadora, bajo la iniciativa de Fernando III, que intervino en las reyertas intestinas de los almohades e hizo que el gobernador de Sevilla, al-Bayarí, se declarara su vasallo, lo que precipitó el proceso de descomposición que el poderío almohade había experimentado a raíz de la batalla de las Navas de Tolosa.

Con una hábil combinación de la vía diplomática y la fuerza militar, Fernando III llevó a cabo una serie de expediciones por el valle del Guadalquivir, mediante las cuales ocupó Córdoba en 1238, Jaén en 1244 y Sevilla en 1248. A la toma de Sevilla cooperaron las naves del Cantábrico, para aislar la ciudad de la comunicación con África y para romper el puente de Triana, que cortó decisivamente el abastecimiento de la ciudad sitiada.

En esta fase de la Reconquista las condiciones de rendición impuestas obligaron a los musulmanes a abandonar las ciudades en las que entraban los cristianos. Por otra parte, de las tierras conquistadas se hicieron «repartimientos» entre los vencedores. Así, a la Reconquista de la que ya sería Andalucía cristiana, siguió un movimiento de repoblación a base de gentes venidas de León y Castilla.

El avance cristiano por el valle del Guadalquivir aisló a los musulmanes de la región murciana, que negociaron su entrega pacífica al rey de Castilla en 1243, circunstancia que permitió permanecer allí a todos sus pobladores. Pero veinte años más tarde se sublevaron estos mudéjares murcianos, como también ocurrió en las zonas rurales andaluzas, en las que habían continuado viviendo. Las sublevaciones de los mudéjares andaluces fueron reprimidas por Alfonso X el Sabio, mientras que la rebelión murciana lo fue por Jaime I de Aragón, en nombre del rey castellano, su yerno. Después de pacificadas ambas regiones, prosiguió el asentamiento en ellas de repobladores procedentes del Norte o, en el caso de Murcia, también de aragoneses y catalanes.

El rey de León Alfonso IX, por su parte, había conquistado en 1227 Cáceres y poco después Badajoz. Al morir Alfonso IX, en 1230, logró Fernando III reunir definitivamente en su Corona los reinos de Castilla y León. Si el avance reconquistador había sido importante en estos años, la unión definitiva de Castilla y León fue un acontecimiento político de consecuencias decisivas para el destino de España.

También el rey de Portugal había reanudado la Reconquista por el Alemtejo y la cuenca baja del Guadiana. En 1239 llegó hasta Ayamonte, con lo que la Reconquista portuguesa podía considerarse concluida. Aquel reino, abierto a una amplia fachada atlántica, desarrolló posteriormente su vocación marinera y descubridora.

Aragón y Cataluña desplegaron igualmente en el siglo XIII sus proyectos reconquistadores. Entre Castilla y Aragón se habían repartido, mediante acuerdos pacíficos, las futuras zonas a reconquistar, así como los límites entre ellas. En 1154 se firmó el tratado de Tudillén, en 1179 el de Cazorla. Cuando ya la Reconquista estaba prácticamente acabada, el tratado de Almizra, en 1244, ratificó sustancialmente los anteriores acuerdos. Todavía a principios del siglo XIV se hicieron algunas rectificaciones por el tratado de Campillo, y los territorios de ambas Coronas quedaron fijados de la manera que la Historia ha consagrado y que ha llegado a nuestros días.

Jaime I, que lleva el sobrenombre del Conquistador, logró dotarse de suficiente fuerza naval para emprender la conquista de las islas Baleares. En 1229 tomó Palma de Mallorca, en 1235 Ibiza. Un nuevo reino, el de Mallorca, rescatado de los musulmanes, se incorporaba a la Corona de Aragón. El obispo de Tortosa fue principal instigador de esta conquista, como también sería gran alentador de la del reino de Valencia. Sólo bastante tiempo después, en 1286, se conquistó Menorca. Las Baleares fueron de este modo el primer gran foco de la expansión catalana por el Mediterráneo.

Algunos nobles aragoneses habían iniciado por su cuenta la reconquista del territorio valenciano, lo que incitó a Jaime I a tomar la iniciativa de esta empresa. La ciudad de Valencia fue conquistada por sus armas en 1238. Siete años más tarde llegaban los aragoneses al puerto de Biar, límite de la expansión aragonesa según los convenios establecidos con Castilla.

Acabada la tarea reconquistadora en la Península, a los reinos de la Corona de Aragón se les ofrecían, de manera análoga al caso de Portugal, unas expectativas marineras. El Mediterráneo sería su destino. Surgió pronto la ocasión de intervenir en Sicilia, al producirse en 1283 las «vísperas sicilianas», o sea, una sublevación popular contra el duque Carlos de Anjou, designa-

El avance de la Reconquista, desde el Duero al Tajo y al Ebro, permitió asegurar la venida de peregrinos a Compostela. El camino de Santiago (en la estampa, los restos del apóstol al llegar a Galicia) **se convirtió así en un importante nexo de comunicación con la Europa transpirenaica. Al tiempo que por Cataluña penetraba el arte románico, una incipiente «burguesía» foránea se asentaba a lo largo de la ruta jacobea.**

El factor determinante del poderío económico-político de Castilla, a partir del siglo XIII y hasta el XVI, será el comercio de la lana. La nobleza —enriquecida a lo largo de la Reconquista con tierras y pastizales— impulsará el desarrollo de la ganadería ovina y del comercio marítimo, el todopoderoso Honrado Concejo de la Mesta auténtico motor de esa «revolución lanera».

Introducida en España en la segunda mitad del siglo XI, la reforma cluniacense «europeizará» nuestra espiritualidad en los siglos inmediatos. Al unísono, la Península desempeñará una función transmisora a la Europa pre-renacentista de los elementos culturales cristianos, judíos y musulmanes sincretizados en la toledana «Escuela de Traductores». (En la imagen, episodios de la vida de Alfonso X el Sabio en sus «Cantigas».)

do por el Papa para desempeñar aquella Corona, en virtud del sistema vasallático feudal. Pedro III de Aragón, casado con Constanza de Sicilia, fue aclamado rey por los sicilianos, y los aragoneses ocuparon la isla. El conflicto se prolongó hasta el tratado de Agnani, en 1295. Una dinastía aragonesa quedó entronizada en aquel reino.

Nobleza y monarquía. Las Cortes

Los grandes avances de la Reconquista durante los siglos XII y XIII permitieron a la aristocracia castellanoleonesa hacerse con grandes propiedades en la mitad meridional de la Península. Las órdenes militares también recibieron extensos dominios en los repartimientos del sur de la Mancha, Extremadura y Andalucía. A diferencia de lo que había ocurrido en la repoblación del valle del Duero, hecha sobre todo por campesinos libres propietarios de sus tierras, en el Sur se afianzó un sistema señorial, que convirtió a muchos campesinos en vasallos.

Esta nobleza enriquecida tendió a ser levantisca frente a la monarquía, cuando la autoridad del rey-caudillo se debilitaba, por las minorías de edad o por disputas dinásticas. Así ocurrió en Castilla, pero sobre todo en Aragón, donde los nobles crearon una «Unión» y Pedro III hubo de concederles el «Privilegio general» en 1283, en un momento difícil, porque el rey había sido excomulgado por el Papa y sus estados puestos en «entredicho», o sea, ofrecidos a quien los tomara *manu militari*; todo ello a raíz de la conquista de Sicilia por los aragoneses.

En las ciudades, en cambio, prevalecían los ciudadanos libres. En los siglos XII y XIII se produjo un auge de la vida municipal y se otorgaron numerosos fueros a las villas y ciudades, fueros de los que hubo varios modelos, tanto en Castilla como en Aragón.

La importancia de las ciudades se refleja también en la aparición de una institución que alcanzaría gran arraigo en la historia española: las Cortes. Su origen remoto está en la «curia regia» que asistía al monarca con su consejo. Las Cortes eran asambleas que se reunían temporalmente, sin plazos fijos, convocadas por el rey, y en las que participaban representantes de los estamentos sociales o «brazos», eclesiástico, nobiliario y ciudadano. Generalmente se acepta que las primeras Cortes castellanoleonesas tuvieron lugar en León en 1188. En 1283 quedaron institucionalizadas en la Corona de Aragón, en Tarazona para el reino aragonés y en Barcelona para Cataluña.

Las Cortes, a diferencia de la curia o el aula regia, que fue siempre un instrumento de apoyo al monarca, constituyeron una institución limitadora de la autoridad real. *Rex* y *Regnum* compartían la soberanía, sancionaban leyes y votaban o autorizaban los impuestos. Pero de los tres brazos que formaban el *Regnum,* las ciudades con voto en Cortes actuaron casi siempre en apoyo del rey, frente a los brazos privilegiados nobiliarios.

Sin embargo no ocurrió así en Cataluña, donde todos los brazos se esforzaron en limitar la autoridad soberana, arrogándose la representación de todo el pueblo: *Nomini sui et totius universitatis Cataloniae,* como declararon en 1283. La pugna entre el poder real y los derechos feudales, que se había reflejado en los *Usatges* en el siglo XII, se resolvió a favor de aquéllos a fines del siglo XIII. Las Cortes catalanas fueron, según dice Ramón d'Abadal, la representación de tres oligarquías: la nobiliaria, la eclesiástica y la municipal, concordes las tres en que no se fortaleciera en ningún caso el poder monárquico.

En Castilla, la nobleza enriquecida con grandes tierras y pastizales, impulsó el desarrollo de la ganadería ovina, iniciándose así la economía lanera, que constituyó más adelante renglón principalísimo de su producción y de sus intercambios. La organización de la ganadería lanar y el régimen de trashumancia que le era propio motivó en el siglo XIII la creación del Honrado Concejo de la Mesta, poderoso sindicato que, a cambio de empréstitos a la Corona, pudo hacerse con grandes privilegios y que fue un factor determinante de la economía castellana durante cuatro siglos.

La economía de la lana tuvo posteriormente otra consecuencia, en este caso favorable, para el desarrollo de la marina mercante en la cornisa cantábrica. Los puertos del Cantábrico, desde Fuenterrabía y San Sebastián, que se habían incorporado a la Corona con la provincia de Guipúzcoa a fines del siglo XII, hasta Santander y San Vicente de la Barquera, era cuna de pescadores que perseguían la ballena y de navegantes que transportaban mercancías. A principios del siglo XIV la lana merina castellana era cada vez más apreciada en los mercados exteriores, sobre todo en Flandes. La exportación de la lana y las mercaderías de retorno están, pues, en el inicio de un floreciente comercio en el Atlántico Norte, que, no sin conflictos con otros competidores, hizo de las pequeñas villas marineras del Cantábrico centros mercantiles importantes.

La Iglesia y la cultura. Las universidades

En el siglo VIII había quedado rota la unidad de la Iglesia visigoda. La diócesis de Oviedo se consideró directa sucesora suya, de manera análoga a la monarquía asturiana respecto a la herencia política. La Iglesia ovetense se desentendió, pues, del metropolitano de Toledo y continuó por su cuenta la tradición visigótica.

Bajo el dominio musulmán sobrevivió la Iglesia mozárabe, mediatizada a veces por las autoridades islámicas, y a veces perseguida por ellas. Se produjeron algunas reacciones en al-Andalus contra la presión social que inducía a muchos cristianos a adoptar la fe islámica: el caso más importante fue, a mediados del siglo IX, la protesta de los mozárabes cordobeses, que culminó en el martirio de san Eulogio y otros cristianos.

La tradición isidoriana y visigótica inspiró la reconstrucción eclesiástica en la España cristiana. Hasta el siglo X no se pudieron restablecer los contactos regulares con Roma, aunque siempre se mantuvo el acatamiento a la jefatura espiritual pontificia. La Iglesia de los condados catalanes fue la primera en restablecer el trato regular con Roma. Luego lo haría Sancho el Mayor de Navarra. Pero fue en la segunda mitad del siglo XI cuando se introdujo en España la gran reforma eclesiástica protagonizada por los monjes cluniacenses, que no sólo introdujeron el rito latino para sustituir el mozárabe, con el propósito de evitar la dispersión anárquica en la liturgia y en la disciplina, sino que procuraron también un renacimiento de la espiritualidad en los fieles, y establecieron la comunicación cultural con los otros pueblos de la cristiandad. Ya hemos dicho antes que al restablecimiento de esta comunicación contribuyó en gran manera el camino de Santiago.

Fruto del renovado contacto con Roma fue también la predicación por el Papa, en 1064, de la «cruzada» contra los musulmanes de Barbastro, a la que concurrieron caballeros transpirenaicos junto a los aragoneses, y que es un precedente de lo que unos años después sería el gran llamamiento a las Cruzadas en toda la cristiandad para recuperar los Santos Lugares. Los reinos españoles, que tenían al enemigo en casa y debían atender su propia «cruzada» reconquistadora, no concurrieron por ello al llamamiento hecho en los siglos XII y XIII para rescatar el Santo Sepulcro.

Esta «espiritualidad combatiente» era compatible con signos

contrarios reveladores de relajación en la vida eclesiástica y de mundanización de algunos obispos y abades, relajación que no quedó sin ser denunciada. Frente a esa relajación precisamente surgieron en el siglo XII la reforma monástica cisterciense y en el siglo XIII las órdenes mendicantes: la orden de predicadores o dominicos, los franciscanos, los carmelitas y los agustinos. La Iglesia española dio entonces testimonios de santidad, como santo Domingo de Guzmán, fundador de la orden de predicadores, san Raimundo de Peñafort y Raimundo Lulio.

Los monasterios y las catedrales habían sido en todo momento centros de estudio y no sólo de oración. Era una cultura fundamentalmente eclesiástica, pero que cultivó también las enseñanzas de la medicina y el derecho, entre otros saberes profanos. En el siglo XIII, la recepción del derecho romano y la mayor difusión cultural alcanzada dieron lugar a la creación de Estudios Generales y Universidades, que habían de constituir los grandes centros del saber en la Baja Edad Media. Así surgieron la Sorbona, Bolonia, Salamanca, Valladolid, Montpellier y, poco después, Oxford.

En las *Partidas* de Alfonso X el Sabio se define el concepto de universidades con estas conocidas palabras: «Ayundamiento de maestros e escolares que es fecho en algún lugar, con voluntad e con entendimiento de aprender los saberes.» Y con un sentido muy claro de la ambientación que requiere el estudio, y que puede parecernos una anticipación muy moderna, Alfonso X añade que la villa donde se establezca el estudio sea «de buen aire e de fermosas salidas... porque los maestros que muestran los saberes e los escolares que los aprenden, vivan sanos e en él puedan folgar e rescibir placer a la tarde, cuando se levantaren cansados de estudiar».

La Corona y la Iglesia fueron los artífices de esta institución, cuyo destino está unido a la historia de la cultura de Occidente.

La España de los siglos XII y XIII desempeñó, por otra parte, una función transmisora de la cultura clásica antigua a la cristiandad europea, así como contribuyó a difundir allí algunos elementos culturales procedentes de al-Andalus. La conjunción de cristianos, judíos y musulmanes hizo posible en Toledo la existencia de la «escuela de traductores», cuyos trabajos están en la base del renacimiento cultural de Europa en el siglo XIII.

CAPÍTULO 6
¿Cinco reinos o una España?

Aragón y Portugal habían dado por concluida su Reconquista en el siglo XIII. Los grandes avances castellanos en Andalucía y Murcia durante la primera mitad de aquel siglo dejaron reducido el dominio musulmán al reino moro de Granada, que pactó su supervivencia mediante el pago de tributos a Castilla. El intento de los benimerines africanos de invadir la Península, a principios del siglo XIV, quedó desbaratado en la batalla del Salado. Pero el fin de la Reconquista castellana se demoró todavía dos siglos. Sólo en la nueva «frontera» andaluza, cuyo recuerdo se conserva en la toponimia, se produjeron durante esos dos siglos algunas acciones de carácter local, como las conquistas de Algeciras y Gibraltar.

Desde mediados del siglo XIII cinco reinos se repartían, por consiguiente, el solar peninsular: Castilla, Portugal, Aragón, Navarra y Granada. Pero durante el reinado de los Reyes Católicos se reunirán en su Corona Aragón y Castilla por matrimonio, y los reinos de Granada y Navarra por conquista. Así quedó establecida la base territorial de la España moderna. Además, en torno a la Monarquía Católica, título que Isabel y Fernando reciben del Papa, cristalizó la formación del Estado moderno, de modo análogo a lo que por entonces ocurrió en otras monarquías europeas, gracias al robustecimiento de la autoridad real, basado en un ejército permanente y en una burocracia eficaz.

El descubrimiento de América da una nueva dimensión a la historia española y la política italiana del rey Fernando hacen de España una potencia europea, que sale de su confinamiento peninsular. Los reinos que integran la Monarquía Católica conservarán cada uno su personalidad política y sus instituciones. Los monarcas seguirán titulándose reyes de Castilla y de León, de Aragón, de Valencia y de Mallorca, de Navarra, condes de Barcelona, señores de Vizcaya, y usarán todos los demás títulos que han heredado de los siglos pasados. Pero es la nueva nación española, que ha sido refundada durante el reinado de Isabel y Fernando, la que se convierte en protagonista de la Historia universal.

Los Trastámara en Castilla y Aragón

La sucesión de Alfonso X el Sabio desencadenó en Castilla-León la rebeldía de su nieto el infante de La Cerda contra su hijo y heredero Sancho IV. Estas situaciones críticas de la monarquía eran aprovechadas por los nobles banderizos para menoscabar la autoridad del rey. El momento más grave ocurrió a la muerte de Alfonso XI, porque contra su hijo Pedro I el Cruel se alzó su hermano bastardo Enrique de Trastámara, en 1369. Fue aquélla una auténtica guerra civil, en la cual las ciudades estuvieron del lado de Pedro I, en general, mientras los nobles apoyaban al bastardo. Una guerra civil que tuvo interferencias exteriores, porque se complicó con la guerra de los Cien Años, que por entonces enfrentaba a los reyes de Francia y de Inglaterra.

La guerra de los Cien Años había estallado en 1328, cuando Eduardo III de Inglaterra se opuso a la proclamación de Felipe VI de Valois como sucesor de Carlos IV en el trono de Francia. Pedro I de Castilla estuvo del lado inglés, rompiendo la tradicional alianza francocastellana, que en líneas generales se mantenía desde el siglo XII y que había plasmado en varios enlaces matrimoniales, como el de Blanca de Castilla con Luis VIII de Francia, y que fue madre del rey san Luis IX. La decisión de Pedro I dio pretexto a Aragón, que siempre había mantenido buenas relaciones con Inglaterra, para ponerse ahora en su contra, al lado de Francia y de Enrique de Trastámara.

Hubo, por tanto, una auténtica inversión de alianzas, y franceses e ingleses intervinieron en la contienda civil castellana, mandados respectivamente por Beltrán Duguesclín y por el Príncipe Negro. La intervención extranjera resultó decisiva. Se cuenta que Duguesclín dijo aquello de «ni quito ni pongo rey, pero ayudo a mi señor», cuando consiguió dar muerte a Pedro I. De esta manera quedó entronizada en Castilla la Casa de Trastámara. Fue un acontecimiento de consecuencias trascendentales, porque aquella dinastía estaba llamada en el futuro a lograr reunir los reinos de la España moderna.

Entretanto, en el siglo XIV había continuado la expansión exterior catalanoaragonesa por el Mediterráneo, pero en el orden interno los monarcas trataban con poco éxito de dominar a la nobleza levantisca. En efecto, a principios del siglo XIV, las crisis internas ocurridas en el Imperio bizantino ocasionaron las intervenciones de mercenarios y condotieros extranjeros, entre ellos los *almogávares* catalanes. De resultas de la expedición de los almogávares se produjo la ocupación de los ducados de Atenas y Neopatria en 1311, aunque por poco tiempo. Sin embargo, desde entonces los reyes de Aragón y sus sucesores conservaron estos títulos, aunque como exponente de la mera retórica cancilleresca.

Más importante y duradera fue la ocupación de Cerdeña en 1323, aunque de hecho el establecimiento catalán se limitó a las dos ciudades principales de la isla, Cagliari (Càller) y Alghieri (Alger), en las que todavía hoy se conservan algunos vestigios de la herencia cultural catalana.

El rey aragonés Pedro IV (III en la nomenclatura catalana), llamado el Ceremonioso, pudo revocar en 1348 el «Privilegio de la Unión», después de someter a los nobles *manu militari*; pero durante su largo reinado de medio siglo (1336-1387) tuvo que hacer frente a muchas adversidades, entre ellas la famosa «peste negra». En Cataluña, para eludir la dependencia de las Cortes, en las que todos los brazos, incluidas las ciudades, se confabulaban contra el conde soberano, reunió «parlamentos», a los que sólo eran convocadas las villas y ciudades reales, y cuya asistencia a esas asambleas no era obligatoria, para pedir consejo en algunos casos concretos y solicitar también ayuda. Pero surgió entonces precisamente la Diputación del General de Cataluña, la *Generalitat,* que vino a ser una especie de delegación permanente de las Cortes, para el control y administración de los impuestos, con amplias facultades fiscalizadoras y restrictivas de la autoridad real. La pugna entre el soberano y las Cortes, sostenida en todo momento, haría imposible que en Cataluña el conde-rey fuera el eje sobre el que se articulara la creación de un Estado moderno, con las secuelas que ello supuso en el futuro.

Al fallecer sin hijos legítimos el rey Martín I el Humano, en 1410, que había sucedido a Pedro el Ceremonioso, se planteó en la Corona de Aragón una complicada cuestión sucesoria. Los dos aspirantes más calificados parecían ser el conde de Urgell y don Fernando el de Antequera, o sea, un Trastámara castellano. Se confió la solución al arbitraje de los delegados de los tres reinos de Aragón, Cataluña y Valencia, que se reunieron en Caspe y que, con la decisiva intervención del valenciano san Vicente Ferrer, fallaron a favor del de Antequera. La Corona de Aragón quedaba así vinculada a la Casa de Trastámara.

Bajo los Trastámara aragoneses se afianzó la proyección mediterránea de aquella Corona. Sicilia, donde la influencia aragonesa se había mantenido desde los tiempos de Pedro III, quedó incorporada definitivamente en 1412 a la Corona de Aragón, y se mantuvo esa unión hasta 1713. Poco después, Alfonso VI el Magnánimo, que reinó entre 1416 y 1458, conquistó Nápoles.

Pero los éxitos exteriores no sirvieron para compensar la debilidad interior de la Corona. El Compromiso de Caspe había dejado un rescoldo no apagado de facciones banderizas propicio a avivarse. Los nobles catalanes se alzaron en armas en 1462 contra Juan II, quien por su matrimonio con Blanca de Navarra era también monarca en aquel reino, donde se enfrentó con el heredero, el príncipe de Viana, en medio de las luchas banderizas de agramonteses y beamonteses.

En Castilla la Casa de Trastámara hubo de hacer muchas concesiones a la aristocracia, para que se perdonara el origen bastardo de la dinastía. Enrique II fue llamado, por eso, «el de las mercedes». La posterior minoridad de Enrique III alentó las revueltas nobiliarias. Juan II de Castilla estuvo mediatizado por un «valido», don Álvaro de Luna, que tuvo un trágico final. La sensación de desgobierno, de inseguridad colectiva, de desmanes y violencias de unos y otros, culminaron en Castilla en tiempo de Enrique IV, el Impotente. En la década de los años sesenta del siglo XV la anarquía era completa en Castilla, de la que dan cuenta los cronistas de su tiempo. Algunas villas y ciudades formaron «hermandad» para protegerse del desorden generalizado. Análogos mecanismos de autodefensa surgieron en Aragón, y reapareció en Cataluña el somatén.

Por otra parte, los juristas, receptores del derecho romano, desarrollaban doctrinas tendentes a robustecer la autoridad de los reyes, doctrinas que eran bien escuchadas en las ciudades castellanas con voto en Cortes, considerándolas como la mejor solución política para poner fin al desorden sostenido por las facciones nobiliarias.

La «peste negra» y sus consecuencias

A mediados del siglo XIV España se vio acometida, como los otros reinos de la cristiandad occidental, por el azote de la «peste negra», o peste bubónica, que parece se introdujo en Sicilia, por intermedio de los navíos genoveses procedentes de Oriente, en 1347, y que se expandió rápidamente. Un año después alcanzó al Levante valenciano y catalán, y penetró en Aragón y en toda la Península.

Los efectos demográficos de aquella espantosa epidemia fueron brutalmente negativos. Aunque no se puede hacer una valoración global rigurosa, por la escasez e imprecisión de las fuentes, los estudios de ámbito local permiten aproximarnos a una estimación bastante fiable en algunos lugares. Así, parece que en la plana de Vich la población se redujo en dos tercios. En otros lugares se habla de la mitad o de un tercio. En todo caso, es probable que los efectos demográficos se hicieran sentir más en las zonas rurales que en las ciudades, tal vez porque los campesinos supervivientes emigraron después de la peste a los núcleos urbanos más importantes en demanda de trabajo. Para favorecer la recuperación demográfica después de la epidemia se generalizaron las dispensas matrimoniales por consanguinidad.

Las consecuencias sociales fueron también muy graves. El bandidaje se intensificó. Saqueos y desórdenes acompañaron a la epidemia, se cometieron asesinatos de supuestos «untadores», a quienes se atribuía la voluntaria propagación de la enfermedad mediante untos o polvos que la gente imaginaba esparcían en templos o mercados. Con frecuencia los judíos fueron las víctimas propiciatorias de aquel «gran miedo» colectivo. Lo cierto es que a partir de la «peste negra» arreciaron en la Europa cristiana, y también en España, las persecuciones de los judíos.

La economía se resintió igualmente. Se interrumpió el auge económico que se había experimentado durante el siglo XIII. Un cuadro general de pobreza y desolación se expandió por todas partes. Se paralizó por algún tiempo el comercio. La falta de mano de obra en el campo provocó el abandono de muchos cultivos. En algunos lugares de la costa se dejó de pescar por falta de pescadores. A la pobreza y a la escasez acompañó la especulación, aunque los reyes pretendieron evitarla poniendo tasas a los precios y salarios. También disminuyeron las rentas reales, a pesar de haberse creado nuevos impuestos.

Más de medio siglo tardó la economía en recuperarse en todo el ámbito de la cristiandad, y lo mismo ocurrió en España. A la recuperación contribuyó muy principalmente el paulatino restablecimiento del comercio. Tanto en el Mediterráneo como en el Cantábrico las villas mercantiles emprendieron nuevas iniciativas. La guerra de los Cien Años, por otra parte, favoreció la expansión de la marina mercante castellana, que, además de la exportación de las lanas, se convirtió en transportista de los vinos de Burdeos. Esto derivó en conflictos con la Hansa alemana, hasta que se concluyeron acuerdos favorables a la Hermandad de las Cuatro Villas. También los marineros castellanos tuvieron conflictos con Inglaterra a consecuencia de aquella guerra de los Cien Años, y en 1380 una escuadra castellana remontó el Támesis hasta avistar Londres. La hostilidad anglocastellana concluyó cuando, en 1388, se ajustó el matrimonio del que había de ser heredero de Castilla, el futuro Enrique III, con Catalina de Lancaster, biznieta por línea legítima de Alfonso XI. Como Enrique III era también biznieto de aquel rey por la línea bastarda de los Trastámara, ese matrimonio venía a legitimar, de algún modo, a la dinastía castellana.

Las literaturas romances y el arte gótico

Aunque las lenguas cultas en los primeros siglos medievales fueron el latín y el árabe, entre los cristianos españoles y los musulmanes respectivamente, ya hemos dicho que se hablaban popularmente unas lenguas derivadas del latín degenerado o romances. La evolución de los romances logró alcanzar nivel literario a fines del siglo XII con el *Cantar de mio Cid* en el romance castellano, o la poesía de Berceo en el siglo XIII; y con la *Blanquerna* de Raimundo Lulio en el romance catalán; así como con las *Cantigas* de Alfonso X en gallego. La lengua romance alcanzó también nivel de expresión científica por las traducciones que se hicieron en las escuelas de Toledo y Sevilla bajo el patrocinio de Alfonso X.

El cultivo literario de las lenguas romances prosiguió a distinto ritmo. La mayor densidad demográfica y la mayor extensión territorial harían del castellano la lengua predominante en la Península; y la literatura castellana en los siglos bajomedievales, abierta siempre a los contactos renacentistas italianos, se preparaba para florecer en la gran eclosión del Siglo de Oro.

El desarrollo propio y peculiar de los reinos cristianos españoles, en la que se reflejaban los contactos con las otras literaturas de los pueblos de la cristiandad europea, corrió parejo con la renovación artística que significó el arte gótico. La mayor afluencia de riquezas y el descubrimiento de nuevas técnicas constructivas arquitectónicas por los maestros constructores del Occidente cristiano, desde que tuvieron lugar las Cruzadas a Oriente, propició la irrupción espléndida del gótico en Francia, en el siglo XIII, «el siglo de las catedrales».

La aparición del gótico en España se debe a la influencia francesa, predominante en Castilla-León. El rey Alfonso VII favoreció el establecimiento de la orden del Cister en sus dominios, y así aquellos monjes edificaron en Moreruela (Zamora) el primero de sus monasterios en España, que se conserva toda-

La guerra entre Pedro «el Cruel» (en el grabado) **y Enrique de Trastámara fue una auténtica guerra civil en la que las ciudades estuvieron, en general, al lado del primero y la nobleza junto a su hermano bastardo. Una guerra civil pronto «internacionalizada» por cuanto se complicó con la guerra de los Cien Años, que enfrentaba entonces a los reyes de Francia e Inglaterra.**

A lo largo del siglo XIV la expansión catalano-aragonesa por el Mediterráneo se vio mermada, en el orden interno, primero por la levantisca nobleza y después por la Generalidad (aquí, una galería del Palau de la Generalitat). **La pugna entre los soberanos y esa especie de fiscalizadora delegación permanente de las Cortes haría imposible que, en Cataluña, el conde-rey fuera el eje sobre el que se articulara la creación de un Estado moderno.**

Mediado ese siglo XIV la Península se vio acometida, como los otros reinos de la Cristiandad occidental, por el azote de la peste negra. Los efectos demográficos de aquella espantosa epidemia fueron brutalmente negativos y las consecuencias económicas y sociales muy graves. Los judíos fueron víctimas propiciatorias de aquel «gran miedo colectivo». (Antijudaísmo latente en este retablo de Jaime y Pedro Serra.)

vía, aunque en ruinas. Los cistercienses se inspiraban en una espiritualidad exigente, como reacción frente al deterioro y disipación mundanas que era ostensible en algunos sectores eclesiásticos. La sobriedad era norma de su vida, y esa sobriedad se reflejaría también en la ausencia de exuberancias decorativas que caracterizará el primer gótico.

La nueva técnica arquitectónica permitía una mejor distribución de las fuerzas (arcos apuntados, arbotantes, contrafuertes, bóvedas ojivales), con lo que los edificios serían más elevados y esbeltos, abriéndose en ellos grandes ventanales que daban más luz a los interiores y que podrían cubrirse con vidrieras multicolores, en las que en España se utilizaron, además de los azules y rojos predominantes en los vitrales franceses, los verdes, amarillos y ocres.

En el reino castellano-leonés la construcción de grandes catedrales se inició en la primera mitad del siglo XIII: en 1221 la de Burgos, en 1226 la de Toledo, en 1254 la de León. Esta última responde a un prototipo netamente francés. La de Toledo incorpora un conjunto de elementos que la tipifican como más peculiarmente española, con una mayor preocupación por la amplitud y anchura de sus cinco naves, y no tanto por la elevación en altura, incorporando también algunos elementos ornamentales mudéjares.

En Aragón y Cataluña la arquitectura gótica se introdujo más tardíamente, después de que concluyera la gran expansión reconquistadora del siglo XIII. La catedral de Barcelona se inicia en 1298, la de Zaragoza en 1317. También la orden del Cister se introdujo más tardíamente en aquellos reinos, estableciéndose el monasterio de Poblet en el siglo XIV. En los reinos de la Corona de Aragón se reconoce, además, la influencia artística italiana, que contrarresta un poco las tendencias góticas, y que se advierte en la despreocupación por los grandes ventanales, sin duda innecesarios ante la exultante luz del Mediterráneo, y en una mayor propensión al desarrollo horizontal, lo que puede advertirse en la catedral de Palma de Mallorca, no obstante ser ésta una de las más elevadas de todas la catedrales góticas europeas. Se ha dicho de la catedral de Palma que, vista desde la bahía, parece un navío dispuesto a zarpar.

En el siglo XIV se hizo más lento el ímpetu constructor, a veces quizá por el mayor grado de anarquía pública, a veces por los efectos deprimentes de la «peste negra». Las grandes catedrales iniciadas en el siglo XIII se siguieron construyendo, pero fue preciso esperar al siglo XV para que se retomara de nuevo el auge constructivo de un gótico más españolizado, en el que se asimilaron influencias flamencas, alemanas y mudéjares, introducidas por los maestros que trabajaron en las obras. La profusa decoración flamígera será característica de este gótico tardío que abre las puertas al plateresco en tiempo de los Reyes Católicos. Fueron estos monarcas los que mandaron construir en Toledo la iglesia de San Juan de los Reyes, modelo de gótico tardío. Las catedrales de Segovia, de Sevilla y la nueva de Salamanca son los grandes exponentes de ese arte que se prolongaba en el tiempo, cuando ya la eclosión del renacimiento se abría definitivamente camino.

El gótico tardío también dejó su huella en las artes plásticas, sobre todo en retablos y sepulcros, como el retablo de Gil de Siloé en la cartuja de Miraflores, o el sepulcro del Doncel de Sigüenza. Pero fue abundante y rica en calidad principalmente la pintura sobre tabla, en la que la perfección de las formas y el realismo corren parejas con la riqueza del color. Desde el primer momento la pintura gótica olvidó el simbolismo románico, para propiciar un realismo humanista, con gran movimiento en la composición escénica y abierto a incorporar el paisaje. Las tablas de los «primitivos» españoles permiten distinguir las influencias flamencas e italianas que incidieron sobre ellos, por el contacto político y comercial mantenido con aquellos países. En Castilla el influjo flamenco fue absolutamente decisivo, hasta el punto de que se puede hablar de una escuela hispanoflamenca de pintura. Con Bartolomé Bermejo y Fernando Gállego logra la pintura castellana de fines del siglo XV su más alta calificación. En Cataluña predominaba desde el siglo XIV la influencia italiana, con Ferrer Bassa, los hermanos Serra y Bernat Martorell. Pero en el siglo XV cobra fuerza la atracción por lo flamenco, que tiene en Van Eyck el maestro admirado por Luis Dalmau y otros pintores levantinos. En realidad, el arte reflejaba los dos polos hacia los que se orientaba la vida española en sus relaciones exteriores, al advenimiento de los Reyes Católicos.

Los Reyes Católicos. El fin de la Reconquista. Las islas Canarias

En 1474 heredó Isabel la corona de Castilla, en 1479 sucedió Fernando a su padre Juan II en la de Aragón. El matrimonio de ambos, previamente celebrado en 1469, suponía la unión personal de ambos reinos, base de la moderna monarquía española, que había de completarse con la conquista de Granada y las anexiones de las islas Canarias y del reino de Navarra, realizadas a lo largo de más de cuarenta años de gobierno, que abarca hasta la muerte de Fernando en 1516.

Pero este proceso tuvo un complicado comienzo. Zarandeado por la anarquía nobiliaria que caracteriza el reinado de Enrique IV el Impotente, éste había reconocido por heredera a su hermana Isabel, en virtud del acuerdo de los Toros de Guisando en 1468, desheredando a su hija Juana, cuya dudosa paternidad se atribuía a don Beltrán de la Cueva, por lo que era llamada *la Beltraneja.* Por la «concordia de Segovia», que prepararon el arzobispo Carrillo y el cardenal Mendoza, dos eclesiásticos muy influyentes en su tiempo, Isabel asoció al gobierno de Castilla a su marido Fernando. Sin embargo, los partidarios de Juana la Beltraneja quisieron proclamarla reina, con el apoyo de Alfonso V de Portugal, al que se prometió en matrimonio. De haber triunfado esta opción hubiera significado la unión de Portugal y Castilla por vía dinástica, un siglo después de haber fracasado el intento por la fuerza en Aljubarrota.

La derrota esta vez de Alfonso de Portugal en Toro, en 1476, desbarató las pretensiones de la Beltraneja, que, abandonada por todos, terminó recluida en un convento. En acción de gracias por esa victoria, los reyes mandaron construir en Toledo la iglesia de San Juan, a la que antes nos hemos referido, y en la que se utilizaron ya como motivos ornamentales, y al igual de lo que sucedería en otras edificaciones posteriores del reinado, las letras «Y» y «F», además del yugo y las flechas, cuyas iniciales coincidían con las de los nombres de los monarcas, y representaban su lema de que la unión hace la fuerza.

El rey portugués puso fin a aquella «guerra de sucesión» por el tratado de Alcaçobas, en 1479, en el que se zanjaron además las disputas castellano-portuguesas sobre la navegación atlántica, reservándose los portugueses en exclusiva la de la costa africana hacia Guinea, y los castellanos la de Canarias, acuerdo que trascendería pronto en el descubrimiento de América y de la ruta de las Indias Orientales.

Concluida la guerra sucesoria, los reyes se propusieron restablecer el orden, poniendo término definitivamente a las banderías nobiliarias y robusteciendo la autoridad monárquica, basada en el imperio de la ley y de la justicia. A ello los ayudaron las ciudades en las Cortes celebradas en Toledo en 1480, momento en que culmina el *dualismo monárquico-estamental,* que por algún tiempo caracteriza la formación del Estado moderno, gracias al equilibrio de poder compartido por el *Rex* y el *Regnum.*

Encauzada esta primera cuestión, los reyes iban a emprender una tarea decisiva para la fundación de la futura España moderna: poner fin a la Reconquista, que prácticamente había quedado paralizada desde el siglo XIII. En efecto, el reino moro de Granada vivía desde entonces en paz con Castilla, mediante el pago de tributos, paz sólo ocasionalmente alterada por acciones aisladas de carácter local en la «frontera». Uno de esos incidentes fue la «sorpresa de Zahara», plaza que conquistaron los musulmanes, y cuya réplica fue la toma de Alhama por los cristianos, en 1482. Poco después Boabdil de Granada cayó prisionero en Lucena, aunque los Reyes Católicos le pusieron en libertad, a cambio de que autorizara el paso de los castellanos para combatir a su padre Abdul Hasán.

Los Reyes Católicos se proponían de este modo aprovechar la guerra civil que en el reino nazarí sostenían los abencerrajes, partidarios de Boabdil, y los zegríes, que apoyaban a su padre. En este caso, como en otros que cuenta la historia, hay que *cherchez la femme* para explicar algunos comportamientos. La madre de Boabdil, Aixa, había sido postergada por una concubina cristiana, Zoraya, lo que encendió la revuelta doméstica, que se convirtió en abierta guerra civil.

A partir de 1484 los Reyes Católicos organizan el ataque sistemático para alcanzar su objetivo final. Movilizan a la nobleza andaluza, con sus mesnadas, que son todavía parte del operativo militar disponible, y de este modo consiguieron que una fuerza anárquica fuera reconducida ordenadamente por la monarquía al servicio de un objetivo nacional. Pero también comenzaron a organizar el ejército moderno, con una infantería bien entrenada y un mayor desarrollo de la artillería, lo que exigía servicios permanentes y de apoyo. También dispusieron la colaboración naval para aislar al reino de Granada por mar.

En esta guerra no se dieron batallas campales, sino sitios de plazas fuertes, donde la artillería resultaba más efectiva. La línea principal de ataque fue de oeste a este. En 1485-1486 se conquistaron Ronda, Marbella y Loja, donde Boabdil cayó prisionero otra vez y de nuevo fue puesto en libertad. En 1487 se tomaron Vélez-Málaga y Málaga. Se emprendió entonces el ataque desde el este, con la toma de Baza en 1489. Así se preparó el asalto final a la ciudad de Granada y su vega. Se construyó el campamento de Santa Fe y se estrechó el cerco de la capital nazarí, que se rindió el 2 de enero de 1492. La «España perdida» por los visigodos quedaba totalmente recobrada.

Entretanto se había producido también la anexión de Canarias a la Corona de Castilla. En 1402 Enrique III había reconocido a Juan de Béthencourt el señorío de las islas menores de aquel archipiélago. Los herederos del mismo, Diego García de

Herrera e Inés de Peraza, cedieron en 1477 a la Corona el derecho a conquistar las islas mayores. La conquista de Gran Canaria la llevó a efecto Pedro de Vera entre 1478 y 1484, tras vencer la resistencia de los aborígenes guanches, por lo que aquella isla pudo servir posteriormente de apoyo para el viaje colombino de descubrimiento del Nuevo Mundo. Alonso Fernández de Lugo conquistó después la Palma y Tenerife, entre 1492 y 1496. Los jefes guanches sometidos pudieron conservar sus tierras, y en aquellas islas se llevó a cabo un proceso rápido de cristianización y mestizaje que puede tomarse como antecedente de lo que poco después sucedería en América.

El descubrimiento de América

Ni Colón ni los españoles descubrieron América por casualidad. Una larga preparación lo hizo posible. En primer lugar, el estado de los conocimientos científicos y geográficos y el adiestramiento náutico. En la Edad Media existieron algunos estímulos legendarios que podían excitar la imaginación, pero que carecían de fundamento serio, como el mito de la Atlántida, desde Platón a la leyenda de la isla de San Brandán o la de las Siete Ciudades. Los viajes de los vikingos, en el siglo XII, habían dejado su recuerdo en las sagas de Erik el Rojo y de otros navegantes nórdicos. Pero, más allá de la «última Thule», para los marinos del siglo XV, sólo existía el «mar ignoto», el «mar tenebroso».

Los portugueses habían iniciado la exploración sistemática del océano, por iniciativa del infante don Enrique el Navegante, creador de la Escuela de Sagres. Al mediar el siglo XV habían llegado hasta las costas del golfo de Guinea. La carabela, con su amplio velamen, que permite aprovechar todos los vientos, y con sus condiciones marineras y su maniobrabilidad, era la embarcación adecuada para la navegación atlántica. La determinación del rumbo y de la posición del barco, por medio de la brújula, el astrolabio y las tablas planetarias, permitirían a los navegantes adentrarse en el mar.

Los marinos castellanos y portugueses habían competido por la navegación de la costa occidental africana y de las aguas atlánticas. Ya hemos dicho que el tratado de Alcaçobas reservó a los castellanos la navegación a Canarias, pero dejó a Portugal la posesión de Madeira y Azores y la continuación de la ruta africana que los llevaría hasta las Indias Orientales cuando, en 1498, Vasco de Gama llegó a Calicut.

El genovés Cristóbal Colón, conocedor práctico del mar desde los catorce años de edad, había llegado a Portugal en 1476, tomó parte en expediciones náuticas por el Atlántico y adquirió así experiencia marinera e información de otros navegantes. Además, estaba de acuerdo con la idea tolemaica de la esfericidad de la Tierra, lo que permitiría alcanzar la parte oriental del mundo asiático navegando siempre hacia el oeste. Las obras de Pedro de Ailly *(Imago mundi)* y de Enneas Silvio Picolomini *(Historia rerum)*, así como el mapa de Toscanelli, formaban su bagaje teoricocientífico. El error de Toscanelli, que disminuía en un tercio el diámetro de la Tierra, indujo a Colón a creer que la distancia entre las costas de la Península ibérica y las de Cipango y Catay no era mayor de 750 leguas, que podrían navegarse en no más de veinte días.

En 1483 propuso Colón al rey de Portugal su proyecto. Ciertamente, Portugal se hallaba en las mejores condiciones para realizarlo. Pero los portugueses habían llegado poco antes hasta San Jorge de la Mina, desde donde canalizaban el oro de Sudán, lo que los convenció de que estaban en el camino correcto para alcanzar los ricos países del Oriente, de las especias y el oro. Por eso el rey portugués rechazó la propuesta colombina. Pero Colón, tenaz en su propósito, viajó entonces a España, que, después de Portugal, era el país mejor preparado para una empresa semejante. Algunos historiadores se han preguntado si la tenacidad de Colón no se debería acaso a tener la certidumbre objetiva de sus hipótesis, por las informaciones de un piloto que le había revelado su secreto (o sea, la hipótesis del predescubrimiento), o por el contacto fortuito en aguas atlánticas con alguna embarcación procedente del oeste.

Acogido primeramente en el monasterio franciscano de La Rábida, y tras forcejear durante siete años con propuestas, asesoramientos de expertos y cabildeos cortesanos, logró que se considerara la credibilidad científica de su proyecto y la viabilidad de su realización. También logró los apoyos financieros necesarios. De este modo los Reyes Católicos firmaron las capitulaciones de Santa Fe el 17 de abril de 1492, gracias al decisivo apoyo del dominico fray Diego de Deza y del tesorero real Luis de Santángel. A Colón se le nombraba almirante del Mar Océano, virrey y gobernador de las islas y tierras que se descubrieran; se le cedía la décima parte de las riquezas que se obtuvieran y varios otros privilegios, además de nombrar a su hijo Diego paje del príncipe don Juan, entonces heredero de la Corona.

Los preparativos para el viaje quedaron listos en tres meses en Palos de Moguer, con la colaboración decisiva de los her-

Los monjes cistercienses se inspiraron en una espiritualidad exigente frente al deterioro y disipación mundanos ostensible en algunos sectores eclesiásticos. Su sobriedad se refleja en la ausencia de exuberancias decorativas que caracterizará el primer gótico, por ellos introducido en España. La catedral gótica de Toledo (izquierda), **construida en 1226 —con amplias y anchas naves y toques mudéjares— tipifica su «españolidad» frente a la esbeltez «afrancesada» de la de León** (abajo).

Los Reyes Católicos emprendieron una tarea decisiva para la fundación de la futura España moderna: poner fin a la Reconquista, paralizada prácticamente desde el siglo XIII. Aprovechándose de la guerra civil entre abencerrajes y zegríes —y organizando un Ejército moderno y una Armada que aislara por mar al reino nazarí—, Isabel y Fernando fueron estrechando el cerco en torno a Granada, que se rindió el 2 de enero de 1492. La España «perdida» por los visigodos quedaba totalmente recobrada.

Precisamente mientras conquistaban Granada —el 17 de abril y en Santa Fe— los Reyes Católicos firmaron con Cristóbal Colón (en el cuadro de Vázquez Díaz el genovés explica sus teorías geográficas a los monjes de La Rábida onubense) **las Capitulaciones por las que le nombraron Almirante del Mar Océano, virrey de las islas y tierras por descubrir y beneficiario de la décima parte de las riquezas que se obtuvieran.**

manos Martín y Vicente Pinzón. En total, un centenar de tripulantes andaluces, con algunos más vascos o cántabros, embarcaron en la nao *Santa María,* de 180 toneladas, mandados por Colón, que llevaba por piloto a Juan de la Cosa, y en las carabelas *La Pinta* y *La Niña* de los Pinzones.

Las incidencias del primer viaje quedaron reflejadas en el diario de a bordo. Zarparon de Palos el 3 de agosto, tocaron tierra en Gran Canaria, donde permanecieron hasta el 6 de setiembre para reparar los barcos y aprovisionarse. La travesía hacia el oeste se prolongó mucho más de lo previsto, por la falta de vientos, a pesar de los cambios de rumbo efectuados, y cundió la alarma entre los tripulantes. Los hermanos Pinzón ayudaron a Colón a salvar aquel difícil trance. Por fin, el 12 de octubre arriban a la isla que llamarán San Salvador (Guanahaní), en las Bahamas. Luego recorren las Grandes Antillas, la isla Juana (Cuba) y La Española (Santo Domingo). El encuentro con los indígenas del Caribe ponía en evidencia que aquéllos no eran los súbditos del Gran Khan que Colón esperaba hallar. La nao *Santa María* encalló en La Española, y con sus restos se instaló allí el fuerte Navidad, dejando en él a una parte de su tripulación, y Colón regresó a España embarcado en la *Niña,* que arribó a Lisboa el 16 de enero, mientras Martín Alonso Pinzón atracaba poco después en Bayona de Galicia con la *Pinta.*

Los reyes recibieron a Colón en Barcelona, le colmaron de honores y autorizaron la preparación de su segundo viaje, que no era ya sólo de «descubrimiento», sino de colonización. Formaban aquella expedición 17 naves, con 1 500 personas a bordo, entre las que se encontraban labradores para cultivar la tierra y frailes misioneros, para dar cumplimiento al mandato pontificio de predicar el evangelio, que formaba parte del ideario expresado por Isabel la Católica. También iban hombres como Alonso de Ojeda y Juan Ponce de León, que personificarían el tipo humano del «conquistador», versión castellana de los *condotieri* italianos y de los demás hombres de acción que florecieron en la Europa del Renacimiento.

La expedición iba fuertemente artillada, por temor a que la interceptaran los portugueses, ya que todavía no se había firmado el tratado de Tordesillas. Después de una travesía más corta que la primera, por una nueva ruta, en la que invirtió Colón veinte días, se exploraron nuevas islas de las Antillas; pero cuando llegaron a La Española encontraron arrasado el fuerte de Navidad, sin rastro de supervivientes de la guarnición. No obstante, allí quiso Colón establecer la base principal de operaciones, para proseguir explorando aquellos mares con la esperanza de llegar a Cipango o al Catay, es decir, la extremidad oriental de Asia.

Colón, que era un buen marino, resultó ser un mal gobernante: no logró entenderse con los indígenas, entre quienes hizo esclavos, contraviniendo las instrucciones regias, y sembró el descontento entre los colonos. A los dos años regresó a España para recabar de los Reyes Católicos licencia para organizar un tercer viaje, siempre con la idea de poder llegar a Catay. Mientras tanto, y en su ausencia, dejaba el gobierno de La Española a su hermano Bartolomé.

Por entonces se firmó el tratado de «partición» de Tordesillas, que rectificaba parcialmente el reparto del mundo por «descubrir» hecho por el papa Alejandro VI en la Bula *Inter Caetera*. En aquel tratado se aceptó el criterio castellano de fijar el límite según una línea de meridiano, y no según un paralelo, como proponían los portugueses; pero el meridiano de partición se desplazaba a 370 leguas al oeste de las islas de Cabo Verde, lo que finalmente justificaría el establecimiento portugués en Brasil.

En el tercer viaje tocó por primera vez Colón tierras americanas continentales, pero regresó a La Española, donde la situación de desgobierno era evidente. Ello movió a los reyes a enviar allí a un hombre duro, Francisco de Bobadilla, con el título de «juez pesquisidor» y con autoridad sobre el propio almirante, al que remitió a España preso. Sin embargo, los Reyes Católicos exculparon a Colón y le permitieron organizar un cuarto viaje, aunque con prohibición de que tocara en La Española. También sustituyeron en el gobierno de aquella isla a Bobadilla por el más moderado Nicolás de Ovando.

En el que había de ser su cuarto y último viaje de descubrimiento Colón exploró las costas centroamericanas en su inútil empeño de encontrar abierto el camino del Catay. Maltrechas sus naves por las tempestades, tuvo que refugiarse en Jamaica, donde recibió el auxilio enviado desde La Española. Por fin, en 1500 hubo de regresar enfermo a España. Su protectora, la reina Isabel, falleció poco después, y Colón se retiró entonces a Valladolid, donde murió el 21 de mayo de 1506.

Desde el segundo viaje colombino los Reyes Católicos habían autorizado otras expediciones descubridoras y las Antillas se convirtieron en la plataforma de lanzamiento hacia el continente, aunque todavía en 1515 Díaz Solís partió desde España en su viaje de descubrimiento del Río de la Plata. Desde las Antillas se inició, pues, la exploración y el asentamiento de la Tierra Firme, y desde allí Núñez de Balboa atravesó el istmo centroamericano, en 1513, y pudo llevar el pendón de Castilla al Pacífico, que él llamaría Mar del Sur. Así, al terminar el reinado de Fernando el Católico se habían establecido las dos bases desde las que proseguiría posteriormente la penetración española en América: las Antillas, desde la que se prepararía la conquista de México, y Panamá, base de partida de las expediciones hacia el Perú.

La unidad religiosa. La Inquisición

¿Cómo, cuándo y por qué surgió la Inquisición en la España de los Reyes Católicos? Hasta el siglo XII los cristianos consideraron, casi sin excepción, al hereje como al «hermano en el error», a quien se debía persuadir, pero no dominar por la fuerza. A partir del siglo XII inciden dos factores en un cambio de actitud: la recepción por los juristas del derecho imperial romano, que consideraba la herejía como un mal social punible; y la irrupción de cátaros, valdenses o albigenses, que crearon un grave estado de desorden social en varios lugares de la cristiandad, especialmente en el sur de Francia. Una de las medidas para hacer frente a aquella situación fue crear la Inquisición. Pero esa institución medieval apenas actuó en España y había caído en desuso en el siglo XV. ¿Por qué los Reyes Católicos la remodelaron en sus reinos?

La respuesta ha de indagarse en la política general de aquel reinado y en las circunstancias ambientales de España hacia 1478. Los Reyes Católicos dieron un tratamiento prioritario a las cuestiones eclesiásticas y religiosas, conducentes a una reforma profunda de la Iglesia en la línea de la llamada *devotio moderna*. En la consecución de este objetivo coincidían sin contradecirse motivaciones de orden temporal o político con las de carácter espiritual o religioso. La intensa actividad de los Reyes Católicos desarrollada en Roma entre 1478 y 1492, es decir, durante los años fundacionales de la Inquisición, comprueba este aserto. El apoyo al programa de reformas eclesiales del cardenal Cisneros lo demuestra también.

El fortalecimiento de la Iglesia constituía, por supuesto, un vínculo de cohesión social. En España, al igual que en el resto de Europa y fuera de Europa, la religión ha sido un catalizador social, entre otros, en la formación de las nacionalidades modernas. Lo mismo ha ocurrido con la lengua, la raza, la economía, la geografía, la convivencia histórica. En los albores del siglo XVI los modernos estados nacionales de Europa propugnaban la unidad de fe. El lema de la monarquía francesa era *«une foi, une loi, un roi»*. En la Alemania de la Reforma protestante se aplicó la norma *«cuius regio, eius religio»*.

Los Reyes Católicos habían heredado una España plural, con tres troncos culturales-religiosos diferentes. Esto planteaba el problema siempre delicado y difícil de la asimilación de minorías diferenciadas. En el momento de enfrentarlo, los Reyes Católicos encontraban en España el ambiente enrarecido por el subproblema de los judaizantes, derivado de las conversiones forzosas que provocaron las persecuciones contra los judíos, ocurridas después de la «peste negra» en Europa occidental y que alcanzaron a España, y particularmente a Andalucía, en 1391. Sin embargo, y a pesar del ambiente a veces hostil, los judíos habían seguido conviviendo dentro de la sociedad cristiana española, conservando una autonomía administrativa y jurisdiccional, bajo la tutela directa de la Corona, que les permitía conservar su religión y sus costumbres, situación excepcional que no era sorprendente en una sociedad basada en la existencia de «fueros» privativos particulares. Por eso Isabel la Católica podía declarar: «Todos los judíos de mis reinos son míos y están bajo mi amparo y protección, y a mí pertenece de les defender y amparar y mantener en justicia.»

La animosidad generalizada contra los judaizantes alcanzó hacia 1480 una situación límite. De ahí la creación del Tribunal del Santo Oficio en 1478 contra los judaizantes o falsos conversos, y la expulsión de los judíos de Andalucía decretada en 1483, por atribuirles la captación de los conversos; expulsión extendida a todos los reinos en 1492. En todo caso, la creación del tribunal de la Inquisición y la expulsión de los judíos fue consecuencia de una presión ejercida sobre la Corona desde los estratos populares. Todavía en 1477 la reina Isabel se resistía a admitir los procedimientos coactivos. Se ha atribuido algunas veces la animosidad contra los judíos a quienes tenían pendientes de pago con ellos «cartas de deuda judiegas» y a quienes pensaban enriquecerse con las propiedades de los expulsados. Algo de ello pudo haber, pero la expulsión fue, sobre todo, motivada por una preocupación religiosa, como lo fue en Portugal en 1496 y en Navarra en 1498, cuando todavía aquel reino no se había incorporado a Castilla.

No obstante, la Inquisición se convirtió pronto en un instrumento de poder de la Corona. El ámbito de sus actuaciones se extendió a mediados del siglo XVI contra los protestantes e incluso contra los erasmistas. Así llegó a ser una temible institución que pretendía dominar las conciencias durante los siglos XVI y XVII.

El caso de los musulmanes residentes en el reino de Granada tuvo diferente tratamiento. A unos primeros años de tolerancia, en la que coincidían el gobernador, conde de Tendilla, y el obispo fray Hernando de Talavera, siguió una política inspirada por Cisneros de forzar las conversiones, que terminó en la grave insurrección de las Alpujarras. Se expidió entonces el edicto de expulsión de quienes no se convirtieran al cristianismo. Estos nuevos conversos fueron llamados «moriscos». Pero el problema subsistió, porque los moriscos seguían con sus prácticas y costumbres y fracasaban con ellos las tentativas de evangelización. Más tarde, en tiempo de Felipe II, protagonizaron una prolongada y grave insurrección. Por fin, a principios del siglo XVII, se echó mano de la solución drástica, su expulsión de todos los reinos de España. La expulsión de los moriscos, como antes la de los judíos, fue el precio pagado para mantener el principio de unidad religiosa en la España moderna, principio que degeneró obsesivamente en la «limpieza de sangre» exigida para desempeñar cargos públicos.

Relaciones exteriores. Las guerras de Italia

El nombre de la reina Isabel ha quedado asociado a la empresa del descubrimiento del Nuevo Mundo. El del rey Fernando debe serlo a la dirección de las relaciones exteriores de la nueva Monarquía Católica.

La política internacional en aquella época tenía una base dinástica; de ahí la importancia de los enlaces matrimoniales de reyes y príncipes. Durante el siglo XV se habían repetido los matrimonios entre la Casa portuguesa de Avis y los Trastámara castellanos. Siguiendo esa tradición, la hija mayor de los Reyes Católicos, Isabel, casó con un infante portugués y, al enviudar de éste, en segundas nupcias con el rey Manuel el Afortunado. Al poco tiempo falleció Isabel y entonces una hermana suya, María, contrajo matrimonio con su cuñado, el rey Manuel. De esta manera se consolidaron las buenas relaciones hispano-portuguesas mantenidas desde el tratado de las Alcaçobas y que serían norma estable, gracias a la cual ambas Coronas se aplicaron al desarrollo de sus respectivos imperios ultramarinos, de acuerdo con el reparto hecho en Tordesillas en 1504. Estas vinculaciones dinásticas hispano-portuguesas hicieron concebir por un momento, en el año 1500, la esperanza de unir las Coronas de Castilla, Aragón y Portugal en el heredero común de todas ellas, el infante don Miguel, esperanza frustrada por su prematuro fallecimiento. Sin embargo, a largo plazo, de esta política matrimonial se dedujo el acceso de Felipe II al trono de Portugal.

Los otros matrimonios de los hijos de Isabel y Fernando estuvieron en función de la política europea, para aislar diplomáticamente a Francia. El infante don Juan, único hijo varón de los reyes, y su hermana Juana casaron con dos hijos del emperador Maximiliano de Habsburgo, Margarita y Felipe, respectivamente. La temprana muerte de don Juan, «el príncipe que murió de amor», dio paso a la Casa de Austria al trono de España, en la persona de Felipe el Hermoso, marido de Juana.

Por fin, la infanta Catalina estuvo destinada a un príncipe inglés: primeramente casó con Arturo y, viuda de éste, con su hermano Enrique VIII. Este desgraciado matrimonio había de desencadenar más tarde la crisis que se complicó con los comienzos de la reforma anglicana de la Iglesia.

El factor constante en la política exterior del rey católico fue la confrontación con Francia por los asuntos de Italia. La península italiana era el eje político de la cristiandad, que basculaba sobre los dos poderes del pontificado y el Imperio. A fines del siglo XV parecían superados los choques entre esos dos poderes, que, desde la «guerra de las investiduras» en la Edad Media, habían sembrado la discordia entre los cristianos, pero se mantenían todavía en Italia las semillas de la división de güelfos y gibelinos. En el mundo renacentista alentaba también la idea de la «monarquía universal», que expresara, entre otros, Dante Alighieri en su tratado *De Monarchia,* idea que contrastaba con la fragmentación territorial italiana en repúblicas municipales, señoríos feudales y estados pontificios.

Por otra parte, Fernando el Católico había heredado la política mediterránea de la Casa de Aragón, con la posesión de Sicilia y Cerdeña. Los sucesores de Carlos de Anjou y de Alfonso V el Magnánimo se disputaban la herencia del reino de Nápoles, amenazado a su vez por los turcos, que en 1480 habían conquistado la estratégica plaza de Otranto.

Cuando en 1494 el rey de Francia Carlos VIII, que aspiraba dominar Italia como primer paso de sus fantásticos proyectos de Cruzada, invadió Nápoles, Fernando el Católico salió al paso de sus planes. Así comenzaron las «guerras de Italia», que, con breves paréntesis de paz, se prolongaron hasta el tratado de Cateau-Cambresis, en 1559. Las campañas de Gonzalo Fernández de Córdoba, el Gran Capitán, dieron la victoria a las armas españolas, gracias a la eficacia militar de su dispositivo bélico, puesto de manifiesto en las batallas de Ceriñola y Garellano. La habilidad diplomática del rey Fernando hizo lo demás. Desde 1504 Nápoles quedó incorporado a la monarquía española hasta el siglo XVIII.

Las regencias de Fernando el Católico en Castilla. Cisneros. Política africana. Incorporación de Navarra

Como la unión de Aragón y Castilla sólo se había efectuado en la persona de los reyes respectivos, por su matrimonio, al fallecer Isabel la Católica la sucesión de Castilla le correspondía a su hija Juana, ya que habían muerto anteriormente sus hermanos Juan e Isabel. Pero, dado el estado de salud de Juana la Loca, quiso Isabel la Católica en su testamento disponer que el gobierno lo ejerciera el rey Fernando, si no podía desempeñarlo Juana.

Al ocurrir la defunción de la reina Isabel se hallaba en los Países Bajos la sucesora. El rey Fernando convocó las Cortes de Castilla que reconocieron a Juana como reina y a su padre como regente. Pero una confabulación de los nobles contra Fernando alentó a Felipe el Hermoso frente a su suegro, que hubo de renunciar a la regencia en 1506. Pero el reinado de Felipe I sólo duró seis meses, por su muerte súbita, que dio pie a sospechar que no había sido casual. Los desplantes, intemperancias y falta de tacto del primer monarca de la Casa de Austria durante su breve reinado habían concitado contra él numerosos enemigos.

Fue entonces cuando una junta de gobierno presidida por el cardenal Cisneros hizo llamar otra vez a Fernando el Católico para que retomara la regencia de Castilla. Entretanto, el rey Fernando se había casado en segundas nupcias con Germana de Foix, con riesgo de que las Coronas de Castilla y Aragón quedaran separadas si del nuevo matrimonio había descendencia masculina. No ocurrió así, y en 1516, al morir el rey Fernando, Castilla y Aragón quedaron definitivamente unidas en su nieto Carlos I.

Fernando el Católico desempeñó una larga regencia en Castilla, durante la cual, y aprovechando unos años de paz en Italia, se inició la penetración en el norte de África, como había propuesto Isabel la Católica en su testamento. No sólo era una prolongación de las guerras medievales contra los moros, sino también un intento de crear un glacis de seguridad al otro lado del estrecho, para proteger las costas españolas del Mediterráneo de los ataques de la piratería berberisca y argelina, que entonces constituía un peligro real y cotidiano. Ya se había dado un primer paso en este sentido con la toma de Melilla en 1497. Después se conquistó el Peñón de Vélez en 1508, Orán en 1509, y Trípoli en 1510, y el bey de Argel se declaró tributario de Castilla, aunque por poco tiempo, porque aquella plaza cayó pronto en manos del pirata Barbarroja y se convirtió en la pesadilla de España en el Mediterráneo. La reanudación de las guerras en Italia interrumpió la prosecución de aquella novedosa política africana, muy entusiásticamente apoyada por el cardenal Cisneros.

Pero antes de que concluyera la regencia de Fernando el Católico se produjo el acontecimiento que daría forma definitiva al marco territorial de la España moderna: la anexión de Navarra. Desde la muerte de la reina Blanca de Evreux, primera mujer del futuro Juan II de Aragón, en 1441, Navarra había vivido una situación de guerra civil, a causa del enfrentamiento de este monarca con su hijo, el príncipe de Viana. El bando agramontés apoyó a Juan II, los beamonteses al príncipe Carlos, hasta su muerte en 1461. Juan II designó heredera de Navarra a otra hija suya, Leonor, casada con el conde Gastón de Foix, que se preocupaba más de sus posesiones al norte de los Pirineos que del reino navarro. El desorden interno continuó durante el reinado al menos nominal del joven y enfermizo Francisco Febo. En 1486 la Corona de Navarra recayó en otra Casa noble francesa, la de Labrit o Albert, en la persona del conde Juan, al casarse con la reina Catalina de Navarra, hermana de Febo. Por su parte, desde 1479 Fernando el Católico procuraba reforzar la clientela castellana en aquel reino.

Así las cosas, cuando en 1512 estalló la guerra llamada de la Liga Santa, que enfrentó al Papa con el rey de Francia, Luis XII, los monarcas navarros se aliaron con él, en tanto que Fernando el Católico apoyó al pontífice, quien excomulgó a los monarcas navarros y puso sus reinos en entredicho. De este modo la guerra llega a Navarra, donde el bando beamontés apoyaba la intervención del rey Fernando. Un ejército mandado por el duque de Alba, en cuya vanguardia iban vizcaínos y alaveses, junto a los navarros del conde de Lerín, hizo una rápida campaña y ocupó Pamplona el 25 de junio de 1512. Todo el territorio navarro al sur de los Pirineos quedó en su poder. En las Cortes de Burgos de 1515 el reino de Navarra se declaraba incorporado a la Corona de Castilla.

¿Por qué Fernando quiso unir Navarra a la Corona de Castilla y no a la de Aragón? Tal vez consideró que la posición interior de la monarquía castellana era más fuerte, y que este reino tenía más capacidad para hacer frente a la previsible reacción francesa, que se produjo pronto, en efecto. Además, las clientelas políticas navarras basculaban más del lado castellano que del aragonés.

Con la incorporación de Navarra, cuatro de los cinco reinos españoles bajomedievales se habían unido para formar la monarquía española moderna. Sólo Portugal seguirá su destino independiente en aquel siglo maravilloso de los grandes descubrimientos geográficos, que conformarían también decisivamente la nueva imagen del mundo moderno.

CAPÍTULO 7

Un mundo nuevo. El destino americano

Américo Vespucio, que en 1502 había explorado la costa brasileña hasta la altura de Río de Janeiro al servicio del rey de Portugal, difundió la idea de que aquellas tierras formaban una *Quarta orbis pars,* una nueva parte del mundo no prevista en la geografía clásica. O sea, se trataba de un Mundo Nuevo, como lo llamaría poco después el humanista Pedro Mártir de Anglería. Fue el cartógrafo Waldseemüller quien dio el nombre de América a la *Quarta orbis pars* descrita por Vespucio, y desde entonces los geógrafos adoptaron ese nombre para referirse a ese Nuevo Mundo, nombre que hizo fortuna incluso en España, aunque en la denominación oficial se siguió usando el de «Indias».

La primera fase de las grandes exploraciones geográficas de los españoles y de los portugueses puede decirse que abarca hasta el primer viaje de circunnavegación del mundo que logró realizar Juan Sebastián Elcano. Para entonces se había consolidado el establecimiento español en la plataforma insular antillana, que sirvió de trampolín para la exploración y conquista del Continente.

El período de las grandes conquistas se inicia con la expedición de Hernán Cortés, que se apoderó del imperio indígena de los aztecas, entre 1519 y 1522. Diez años más tarde Francisco Pizarro emprende la conquista de otro gran imperio indígena, el de los incas en la zona andina. Seguidamente, con la conquista del territorio de los chibchas, en el altiplano de Bogotá, y el primer asentamiento español en el Río de la Plata y en el Paraguay, se completaron las líneas sustanciales de lo que había de ser el mapa del imperio español americano.

En menos de medio siglo un puñado de exploradores y conquistadores habían dado al rey de España unos inmensos dominios en un mundo hasta entonces desconocido. Precisamente la existencia de esos imperios indígenas facilitó la conquista y la rapidez con que se produjo. Al mismo tiempo, un puñado de misioneros habían emprendido la predicación del cristianismo en esos dominios, la más audaz tarea misional llevada a cabo hasta entonces.

Tras los conquistadores y los misioneros llegaron a América los administradores, para hacerse cargo del gobierno. Con ellos se inicia la fase de organización, que alcanzó su madurez al crearse los virreinatos de Nueva España (México) y Perú. Con los misioneros llegaron también los organizadores de la Iglesia indiana, nombrados por el rey en virtud del Real Patronato ejercido sobre las nuevas iglesias. Los misioneros hicieron frente al problema de la comunicación de la cultura cristiana europea con las culturas indígenas: aprendieron sus lenguas y observaron sus peculiaridades antropológicas. Ellos nos han dejado en sus relatos el testimonio de valiosas y sorprendentes observaciones. Fueron también algunos de ellos los que suscitaron la discusión del tema de los justos títulos con que el rey de España podía reivindicar la soberanía sobre los territorios conquistados y sus habitantes, la llamada «duda indiana».

La primera vuelta al mundo. Elcano

La época de los grandes descubrimientos geográficos americanos, iniciada por Colón, prosiguió luego con los llamados «viajes menores». El asentamiento en las Grandes Antillas (Santo Domingo, Cuba, Puerto Rico) sirvió de base para proyectar las exploraciones del Continente (Florida, Yucatán, Tierra Firme, Darién). El trascendental descubrimiento del mar del Sur por Núñez de Balboa estimuló más y más la búsqueda de un paso que permitiera navegar hacia las islas de las Especias, las Molucas. Se buscaba el paso por el nordeste, intento en el que tempranamente tomaron parte, sin éxito, los hermanos Caboto y Corterreal. Se buscaba también el paso por el sureste, en cuyo empeño Juan Díaz Solís llegó en 1515 hasta el Río de la Plata.

Fue entonces cuando el portugués Fernando Magallanes presentó al rey don Manuel el Afortunado un proyecto para llegar a las Indias Orientales navegando hacia el oeste, por un paso al sur del continente americano. Rechazado por el monarca portugués, Magallanes ofreció su proyecto a Carlos I, que lo aprobó, y costeó a expensas de la Corona española una expedición de cinco navíos, y en la que figuraba un excelente piloto mayor, Juan Sebastián Elcano.

La expedición naval se hizo a la vela en San Lúcar de Barrameda el 20 de setiembre de 1519. Costeando el litoral americano con rumbo sur, y después de una detención en la costa patagónica durante el invierno austral del año 1520, durante el que tuvieron que sofocar graves motines y deserciones entre las tripulaciones, alcanzaron la embocadura del estrecho que Magallanes llamó de Todos los Santos, el 21 de diciembre. Al cabo de un mes habían logrado trasponer el estrecho, habían atravesado el «paso» al mar del Sur, aunque en una latitud mucho más meridional de la prevista. Después de mil peripecias relatadas por Pigafetta, consiguió la expedición cruzar el Pacífico y alcanzar el archipiélago de las Filipinas, donde Magallanes halló la muerte el 27 de abril de 1521. Entonces los supervivientes tomaron la decisión de continuar el viaje con dos naos, por lo mermadas que se hallaban las tripulaciones. Así arribaron a la isla de Tidor, una de las Molucas. Se había cumplido el objetivo de alcanzar por occidente las islas de las Especias. Allí abandonaron la nao *Trinidad,* que no estaba ya en condiciones de navegar, y sólo la *Victoria,* que mandaba Juan Sebastián Elcano, emprendió el arriesgado regreso, atravesando el océano Índico y remontaron la costa africana, eludiendo la presencia portuguesa, por ser aquellas aguas reservadas por el tratado de 1504 a Portugal. A pesar de ello, y ante el estado de depauperación de los supervivientes, tuvieron que hacer escala en Cabo Verde para adquirir alimentos, y de donde partieron apresuradamente, aunque algunos tripulantes quedaron allí prisioneros. Por fin, el 6 de setiembre, casi dos años después de haber zarpado de San Lúcar de Barrameda, llegaban al mismo puerto. Doscientos diez hombres de la tripulación habían quedado en el camino. Pero Elcano y los suyos habían circunnavegado el mundo por vez primera, confirmando de esta forma práctica la esfericidad de la Tierra.

Carlos I honró a Elcano otorgándole un escudo de armas, en uno de cuyos cuarteles figuraban dos palos de canela, tres nueces moscadas y dos clavillos, como símbolos de las especias, cuya ruta habían buscado. El escudo se remataba en un yelmo cuya cimera la formaba un globo terráqueo con la leyenda *«primus circundediste me».*

La conquista de México. Hernán Cortés

Un antiguo estudiante de Salamanca, que cambió la vida universitaria por la aventura americana, llevó a cabo la conquista de México. Hernán Cortés partió de Cuba hacia Veracruz con 500 hombres y unas pocas armas de fuego, pero llevaba también 32 caballos. El caballo y las armas blancas de hierro tuvieron en la conquista más importancia que las armas de fuego. Con las espadas y los caballos el potencial militar español era muy superior al de los indígenas, consistente en primitivos arcos y flechas.

Desde Veracruz, y después de destruir sus naves, para evitar la tentación de abandonar la empresa, Cortés inició la penetración hacia la meseta del Anhauac, donde los aztecas habían organizado un fuerte poder político, sometiendo a otros pueblos indígenas. Consiguió entablar tratos de amistad y alianza con algunos de esos pueblos, sobre todo con los tlaxcaltecas, que fueron sus mejores auxiliares y sin los cuales no hubiera podido proseguir la campaña. Rechazó también la expedición que contra él había enviado desde Cuba su antiguo jefe, Diego Velázquez, a quien había negado obediencia, y se reforzó incorporando a parte de estos expedicionarios. Venció a los indios coligados contra él en gran número y, por fin, en 1525 conquistó Tenochtitlán, la gran ciudad de los aztecas, sometiendo a Moctezuma, el jefe y señor de aquel imperio.

El hombre de letras y el político eficaz que fue Cortés se manifiesta en las «cartas de relación» que escribe a Carlos V, en las que trataba de hacerle ver la magnitud y significación de la conquista: nada menos que un nuevo concepto del Imperio, el primer imperio de los tiempos modernos, frente al concepto medieval del Imperio romano-germánico, eje nominal y honorífico de la vieja cristiandad.

Desde México saldrían luego otras expediciones conquistadoras hacia el norte (Vázquez Coronado a Colorado, en 1540), hacia el noroeste (California) y hacia América Central (expedición de Cristóbal de Olid hacia Honduras, y de Pedro Alvarado a Guatemala, entre otras).

La conquista de Perú. Francisco Pizarro

La conquista del otro gran imperio indígena, el de los incas, y el consiguiente dominio del Perú, se logró bajo la dirección de otro extremeño, Francisco Pizarro, al que estuvo asociado Diego de Almagro. No tenía Pizarro las dotes políticas ni la formación humanística de Cortés. Era un veterano de las guerras de Italia que sintió el atractivo de América para ganar allí honra y fortuna. Le sobraba arrojo y valentía, pero le faltaba ductilidad y perspicacia. Por eso no fue hábil negociador como Cortés, sino un hombre de mano dura y decisiones violentas.

Las noticias más o menos deformadas que del Perú y sus ri-

La época de los grandes descubrimientos geográficos americanos, iniciada por Colón, prosiguió luego con los llamados «viajes menores». El asentamiento en las Grandes Antillas sirvió de base para proyectar las exploraciones del continente. El trascendental descubrimiento del mar del Sur por Núñez de Balboa (en el grabado) estimuló la búsqueda de un paso que permitiera navegar hacia las islas de las Especias.

La conquista del otro gran Imperio indígena, el de los incas —y el consiguiente dominio de Perú— se logró bajo la dirección de otro extremeño, Francisco Pizarro (en la imagen). No tenía éste las dotes políticas ni la formación humanística de Cortés. Veterano de las guerras de Italia, le sobraba arrojo y valentía, pero le faltaba ductilidad y perspicacia. Por eso no fue hábil negociador, sino un hombre de mano dura y decisiones violentas.

Un antiguo estudiante de Salamanca que cambió la vida universitaria por la aventura americana llevó a cabo la conquista de México. El hombre de letras y el político eficaz que fue Cortés se manifiesta en las «cartas de relación» que escribe a Carlos V. En ellas trataba de hacerle ver la magnitud y significación de la conquista: nada menos que un nuevo concepto del Imperio frente al concepto medieval del Imperio romano-germánico, eje nominal y honorífico de la vieja Cristiandad.

quezas llegaban a Panamá incitaron a Pizarro y a sus socios a proponerse la conquista de aquel país en 1530. Las dificultades iniciales provocaron conflictos y deserciones, pero Pizarro consiguió que «los trece de la fama» persistieran en el intento. Con sólo 180 hombres y 27 caballos desafió al poderoso y bien organizado imperio incaico, establecido en la América andina. La desproporción de los efectivos humanos no la pudo compensar Pizarro, en este caso, con el auxilio de otros pueblos indios; pero las disputas de los incas Atahualpa y Huáscar entre sí las aprovechó con decisivo resultado. El audaz golpe de mano por el que hizo preso a Atahualpa, la «sorpresa de Cajamarca» en 1532, puso en sus manos la suerte del imperio indígena.

La conquista del Perú tuvo un epílogo desgraciado en las luchas intestinas que sobrevinieron entre los conquistadores. Pizarro había fundado la Ciudad de los Reyes (Lima), donde estableció su gobierno, desentendiéndose de Cuzco, la ciudad de los incas, a diferencia de lo que había hecho Cortés en México, que había fijado su residencia en la capital azteca. A su socio Almagro le encomendó la conquista de Chile, pero este país no ofrecía las perspectivas de riquezas del Perú. El descontento de los almagristas desencadenó unas largas guerras civiles entre almagristas y pizarristas, que costaron la vida a los dos jefes, y que sólo quedaron dominadas cuando el oidor Lagasca impuso la autoridad real y, sobre todo, cuando se fundó de hecho el virreinato en 1551.

La conquista de Chile la prosiguió más tarde Pedro de Valdivia, que fundó Santiago, Concepción y Valdivia, en tanto que por mar Ruiz de Gamboa tomaba posesión de Chiloé. Pero el alzamiento de los araucanos obligó a abandonar las ciudades españolas fundadas al sur del río Bío-Bío, aunque Chiloé permaneció siempre bajo la autoridad española, siendo así durante varios siglos la posición más austral de la cristiandad en el mundo.

También desde el Perú se logró penetrar en la cuenca amazónica, y Orellana realizó la hazaña de navegar por el gran río hasta su desembocadura en el año 1541. Años más tarde, precisamente en la expedición de Lope de Aguirre por aquel río iba a ocurrir la única insurrección de un conquistador contra la autoridad real. La fuerza moral de la Corona fue suficiente, por lo general, para asegurar su autoridad en tan vastos, diversos y lejanos territorios.

Desde el Perú había continuado la expansión española hacia el norte y el nordeste andino. Sebastián de Belalcázar se hizo dueño primero de Quito y continuó luego hacia el altiplano de Bogotá, donde en 1538 coincidía con otras dos expediciones conquistadoras, que habían partido de diferentes lugares atraídas por el sueño del anhelado y siempre elusivo Eldorado, que se imaginaban emplazado en el país de los chibchas. Nicolás Federman, empleado de los Welser, banqueros de Carlos V, alcanzó Bogotá al frente de una de esas expediciones, que había partido de la costa venezolana. Gonzalo Jiménez de Quesada, al frente de otra, llegó procedente de Santa Marta. Tuvieron el buen sentido de someter sus diferencias a la decisión del rey, quien confirmó a Belalcázar en el derecho de la conquista, decisión acatada por los otros dos rivales. Jiménez de Quesada, que regresó a Bogotá para vivir en aquella tierra, constituye uno de los ejemplos más característicos del conquistador español del siglo XVI.

En 1536 tuvo lugar la primera fundación de Buenos Aires por don Pedro de Mendoza. Es uno de los pocos casos en que la aristocracia española participó en las empresas descubridoras o conquistadoras. Desde los ríos Paraná y Paraguay se intentó remontar hacia la «sierra de la Plata», hacia las tierras altas bolivianas y peruanas, de las que se tenían noticias fabulosas de sus riquezas. Los expedicionarios salidos de Buenos Aires fundaron la ciudad de Asunción, donde Martínez de Irala se hizo elegir gobernador, frente a Álvar Núñez Cabeza de Vaca. Pero la esperanza de alcanzar desde allí el Acahaí, la sierra de la Plata, quedó truncada por la impenetrabilidad del Chaco, que se «tragó» a quienes pretendieron atravesarlo; y, cuando al fin alcanzaron la meseta boliviana, ya se habían instalado en ella los conquistadores procedentes del Perú.

Más tarde, en 1580, Juan de Garay descenderá desde Asunción para fundar por segunda vez, y ya definitivamente, la ciudad de Buenos Aires, lo que significaba la consolidación del asentamiento español en la región del Río de la Plata realizado por los «hijos de la tierra», es decir, por los criollos descendientes del primer mestizaje hispano-guaraní.

El tipo humano del conquistador está lleno de contrastes, de valores positivos y defectos. Se suele subrayar negativamente su codicia y crueldad. Pero también hay que apreciar otras cualidades humanas. Quizá la más notable sea su capacidad para sobreponerse y dominar una naturaleza hostil debido a las distancias, los caminos impenetrables y desconocidos, los accidentes geográficos, el clima muchas veces inhóspito. A la resistencia física se agrega la fortaleza de ánimo o la tensión de espíritu ansioso de ganar fama y no sólo hacienda. El tipo humano del conquistador, que tiene figuras tan dispares como Cortés y Pizarro, como Jiménez de Quesada y Alvarado, como Martínez de Irala y Cabeza de Vaca, brotó en el seno de la sociedad española de la primera mitad del siglo XVI al mismo tiempo que el tipo humano del misionero, el hombre de los ideales puros, de la espiritualidad sincera, de la entrega evangelizadora, como fray Alonso de Montesinos, el padre Bartolomé de las Casas o fray Juan de Zumárraga. El dominico fray Alonso de Montesinos fue el primero en denunciar la codicia de los encomenderos españoles en Santo Domingo, en 1511.

El conquistador y el misionero, y los simples pobladores que fueron con ellos, hicieron posible el establecimiento español en América, la formación de una nueva sociedad basada en la difusión del cristianismo y del mestizaje cultural y biológico. Una sociedad urbanizada y en la que adquirirá preponderancia la aristocracia criolla junto a los representantes de la administración española.

Gobierno y administración de las Indias

Las denuncias del padre Montesinos sobre el trato dado a los indios por los encomenderos en las Antillas suscitó en España una fuerte discusión que determinó la promulgación por el rey Fernando el Católico de las leyes de Burgos, el 12 de diciembre de 1512. Esa discusión y esas leyes dan fe de cómo el sentido ético español se inquietó seriamente por las situaciones de hecho que se originaban en el Nuevo Mundo. Las leyes de Burgos constituyen el primer código para regular el trato y la relación entre los españoles y los indígenas, o sea, los nuevos vasallos de la monarquía, en las que se establecen una serie de medidas de protección al indio: obligación de darle vivienda, vestido y alimentos, limitación de tiempo de trabajo, prohibición de golpearle o maltratarle, facilitarle el acceso a la enseñanza, entre otras cosas. Desgraciadamente estas leyes no fueron muchas veces respetadas por los encomenderos, es decir, por los españoles a quienes se asignaba cierto número de indios para que trabajaran a su servicio; y desgraciadamente también se siguieron cometiendo abusos. En todo caso son reveladoras del espíritu con que la Corona quería encauzar el gobierno en Indias.

El mismo espíritu dio lugar a la polémica sobre los «justos títulos», o la legitimidad moral de la conquista española. Desde el momento en que se inició surgió el debate, de carácter jurídico y teológico, sobre los títulos que avalaban la soberanía de España en Indias. Los argumentos de aquella época hacían hincapié en la donación pontificia y el consiguiente deber de facilitar la evangelización. La polémica adquirió momentos culminantes en las contrapuestas razones exhibidas por Bartolomé de las Casas, que había sido primeramente encomendero y luego sacerdote y fraile, y el notable jurista Juan Ginés de Sepúlveda.

Las Casas era vehemente y exagerado en sus datos, que ofrecen una caricatura de la realidad. Con la pasión del converso pronosticaba la «destrucción de las Indias», y denunciaba la mortandad de la población indígena que se estaba produciendo en las islas antillanas, y que atribuía a los atropellos de los encomenderos. Hoy sabemos que la destrucción de aquella población indígena fue debida, más que a los abusos de los españoles, a las epidemias: viruela, peste bubónica y, sobre todo, la gripe suina. Las investigaciones del profesor Francisco Guerra comprueban que la viruela no se introdujo en el Caribe hasta 1517, y para entonces ya se había producido allí un gran «desastre demográfico». La población indígena había desaparecido en su mayor parte por la gripe suina introducida en el segundo viaje de Colón, que llevó ocho cerdas preñadas embarcadas en la Gomera. El propio Colón estuvo varios meses enfermo de esta gripe, cuyo virus es el mismo que causó la famosa «gripe española» de 1917 en Europa, donde ocasionó diez millones de muertos. Entre los indígenas caribeños, que carecían de inmunidad natural frente a ese virus, hizo tremendos estragos. Así se explica también que en Filipinas no ocurriera un fenómeno semejante al llegar los españoles, porque allí la población autóctona se hallaba inmunizada a unos virus que eran de origen asiático.

El historiador mexicano Ángel Rosenblat, la autoridad clásica en la demografía histórica americana, atribuyó una población indígena en toda América, en 1492, de casi trece millones y medio de habitantes, concentrados la mayor parte en los núcleos de los imperios azteca e inca. Quizá este número deba elevarse un poco, a tenor de algunas investigaciones posteriores de carácter local. Pero el padre Las Casas se inventó la cifra de treinta millones de indios desaparecidos a causa de los españoles.

Aparte el problema moral de los «justos títulos» o la «duda indiana», que en algún momento llegó a afectar seriamente en conciencia a Carlos V, la realidad de la conquista obligó a poner en marcha el proceso institucionalizador del gobierno y administración indianos. Se encargó inicialmente a Juan Rodríguez Fonseca, ayudado por un secretario, para que despachase todo lo relacionado con las Indias. Pronto se vio desbordado. La primera institución para asuntos económicos fue la Casa de Contratación de Sevilla, creada en 1503 y cuyas ordenanzas de 1510 fijaron sus competencias, haciendo de la misma un órgano centralizado y monopolístico para el comercio y la navegación del

Nuevo Mundo. Aduana y almacén, se encargaba al mismo tiempo de organizar las flotas y preparar el personal. También entendía en primera instancia en materias civiles y mercantiles relacionadas con las Indias.

En 1524 se creó el Consejo de Indias como órgano consultivo del rey, que entendía en lo relativo a la legislación, administración de justicia y toda clase de disposiciones administrativas y de gobierno civil y militar. Tenía un presidente, un secretario, un fiscal y ocho vocales (ministros). Al principio carecía de sede fija, pero desde 1561 se estableció en Madrid, cuando Felipe II instaló todo el aparato de gobierno en la nueva capital de la monarquía. La Casa de Contratación y el Consejo de Indias fueron los dos pilares del gobierno indiano radicados en España.

El gobierno territorial, después de los tanteos iniciales, quedó organizado en virreinatos, capitanías generales y gobernaciones. El primer virrey fue Colón; pero fracasada su experiencia de gobierno en Santo Domingo, no tuvo continuador con ese título. Más tarde se creó el primer virreinato en el territorio del antiguo imperio azteca, en 1535, al que se dio el nombre de virreinato de Nueva España, siendo Antonio de Mendoza el primer virrey, al que luego sucedió Luis de Velasco. Los virreyes fueron siempre personas destacadas de la aristocracia española. El virreinato de Lima se creó en 1542, instituido sobre la base del antiguo imperio incaico, siendo Blasco Núñez de Vela el primer virrey, a quien dio muerte Gonzalo Pizarro. De hecho el organizador del virreinato de Perú fue, en 1551, don Antonio Mendoza, que hasta entonces había gobernado en México. Hubo que esperar hasta el siglo XVIII para que se crearan otros dos virreinatos, el de Santa Fe de Bogotá y el de Buenos Aires. Los virreyes eran nombrados por los reyes, con amplias facultades, como era lógico, dadas las distancias geográficas y la lentitud de las comunicaciones. Asumía todas las atribuciones por delegación del rey, incluso las de carácter militar o eclesiástico, como capitán general en su territorio y vicepatrono ejerciente del regio patronato de las iglesias indianas. Aunque los virreyes no tenían plazo fijo de gobierno solían serlo por seis años.

Los «gobernadores» fueron surgiendo al tiempo de la conquista, primero en las Antillas y luego en Tierra Firme. Al formalizarse la administración regional, se estableció el mando de los presidentes-gobernadores y de los capitanes generales en sus respectivas circunscripciones. La audiencia era el supremo tribunal de justicia y constituía una autoridad colegiada al lado de las autoridades unipersonales. El presidente de la audiencia era el gobernador de la provincia sobre la que se extendía la jurisdic-

A su socio Almagro, Pizarro le encomendó la conquista de Chile, que prosiguió más tarde Pedro de Valdivia. Desde Perú, la expansión española hacia el norte y el noreste andino continuó con Sebastián de Belalcázar, quien se apoderó de Quito y, en 1538, llegó a Bogotá. Dos años antes, Pedro de Mendoza había fundado Buenos Aires —uno de los pocos casos en que la aristocracia española participó en las empresas descubridoras y conquistadoras—, ciudad que sería definitivamente refundada en 1580 por Juan de Garay (en la imagen).

Las denuncias del padre Montesinos sobre el trato dado a los indios por los encomenderos suscitó fuertes discusiones y la promulgación de las leyes de Burgos en 1512. Con la pasión del converso, fray Bartolomé de las Casas pronosticó la «destrucción de las Indias» denunciando la mortandad de los indígenas antillanos. Hoy sabemos que esa «destrucción», más que a los abusos de los españoles, fue debida a las epidemias de viruela y peste bubónica. Y, sobre todo, a la gripe suina introducida con el segundo viaje de Colón.

El conquistador, el misionero y los simples pobladores hicieron posible el establecimiento español en América, la formación de una nueva sociedad basada en la difusión del Cristianismo (a veces un tanto «rudamente», como muestra el «Códice Mendoza») **y el mestizaje biológico y cultural. Una sociedad urbanizada en la que adquirirá preponderancia la aristocracia criolla junto a los representantes de la Administración española.**

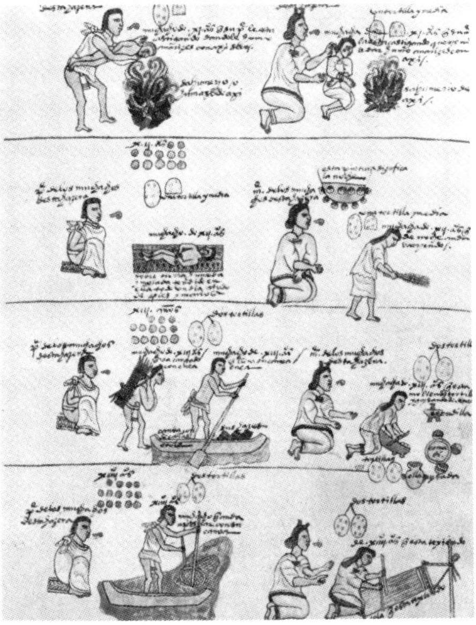

ción de la misma. Éste era el caso de las audiencias de las «provincias mayores», aunque había también audiencias «pretoriales» y otras «subordinadas» a la audiencia virreinal próxima, salvo en la estricta administración de justicia. Así se establecieron las audiencias de Santo Domingo, Chile, Buenos Aires, Guatemala, Panamá y Nuevo Reino de Granada. En el siglo XVIII se fundó la de Caracas. Audiencias subordinadas fueron las de Guadalajara, Charcas y Quito. El presidente de las audiencias disponía también como gobernador de amplias facultades de gobierno, económicas e incluso militares, pues era capitán general en su territorio.

Las provincias menores o gobernaciones carecieron de audiencia propia, y estuvieron a cargo de un gobernador. Todos los cargos de gobierno en las Indias estaban sometidos al juicio de residencia al final de su mandato, es decir, a la justificación formal de sus actos. En ocasiones el Consejo de Indias enviaba «jueces pesquisidores» o «visitadores» con facultades extraordinarias.

Las alcaldías mayores y los corregimientos eran demarcaciones territoriales de menor rango. Generalmente eran los virreyes o los presidentes-gobernadores quienes nombraban a las personas que habían de desempeñar esos cargos, que podían recaer en españoles o indígenas.

El municipio constituyó un factor principalísimo en la organización del Nuevo Mundo. La clave del asentamiento español estribó en la fundación de ciudades, a la manera de la Reconquista peninsular. Pero el municipio americano tuvo mayor autonomía que el castellano y siempre fue de calidad de realengo, es decir, dependiente directamente de la jurisdicción real, sin interposiciones señoriales. El trazado urbanístico del municipio indiano respondía casi siempre al plano cuadriculado de manzanas y calles, a partir de la plaza central, en torno a la cual se erigían la iglesia, el cabildo y los otros edificios de la administración. Las ordenanzas de 1573 fijaron las diversas funciones de la administración municipal y el modo de desempeñarlas.

Al margen de la administración municipal se establecieron las «reducciones» de indios, que gozaron de una especie de autonomía administrativa bajo la tutela paternalista del corregidor de indios o del cura misionero. También fue el modelo de los repartimientos medievales en la Península el que inspiró el sistema de encomiendas de indios a favor de los conquistadores o sus descendientes. Para tratar de evitar los abusos de los encomenderos la Corona creó la institución del «protector de indios».

Consecuencias del descubrimiento y conquista de América

No cabe trivializar los resultados del descubrimiento y conquista de América. El largo proceso de exploraciones y conquistas puso de manifiesto a todos los hombres unas realidades geográficas, humanas y culturales que vivían encerradas en sí mismas, ignoradas de los demás. El descubrimiento de América supuso el fin del aislamiento continental de los hombres. Fue el comienzo de la universalización del mundo. Por este motivo tienen pleno sentido las palabras del cronista López de Gómara cuando declaraba que el descubrimiento era hasta entonces el más alto acontecimiento de la Historia de la humanidad, salvado el nacimiento de Nuestro Señor Jesucristo. Únicamente en 1969 la Historia registra otro acontecimiento cualitativamente análogo, cuando Aldrin y Armstrong pusieron el pie en la Luna, acabando con el confinamiento sideral del hombre.

Este acontecimiento puso en marcha la difusión de la cultura europea, en sus versiones española, portuguesa, francesa y anglosajona; en una palabra, la occidentalización del mundo. La difusión de los valores religiosos y culturales, con los problemas de comunicación y asimilación de los mismos, ha culminado en un legado histórico de formidable trascendencia: la posesión común de unos idiomas de rango universal.

Desde un punto de vista estrictamente político, la situación, inédita hasta entonces, de incorporar bajo una soberanía única tierras y gentes tan distinas, porque españoles e indígenas se consideraban vasallos del monarca, dio origen al concepto de la «monarquía indiana», y por eso en adelante el rey se titulaba «de España y las Indias».

El descubrimiento y la conquista tuvieron también como resultado la aparición del primer Imperio de tipo moderno, al que siguieron los de Portugal, Francia e Inglaterra. Para Carlos V la posesión de aquel Imperio supuso la posibilidad de financiar la política imperial inherente al modelo medieval que inspiraba su concepto del Imperio. Para los sucesores suyos fue la base de los recursos que les permitió costear los gastos de una política de gran potencia. Así América introduce un nuevo factor determinante de las relaciones en la política de las potencias mundiales.

En el orden intelectual, el Nuevo Mundo constituyó un estímulo del pensamiento europeo, «un pensamiento que no se contenta nunca», desde la *Utopía* de Tomás Moro hasta la literatura crítica precursora de la Ilustración. La renovación del pensamiento científico tiene también su origen en el conocimiento de la nueva imagen del mundo, que invalidaba la concepción de la Antigüedad clásica.

La distribución de los «tesoros americanos» por Europa, a través de diferentes vías de intercambio y comercio, constituyó uno de los pilares de desarrollo de la moderna economía capitalista. Para España la posesión de América no fue un buen negocio, desde el punto de vista estrictamente de la rentabilidad de los beneficios, porque todas las rentas de la Corona extraídas de América se gastaron en la política imperial y, en cualquier caso, no servirían para compensar las inversiones y gastos en servicios, obras públicas, edificios, iglesias, universidades, caminos y puertos realizados en aquel Continente.

Por otra parte, el trasvase de recursos naturales llevó a América animales domésticos, sobre todo el caballo, y especies alimenticias (trigo, azúcar) llamados a alterar decisivamente el género de vida en aquellos países. A su vez, la alimentación europea se enriqueció también notablemente con la introducción de especies americanas, como la patata, el maíz, el tomate, el cacao, que en alguna manera sirvieron de soporte al despliegue demográfico de Europa en los siglos XVIII y XIX.

Finalmente, el descubrimiento y conquista de América significó para España la necesidad de afrontar un nuevo e inesperado destino histórico: trasvasar al Nuevo Mundo parte de su población y encauzar el problema, hasta entonces insólito, de la comunicación entre culturas absolutamente diferentes y de distinto nivel de desarrollo; y de crear así una sociedad multirracial integrada en el orden político y cultural de España. Este destino hubo de afrontarlo con la sola experiencia de la Reconquista medieval, en la que, por cierto, nada servía de pauta al mejor aprovechamiento económico de los dominios ultramarinos, de que otras potencias supieron beneficiarse mejor.

CAPÍTULO 8

El destino europeo

El advenimiento de la Casa de Austria a la Corona española, además de un cambio dinástico, significó un nuevo destino histórico europeo, que interfirió de algún modo el despliegue del destino americano. España ha vivido desde entonces, como un Jano bifronte, mirando por un lado hacia el horizonte de América, por otro hacia el de Europa. Ha estado vinculada así a dos proyectos: hacer América y hacer Europa. Y en la puesta en práctica de ambos proyectos consumió lo mejor de sus energías físicas y morales.

Los descubrimientos geográficos y las conquistas habían puesto en marcha el destino americano de la Monarquía Católica en tiempos de los reyes Isabel y Fernando. Al asumir la Corona imperial su nieto Carlos V, los problemas y preocupaciones europeos pasaron a ocupar el primer plano. Las guerras de Italia, como prolongación de la política mediterránea de la Casa de Aragón, habían provocado un primer enfrentamiento con Francia. Las guerras entre Francisco I y Carlos V, activadas además por la herencia de Borgoña, desembocaron en una pugna por el poder político en Europa, que para Carlos V consistía en la realización de la idea imperial como «ordenación del mundo».

Felipe II recibió la doble herencia, aunque no el título ni la sucesión imperial. Pero su padre había cuidado de la educación política del príncipe, le había inculcado sus principios, había ampliado sus dominios europeos al vincular a la Corona española la posesión de los Países Bajos, además de Milán, dotando así a la Monarquía Católica de dos baluartes de acción en Europa. Felipe II, que se consideró continuador de la política de su padre, quiso hacer de España la potencia rectora de la cristiandad, una potencia que pusiera orden dentro y que la defendiera de los enemigos exteriores, que en aquella circunstancia eran los turcos. El gasto de energías y riquezas que España hizo en las empresas exteriores, motivadas por el destino europeo, pesó implacablemente sobre el futuro español. El indudable talento organizador de Felipe II y su capacidad política se vieron desbordados por la «misión imposible» que él mismo se había propuesto.

Advenimiento de Carlos I. Comunidades y germanías

En setiembre de 1517 desembarcó en Villaviciosa, Asturias, un joven borgoñón de diecisiete años, que venía a hacerse cargo de la Corona de España. Había nacido en Gante y toda su vida la había pasado en los Países Bajos, educado por su tía Margarita de Austria y por Adriano de Utrecht, que pronto sería elegido Papa. Recibió la educación propia de los señores flamencos, pero no la más adecuada a quien había de ser rey de España. Ni siquiera había aprendido a hablar el castellano.

Carlos I llegó rodeado de cortesanos flamencos, ávidos de repartirse los mejores cargos y prebendas: el omnipotente señor de Chièvres encabezaba el séquito de aquel monarca desconocido de los españoles, que hubieran preferido que la sucesión recayera en su hermano Fernando, nacido y educado en España, y que, por una paradoja de la historia, estuvo llamado a gobernar en Alemania. De la rebatiña de los advenedizos flamencos no se libró la sede primada de la Iglesia española, el arzobispado de Toledo, para el que fue nombrado un joven sobrino de Chièvres, Guillermo de Croy, con gran descontento de los toledanos.

La reacción de xenofobia no se hizo esperar. En las Cortes de Castilla reunidas en Valladolid en 1518 se pidió al rey que no proveyera más cargos en extranjeros y que aprendiera a hablar el español. Desde Castilla siguió el rey su itinerario por el reino de Aragón y Cataluña. Recibe entonces la noticia de haber sido elegido en Frankfurt emperador del Sacro Imperio Germánico. Inmediatamente convoca nuevas Cortes de Castilla en Santiago de Compostela, que bajo presiones de todas clases votaron un impuesto extraordinario, destinado a recaudar fondos para costear el viaje a Alemania. En efecto, Carlos V se embarca en La Coruña en mayo de 1520, y así concluyó su primera y breve estancia en España. Dejaba como regente a su hombre de confianza, Adriano de Utrecht, que todavía no se había ganado la confianza de los españoles, cuyo descontento se agudizó al conocerse la marcha del rey.

En las Cortes de Santiago ya se habían manifestado las resistencias a las pretensiones de quien iba a ser Carlos V de Alemania, sin que el famoso discurso de Pero Mexía en aquella ocasión, su *Hispaniae consolatio,* sirviera para tranquilizar los espíritus. Se temía que el fulgor de la Corona imperial deslumbrara al rey, en perjuicio de sus obligaciones como monarca español.

Tras la partida del emperador electo estalló el descontento en abierta rebeldía, y gran número de ciudades castellanas se alzaron en armas. Toledo y Segovia capitanearon el movimiento de las comunidades. Juan Padilla se puso al frente de la insurrección en Toledo, de donde tuvo que huir el corregidor real. En Segovia los rebeldes dieron muerte al procurador en Cortes designado por la ciudad, por haber votado a favor del impuesto pedido por el emperador.

El movimiento «contra el mal gobierno», como habitualmente se declaraba entonces, se extendió a Ávila, León, Zamora, Salamanca, Burgos y otras muchas ciudades, incluso la lejana Murcia. El regente Adriano era incapaz de controlar los acontecimientos. Quiso imponer un castigo ejemplar a los segovianos, mandando contra ellos la artillería de Medina del Campo, pero los medineses no lo consintieron, por lo que el regente ordenó el incendio de la ciudad, una de las más prósperas de Castilla, en la que se celebraba una de las ferias más importantes y era centro de las transacciones del comercio lanero. La respuesta de las ciudades comuneras fue proclamar en Ávila una Junta Santa que nombró jefe militar al toledano Padilla.

Cuando llegaron a Alemania estas graves noticias, comprendió Carlos V que la situación exigía una solución política, para hacer frente a la insurrección con fuerzas suficientes, lo que requería poner resueltamente del lado de la autoridad real a la nobleza, y asoció al gobierno de Adriano al almirante y al condestable de Castilla, Fadrique Enríquez e Íñigo de Velasco, al mismo tiempo que mandaba suspender el cobro del impopular impuesto votado en Santiago.

Los comuneros, en cambio, no acertaron a inclinar a su favor a la reina Juana, que vivía recluida en Tordesillas e incapacitada para el gobierno a causa de su enfermedad. El movimiento degeneró al mezclarse en él distintos motivos sociales de carácter antinobiliario, que quebrantaron la unidad de los comuneros. Mientras tanto las fuerzas reales se aprestaban a reunir un importante contingente militar que derrotó en Villalar al ejército mandado por los tres principales jefes comuneros, Padilla, Bravo y Maldonado, el 21 de abril de 1521, quienes inmediatamente fueron condenados a muerte y ejecutados. La guerra de las comunidades concluía allí, aunque Toledo prolongó algún tiempo la resistencia, alentada por la animosa viuda de Padilla.

El movimiento comunero lo interpretan algunos historiadores como la encarnación de la causa de las libertades de Castilla contra el absolutismo monárquico; otros, como la defensa del particularismo local contra la sumisión a intereses extraños vinculados al título imperial; y también se interpreta otras veces como la protesta de las oligarquías municipales contra el poder señorial. Todo ello pudo concurrir en la guerra de las comunidades, dada la compleja trama y la falta de maduración ideológica que se advierte en aquellos sucesos.

Aunque la onda larga de las comunidades dejó por mucho tiempo numerosas y variadas secuelas en la vida local castellana, manteniendo el rescoldo de rivalidades y antagonismos banderizos, la insurrección armada se eclipsó con la misma rapidez con que había estallado. A ello contribuyó el cambio de la situación internacional, al iniciarse la guerra contra Francisco I y la necesidad de defender Navarra de la invasión francesa. En esta ocasión cayó herido en la defensa de Pamplona un joven capitán español, Ignacio de Loyola, que pronto experimentó su conversión a la vida religiosa y que, años más tarde, resultó ser el fundador de los jesuitas, o sea, la Compañía de Jesús, la orden que había de ejercer importantes papeles en la Iglesia de los siglos venideros.

No lo tuvo fácil Carlos I en España durante los primeros años de su reinado. Simultáneamente al movimiento de las comunidades en Castilla ocurrió en el reino de Valencia la revuelta de las germanías. Nada tienen que ver, sin embargo, uno y otro suceso. La cuestión de fondo de las germanías estuvo en las tensiones populares originadas en los gremios artesanos, excluidos del gobierno municipal, que se hallaba en manos de la aristocracia valenciana y de algunos ricos comerciantes. A fines del siglo XV y principios del XVI Valencia se había convertido en una ciudad próspera por la actividad comercial, en tanto que el campo se hallaba en manos de los nobles, que utilizaban la mano de obra barata de los moriscos, a quienes protegían.

El factor desencadenante no fue en este caso la xenofobia, sino el derecho de armar los gremios sus propias milicias o «germanías», para atender a la seguridad pública y defenderse de los riesgos de las depredaciones piráticas berberiscas, bastante frecuentes en aquel siglo. Carlos I autorizó al principio la formación de germanías, como lo había hecho en ocasión anterior Fernando el Católico. Pero los agermanados, inspirados por un buen organizador, Juan Lorenzo, del gremio de cardadores, montaron un importante aparato militar y se dotaron de una dirección única, la Junta de los Trece, que pudo hacer desfilar ocho mil hombres armados ante el regente Adriano, cuando éste visitó Valencia a principios del año 1520.

El temor que esta milicia artesana inspiró a la oligarquía municipal de Valencia se transmitió al regente y al propio Carlos I. El nuevo virrey de Valencia tenía instrucciones de actuar y disolver la Junta de las Germanías, pero lo que consiguió fue provocar el motín popular y el virrey se vio precisado a huir de la capital del reino. En setiembre de 1520 las germanías alcanzaban su momento culminante. Casi todas las ciudades y villas del sur de Valencia habían hecho causa común con los agermanados, en abierta rebelión contra la autoridad, mientras en Mallorca se producían también agitaciones levantiscas o «germanías» relacionadas con las de Valencia.

El virrey conde de Mélito no estuvo en condiciones de tomar la ofensiva para reducir militarmente a los agermanados hasta que el movimiento comunero quedó vencido en Castilla. Entonces el ejército real dispuso de refuerzos suficientes y, tras vencer a las milicias de las germanías en Almansa y tomar la ciudad de Valencia, batió la última resistencia sostenida en Alcira y Játiva. Los agermanados mallorquines también fueron entonces fácilmente dispersados.

Aunque las germanías de Valencia y Mallorca no tuvieron la trascendencia de las comunidades castellanas, todos estos graves alzamientos hicieron ver a Carlos V la necesidad de atender de cerca el gobierno de España. Por eso, creyendo dejar encauzado el problema interior alemán después de la Dieta de Worms, en la que por primera vez había manifestado su oposición a la Reforma luterana, optó por volver a España, donde permaneció siete años seguidos, tiempo que fue decisivo para que se estableciera la aproximación cordial entre el emperador y los españoles.

La idea imperial.
Carlos de Europa, emperador de Occidente

Desde 1522 a 1529 Carlos V vivió en España. Aprendió a hablar el castellano y a estimar a los españoles, muchos de los cuales pasaron a ser sus mejores consejeros, como el secretario Francisco de los Cobos o el cardenal Tavera, sobre todo después de que desapareciera el italiano Gattinara, que mucho había trabajado para inculcarle la idea imperial. También por aquellos años, en 1526, contrajo matrimonio con Isabel de Portugal, muy a satisfacción de los españoles, que lo interpretaron como un gesto de la hispanización de Carlos, en la línea de las tradiciones y los intereses españoles.

El título de emperador, el más alto de la cristiandad medieval, se había convertido poco más que en un título honorífico al comenzar el siglo XVI. El abuelo y antecesor de Carlos V, el emperador Maximiliano I, había intentado en vano dotar de mayor unidad a las partes separadas del Imperio y robustecer la monarquía imperial, para hacer de ella el catalizador de un estado alemán moderno, análogo al que por entonces estaban formando en España los Reyes Católicos, o el de la Francia de Luis XI y la Inglaterra de los primeros Tudor. Pero no pudo vencer la resistencia de los señores feudales. También Carlos V quiso hacer efectiva en Alemania una autoridad monárquica robustecida interiormente, para que a su vez el Imperio desempeñara la alta función política que creía inherente al título. En efecto, entendía que la misión imperial se desdoblaba fundamentalmente en la *ordinatio totius mundi* y en constituirse en *defensor fidei*. Para él no se trataba de un imperio conquistador como el de Alejandro Magno o el de Roma en la Antigüedad. Tenía más fe en la vía dinástica que en las armas. La Casa de Austria había extendido sus dominios patrimoniales gracias a los enlaces matrimoniales, y su lema era: *Allium belli gerat, tu felix Austria nube.* «Deja que otros hagan la guerra, tú feliz Austria cásate.»

Como ordenador de la *universitas christiana,* o sea, del mundo medieval europeo, encontró un escollo insalvable: la oposición de Francia. Carlos V intentó todos los medios para sacar adelante sus planes políticos: contra Francia, prescindiendo de Francia o contando con Francia. A pesar de sus victorias militares y de sus empeños diplomáticos, unas veces para aislarla, otras para atraérsela, Francia fue obstinado adversario.

Como *defensor fidei* se consideraba el brazo armado de la cristiandad contra los enemigos exteriores e interiores. El peligro exterior provenía de los turcos, cuya amenaza por tierra llegó en 1529 a las puertas de Viena, y por mar se acrecentó en el Mediterráneo occidental al apoderarse de Argel un marino inteligente, Kheinerdin Barbarroja, al servicio del sultán otomano Solimán. El enemigo interior surgió imprevistamente con la Reforma protestante.

Franceses, protestantes y turcos serán los tres grandes problemas que surgen en el despliegue de la idea imperial de Carlos V. El concepto medieval del Imperio germánico no le dejó percibir el alcance de una idea imperial diferente, que le insinuaba Hernán Cortés en sus «cartas de relación» escritas desde México. Un Imperio moderno que estaban conquistando sus súb-

Carlos I llegó en 1517 rodeado de cortesanos flamencos ávidos de repartirse los mejores cargos. Los españoles hubieran preferido que la sucesión de la Corona recayera en su hermano Fernando (visto así por la paleta de Lucas de Holanda), **nacido y educado en España y que, por una paradoja de la historia, estuvo llamado a gobernar en Alemania.**

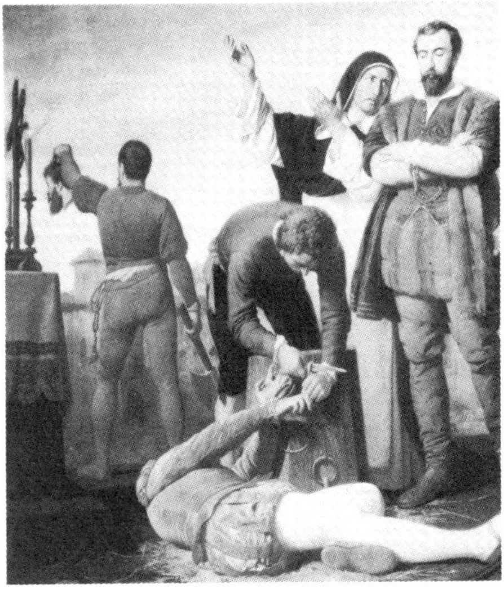

Franceses, protestantes y turcos serán los tres grandes problemas que surgen ante el despliegue de la idea imperial de Carlos V (en la estatua). **El concepto medieval del Imperio germánico no le dejaría percibir al César el alcance de una idea imperial diferente que le insinuaba Hernán Cortés desde México en las ya citadas «cartas de relación».**

Tras la partida en 1520 del que iba a ser también Carlos V de Alemania, el descontento estalló en abierta rebeldía y gran número de ciudades castellanas se alzaron en armas. Toledo y Segovia capitanearon el movimiento de las Comunidades y Juan de Padilla (en el cuadro de Gisbert, a punto de ser decapitado tras su derrota en Villalar) **se puso al frente de la insurrección.**

ditos españoles en el Nuevo Mundo. Carlos V no pretendió ser el emperador de una nación moderna. Su concepción imperial no era superadora de los nacionalismos, sino anterior a los mismos, cuando la idea de la *universitas christiana* formaba el sustrato común de los pueblos europeos. Por eso, con razón el historiador inglés Carl Lewis le pudo llamar Carlos de Europa, emperador de Occidente.

Franceses, protestantes y turcos

Desde 1522 a 1529 Francisco I y Carlos V estuvieron casi constantemente en guerra. ¿Por qué? Ambos reivindicaban la herencia de María de Borgoña, que a la muerte de Carlos el Temerario había quedado repartida entre las Casas de Francia y de Austria. Disputaban también por la posesión de Milán, llave del dominio de Italia. La batalla de Pavía fue un resonante triunfo de las armas de Carlos V, en la que el rey francés fue hecho prisionero y conducido a Madrid, donde, para recobrar la libertad, firmó un tratado que no pensaba cumplir. Reanudada la guerra se llegó a una situación de tablas, reflejada en la paz de Cambrai o de las Damas, por haber intervenido en la negociación la madre de Francisco I, la reina Luisa, y la tía de Carlos V, Margarita: el emperador renunciaba a recuperar la parte de Borgoña incorporada a Francia, y Francisco I renunciaba al Milanesado y a Navarra.

Desembarazado momentáneamente de la pesadilla francesa, Carlos V fijó su atención en el problema protestante alemán, que a su carácter religioso había añadido connotaciones políticas, por la protección que dispensó a Lutero el príncipe elector Federico de Sajonia, junto con otros señores territoriales del Imperio. La condena emitida contra Lutero en la Dieta de Worms no se había hecho efectiva, la voluntad del emperador no había sido suficiente, por tanto, para zanjar la cuestión. Por eso en 1530 Carlos V vuelve a Alemania, después de ser coronado solemnemente por el papa Clemente VII en Bolonia. Aquélla fue la última vez que un pontífice coronó a un emperador del Sacro Imperio Germánico a la manera medieval.

Carlos V acudió a la Dieta de Augsburgo, en 1530, con el propósito de hallar una fórmula de arreglo para la cuestión religiosa, basada en un compromiso doctrinal mediante el diálogo. El emperador apoyaba las corrientes irenistas surgidas entre algunos teólogos católicos, acomodaticios en algunos puntos con los protestantes. Pero la vía del diálogo no tuvo éxito en Augsburgo, como tampoco lo había tenido antes la vía de la fuerza. El problema religioso se tornaba insoluble para Carlos V, y políticamente se complicó al constituirse en 1532 una Liga Smalkalda de príncipes luteranos, para enfrentar a la cual los príncipes católicos se organizaron en la Liga de Nurenberg.

Aquel año 1532 fue especialmente grave por el nuevo ataque turco que remontaba el Danubio, aproximándose otra vez a Viena. Fue tan grande el temor suscitado entonces por Solimán, que el propio Lutero invitó a la cooperación de todos los alemanes para defender la capital imperial. Desde entonces el hermano del emperador, el español Fernando, que había recibido el gobierno de los estados patrimoniales austriacos, asumió la defensa contra los turcos, cuyo avance fue definitivamente contenido, aunque se sostuvo durante dos siglos una endémica guerra en Hungría.

Pero la amenaza turca subsistía en el Mediterráneo. Por eso, Carlos V preparó en 1535 una gran fuerza naval y la dirigió contra Túnez, plaza de la que logró expulsar a Barbarroja, siendo aquella acción una de las victorias más resonantes obtenidas hasta entonces contra los turcos. Pero no corrió la misma suerte cuando en 1541 atacó a Barbarroja en su plaza fuerte de Argel. La amenaza turca siguió latente y sólo en tiempo de Felipe II se puso fin a su progresión en el Mediterráneo.

Entretanto Francisco I había vuelto a la guerra contra Carlos V, al tiempo que se aliaba en 1536 precisamente con los turcos por el tratado de Costantinopla, no sin escándalo de quienes consideraban *contra natura* aquella alianza con los peligrosos infieles. Fue entonces cuando Carlos V pronunció en Roma su famoso discurso en español ante el Colegio cardenalicio, sorprendido del insólito suceso que elevaba el idioma castellano al rango de lenguaje diplomático universal. Una vez más, en aquel discurso exponía los principios fundamentales de su idea imperial. La guerra entre Carlos V y Francisco I se prolongó, salvo una breve tregua, hasta la paz de Crépy en 1544, poco tiempo antes de que ocurriera el fallecimiento del monarca francés. Pero el sucesor de éste, Enrique II, volvió a la carga a la primera oportunidad, que pronto le ofrecieron los príncipes protestantes alemanes.

En efecto, Carlos V había insistido en 1541 en buscar la vía del diálogo para resolver la cuestión religiosa alemana y sus implicaciones políticas. Había reunido para ello la Dieta de Ratisbona, aunque sin resultado. Así, en vista de que nada conseguía por otros medios, y libre de momento de complicaciones francesas y turcas, trató en 1547 de dar una solución militar al problema alemán. Hizo una brillante campaña contra la coalición de príncipes luteranos y les infligió la grave derrota de Mühlberg, inmortalizada por Tiziano en el conocido retrato ecuestre del emperador. Sin embargo, pocos años después, en 1552, los príncipes se rehicieron militarmente, formaron la segunda Liga Smalkalda y, consumada la traición del joven Mauricio de Sajonia, uno de los príncipes que gozaba de la plena confianza de Carlos V, a punto estuvo el emperador de caer prisionero, aunque se salvó gracias a la azarosa fuga de Innsbruck. Fue entonces cuando Enrique II, aliado de los príncipes como lo era también de los turcos, reanudó la guerra contra Carlos V ocupando por sorpresa los obispados de Metz, Toul y Verdún.

Los sucesos de 1552 resultaron, pues, muy adversos para Carlos V. Había querido llegar a un acuerdo familiar para modificar la sucesión al Imperio, que se había previsto anteriormente recayera en la rama de su hermano Fernando. Propuso Carlos que su hijo Felipe se antepusiera a Maximiliano, hijo de Fernando, en la sucesión imperial porque creía que, reunidos el Imperio y España en Felipe II, sería éste capaz de hacer posible la idea imperial que Carlos V se había propuesto sin conseguirlo. Pero tampoco se consiguió el acuerdo familiar y las cosas quedaron como estaban.

Después de aquellos sucesos, Carlos V, enfermo y envejecido, apremiado también por una situación financiera apurada, pues hasta sus banqueros más adictos le negaban créditos, pensó en abdicar. Su hijo Felipe, que en 1554 había contraído segundo matrimonio con su tía María Tudor, reina de Inglaterra, sería su continuador. Si de aquel matrimonio nacía un hijo, se unirían en sus manos Flandes e Inglaterra, constituyendo un bastión proespañol en el norte de Europa, que aseguraría la «ordenación del mundo» basada en una constelación dinástica alrededor de la Casa de Austria. Fue la última esperanza frustrada de la idea imperial de Carlos V, porque Felipe y María no tuvieron hijos.

Las abdicaciones de Bruselas en 1555 y 1556 pusieron fin al reinado de Carlos, que sólo se reservó el uso del título imperial. En el modesto palacio de Yuste, que había mandado arreglar junto al monasterio jerónimo, buscó un relativo descansado retiro hasta el día de su muerte, acaecida en 1558.

Felipe II, ¿tirano místico o tímido poderoso?

El hijo y sucesor de Carlos V ha sido uno de los personajes más discutidos de la historia. Ha tenido detractores implacables y también apologistas entusiastas. Ya en vida sus enemigos le crearon una imagen muy negativa, a base de verdades, mentiras y medias verdades que suelen utilizarse en las oficinas de propaganda de todos los tiempos, y que formaron una «leyenda negra» en torno suyo. Por otra parte, los apologistas, que nunca faltan, sublimaron las virtudes humanas o políticas del personaje para convertirlo en un héroe o, al menos, en un rey sabio y prudente. Casi siempre a una «leyenda negra» se opone una «leyenda dorada».

Felipe II tuvo defectos y cometió errores, no obstante su indudable talento, su capacidad de trabajo y su obsesivo sentido de la responsabilidad. Vivió los momentos de máxima tensión de la Contrarreforma, o de la Reforma católica de la Iglesia, si se prefiere decirlo así, e incluso fue uno de sus protagonistas más tenaces. Puso todo su afán en que concluyera el Concilio de Trento, que había quedado interrumpido dos veces desde su iniciación en 1545, y logró que Paulo IV convocara la que sería última etapa conciliar, de 1561 a 1564. Deslindados así definitivamente los campos católico y protestante, puso el mayor afán en mantener sus reinos dentro de la ortodoxia romana, y empleó para ello los recursos de poder de que disponía, recursos de fuerza y violencia que los hombres del siglo XX consideramos repudiables, pero que entonces eran comunes a todos. La compleja y paradójica personalidad de Felipe II se hace así difícil de interpretar, y la carga de pasión que subyace en sus intérpretes distorsiona aún más la imagen.

Hace ya algunos años que el doctor Marañón, gran conocedor de los hombres como médico e historiador, dio quizá las mejores claves para comprender a Felipe II. La imagen del «tirano místico», rígida y a veces caricaturizada, se desdibuja llena de matices y contrastes en la de un tímido poderoso y con un escrupuloso y casi enfermizo sentido de la responsabilidad. Como ocurre en general a los tímidos, no era simpático en su trato humano, y a veces parecía frío y distante. En esto el hijo de Carlos V fue todo lo contrario de su padre, sobrado de simpatía y de fácil relación con los demás hombres. No se hizo simpático Felipe II a sus contemporáneos, como tampoco a la posteridad.

Las dificultades para el trato y comunicación con los hombres no provenían de la «prudencia» que algunos le atribuían, sino de esa necesidad que siente el tímido de protegerse de los demás. Son conocidos los trucos que Felipe II empleaba para afirmarse frente a sus interlocutores: los dejaba hablar largo tiempo mirándolos fijamente a los ojos sin decirles una palabra, hasta que, incómodos y desconcertados, daban alguna muestra de alteración; entonces el rey pronunciaba la palabra mágica:

«Sosegaos.» Había adquirido así ventajosa superioridad sobre el otro. El temor a que su voluntad fuese suplantada por los demás le hizo mantenerse en guardia con sus colaboradores. Cuando uno de éstos le traicionó, como es el caso de Antonio Pérez, la reacción de cólera tuvo la desmesura propia de los tímidos en tales casos.

Como su sentido de la responsabilidad estaba exacerbado, la toma de decisiones era para él algo más que la prudente cautela de cualquier hombre normal, y le ocasionaba angustiosas vacilaciones y agobios de conciencia. La historia hizo recaer sobre él, ciertamente, un enorme cúmulo de responsabilidades que acrecentaron sus problemas de conciencia. El tímido poderoso se replegó muchas veces en una impenetrable intimidad, sin que dejara traslucir sus afectos y preocupaciones. Una afectividad que se manifiesta, en cambio, en algunas efusiones de las cartas que escribió a sus hijas desde Portugal, o en el cariño hacia su tercera esposa, Isabel de Valois, o a su hija predilecta, Isabel Clara Eugenia.

La imagen demoniaca de Felipe II, el «Demonio del mediodía» diseñado por los detractores del monarca, resulta tan falsa como la del íntegro y valeroso campeón de la Contrarreforma pintada por sus apologistas. Entendido desde dentro de sus limitaciones humanas, Felipe II desciende desde la esfera de los ángeles o de los demonios al nivel simplemente de los hombres, con sus penas y sus glorias, sus virtudes y sus defectos, sus grandezas y sus miserias.

Paz con Francia, guerra contra los turcos

Felipe II heredó extensas posesiones, pero también una mala situación financiera, que hubo de afrontar en 1556 mediante una suspensión de pagos y la consiguiente conversión de la deuda pública. A lo largo de su reinado hubo de recurrir otras dos veces a expedientes semejantes, en 1574 y 1596.

La necesidad de arreglar la situación financiera y la preocupación por haber aparecido en Valladolid y Sevilla unos conventículos protestantes incitaron al rey español a poner fin a la guerra con Francia, que Enrique II había reemprendido. En aquella guerra las armas de Felipe II llevaron la mejor parte y se apuntaron la resonante victoria de San Quintín, el 10 de agosto de 1557. Como también Enrique II pasaba por apuros financieros, se pudo llegar a la paz de Cateau-Cambresis, en 1559. Fue aquél un tratado muy importante, que puso definitivamente término a las guerras de Italia, que se arrastraban desde hacía sesenta años. Cateau-Cambresis suele considerarse como la consagración diplomática de la hegemonía española en Europa. En aquel tratado se convenía también el matrimonio de Felipe II con Isabel de Valois, la única de sus mujeres a la que verdaderamente amó. Se cumplió así una aspiración de Carlos V, el acuerdo con Francia mediante el enlace dinástico Habsburgo-Valois.

Cateau-Cambresis auguraba una era de paz en Europa. Por eso el monarca español pudo concentrar su atención en el Mediterráneo, donde los turcos habían infligido una seria derrota a la flota española en la isla de Djerba en 1560 (el famoso «desastre de los Gelves»). Un experto marino, Dragut, que había tomado el relevo de Barbarroja al mando de los turcos, atacaba la isla de Malta, defendida por los caballeros de la orden de San Juan. El socorro español a Malta en 1565 salvó la apurada situación de la isla y fue el aviso de la nueva iniciativa española.

La lucha contra los turcos iba a despertar sospechas sobre la connivencia de los moriscos granadinos con los musulmanes norteafricanos. Las autoridades españolas habían sido hasta entonces bastante tolerantes con ellos, a sabiendas de que seguían practicando su religión islámica a pesar de todas la prohibiciones legales. Fue el arzobispo de Granada, Francisco Guerrero, uno de los brillantes teólogos de Trento, el que instó a Felipe II para acabar con aquella situación que hacía de su diócesis la que más musulmanes tenía de toda la cristiandad. El rey dio luz verde a los requerimientos del arzobispo en 1567, pero la respuesta de los moriscos fue una gran sublevación armada en las Alpujarras, que se prolongó dos años, hasta entrado 1570. Dominada militarmente esta especie de última guerra de Granada, los moriscos fueron expulsados de aquel reino y distribuidos por ambas Castillas y Extremadura principalmente.

La guerra de las Alpujarras puso de relieve un punto flaco de la seguridad española. Los moriscos habían llamado en su auxilio a turcos y argelinos. En la literatura de aquellos años aflora algunas veces el temor a una nueva «pérdida de España», como ocurrió con los visigodos, y se instaba a Felipe II a que se hiciera «señor del mar», es decir, que dominara el Mediterráneo, poniendo coto a la agresión de los turcos y sus aliados.

Antes aun de que acabara la sublevación morisca, los turcos habían atacado y tomado Túnez y en 1570 habían conquistado la isla de Chipre. La alarma cundió entonces en Venecia, y el animoso papa Pío V invitó a formar una Liga Santa. Así es cómo se gestó la alianza del Papa, Venecia y España para enfrentar el peligro turco en el mar. España aportó la mitad de los efectivos, que sumaban 200 galeras y 30 000 soldados, a cuyo frente se puso a Juan de Austria, el hijo bastardo de Carlos V, a quien su hermano quiso reconocer y honrar. Esta fuerza naval atacó a la flota turca mandada por Euldji Bajá, un buen marino, pero que se dejó encerrar en el golfo de Lepanto, donde los aliados cristianos obtuvieron una gran victoria el 7 de octubre de 1571. Fueron destruidas 130 galeras turcas, se apresaron otras tantas y muy pocas lograron escapar. Cerca de 15 000 esclavos cristianos, atados a los remos de las galeras apresadas, encontraron la libertad.

Lepanto fue la última gran batalla naval en el Mediterráneo al abordaje, que convertía las cubiertas de los buques en escenario de una batalla campal, en la que decidía la pericia, el arrojo y la superioridad de la infantería. En aquella ocasión, «la más alta que vieron los siglos», perdió una mano Miguel Cervantes, el que había de ser autor del *Quijote*.

Las flotas de galeras requerían barcos, soldados y tripulantes, pero sobre todo galeotes para mover los remos. Euldji Bajá pudo rehacer pronto la escuadra turca porque disponía de número suficiente de esclavos para dotar sus galeras, en número no menor a 150 por unidad. Por el contrario, Felipe II hubo de renunciar a su proyecto de duplicar el número de sus galeras por falta de suficientes galeotes condenados, como revela la encuesta que mandó hacer entre los tribunales de justicia, conservada en el archivo de Simancas, y de la que Manuel Fernández Álvarez dio puntual cuenta.

La flota turca, deshecha en Lepanto, fue pronto parcialmente recompuesta, en efecto, pero el poderío turco no pudo ser ya restaurado en el mar. La «amenaza turca» había sido contenida. A partir de 1578 se firmaron unas treguas hispano-turcas, que, renovadas posteriormente de modo expreso o tácito, zanjaron la progresión agresiva otomana en el mar.

El Atlántico. Los Países Bajos, Portugal, Inglaterra. La Armada Invencible

Si después de Lepanto el rey de España dejó en un segundo plano las cuestiones del Mediterráneo se debió principalmente al cariz que tomaban los problemas del norte de Europa. Se ha solido decir, con Fernand Braudel, que la clave política bascula entonces del Mediterráneo al Atlántico. Dos puntos de fricción surgen en los Países Bajos y en Inglaterra.

Felipe II heredaría, con sus extensas posesiones, los graves problemas que aquejaron al Imperio de su padre. Frente a los franceses, las armas del «Demonio del Mediodía» —o del «Campeón de la Contrarreforma», según hablen sus detractores o sus apologistas— llevan la mejor parte y se apuntan, en agosto de 1557, la resonante victoria de San Quintín (en el grabado).

Antes de que acabase la sublevación morisca de las Alpujarras, los turcos habían ya conquistado Túnez y Chipre. La alarma cundió en Venecia y el animoso papa Pío V invitó a formar una Liga Santa para enfrentar el peligro marítimo otomano. En Lepanto (Felipe II ofrece alegóricamente, en el cuadro de Tiziano, su hijo Fernando por la victoria) **la flota aliada que comandaba Juan de Austria obtuvo un triunfo resonante el 7 de octubre de 1571.**

En la cuestión de los Países Bajos, al año siguiente, se involucró abiertamente la reina Isabel de Inglaterra tras consolidar en aquellas islas la reforma protestante. Contra ella se hizo a la mar, en mayo de 1588, la Armada Invencible. Su derrota significará que el rey de España no sería «señor del mar Atlántico»... y que el Imperio ultramarino hispano-portugués quedaba a merced de la flota inglesa.

Desde el primer momento había tenido dificultades Felipe II para hacerse aceptar en los Países Bajos como «señor natural». Su situación allí parece análoga, aunque invertidos los términos, a la de Carlos I en España cuando advino al trono. Era un extranjero, que en este caso ni siquiera sabía hablar francés. Luego se complicó la cuestión al intentar hacer frente a la difusión del calvinismo. En 1566 hubo ya una primera sublevación dominada *manu militari* por el duque de Alba, que instituyó el Tribunal de los Tumultos, popularmente llamado «de la Sangre», por alusión a la dureza de la represión. Pero la rebelión volvió a brotar, y con más fuerza, a partir de 1572.

De nada sirvió que el duque de Alba fuera sustituido por Luis de Requesens como gobernador, para ensayar una vía mesurada y dialogante, e intentar una solución de compromiso. Ni él, ni Juan de Austria, que le sucedió en el gobierno, lograron pacificar los Países Bajos. El hábil político Alejandro Farnesio logró consolidar la posición española atrayéndose a los católicos de las provincias del Sur, que formaron la Liga de Arrás, mientras con las armas recuperaba Amberes. Cuando murió Farnesio, los Países Bajos quedaban divididos en un norte calvinista y furiosamente antiespañol, integrado por Zelanda y Holanda, y un sur católico que servía de soporte a la presencia española, división que con el tiempo ha cristalizado en las actuales naciones de Holanda y Bélgica.

Poco antes de morir Felipe II, en 1598, quiso dar una solución política a la cuestión de los Países Bajos cediendo aquella corona a su muy querida hija Isabel Clara Eugenia, la novia de Europa, porque antes había querido hacerla sucesivamente reina de Inglaterra y de Francia.

Precisamente en la cuestión de los Países Bajos se involucró de modo abierto desde 1572 la reina Isabel de Inglaterra, que había sucedido a María Tudor y consolidado la reforma protestante de la Iglesia anglicana. La inicial armonía de Felipe e Isabel evolucionó pronto, por motivos religiosos y políticos, hacia actitudes hostiles, traducidas en la ayuda de Isabel a los calvinistas de los Países Bajos y la intentada por Felipe II a María Estuardo. Pero había, sobre todo, una cuestión de fondo: el dominio del Atlántico.

Las posiciones en el eje atlántico se alteraron profundamente, y esta vez en sentido favorable a Felipe II, en 1581, con la sucesión al trono de Portugal. Había muerto el rey Sebastián en la disparatada campaña de Alcazarquivir, en el norte de África, ocurrida en el año 1578. Dejaba como sucesor, a falta de hijos, al anciano cardenal don Enrique, situación que abría una expectativa sucesoria entre los descendientes de don Manuel el Afortunado. Felipe II era nieto, por su madre, de don Manuel. El prior de Crato, don Antonio, era también nieto del mismo rey, pero por línea bastarda, si bien masculina. Aunque en términos estrictamente jurídicos la razón estaba de parte de Felipe II, según las leyes sucesorias portuguesas, y así fue reconocido por las Cortes de aquel reino, la opinión pública se dividió. Los sectores sociales ligados al Imperio ultramarino se pusieron de parte del monarca español. Para ellos la unión con España suponía la posibilidad de conservar incólumes las posesiones en las Indias Orientales y en Brasil, conservando los ventajosos resultados obtenidos desde el tratado de las Alcaçovas. Pero los sectores populares, dominados por la xenofobia anticastellana heredada desde Aljubarrota, se inclinaban a favor del prior de Crato.

Felipe II jugó fuerte en el caso de Portugal. Con la colaboración de un hábil político y diplomático portugués, Cristóbal de Moura, ganó la primera baza al ser reconocidos oficialmente sus derechos sucesorios. Al morir el rey don Enrique mandó a su mejor general, el duque de Alba, al frente del ejército, y a su mejor marino, don Álvaro de Bazán, marqués de Santa Cruz, para que con la escuadra se presentase ante Lisboa. El prior de Crato no pudo resistir en Oporto, y tuvo que huir a las Azores, donde intentó hacerse fuerte con el apoyo de ingleses y franceses, pero la escuadra de Bazán destrozó a la francesa ante la isla Terceira y la causa de don Antonio quedó sentenciada. Felipe II hizo su entrada triunfal en Portugal y fue jurado en las Cortes de Thomar. Permaneció dos años en aquel reino para ganarse la confianza de las gentes. Al regresar a Madrid dejó como virrey al archiduque Alberto, pero todos los puestos del gobierno y de la administración los conservó en manos de portugueses. La «unidad ibérica» era una realidad; pero sólo significaba la unión personal de los reinos en la Corona de Felipe II.

Sin embargo, aquella unión podía resultar un gran paso para la política atlántica. El marqués de Santa Cruz propuso en 1583 un plan de ataque a Inglaterra, basado en una formidable escuadra que con 150 naves de combate y más de 400 embarcaciones auxiliares, transportara directamente desde la Península un ejército de desembarco de 50 000 hombres. Pero Felipe II no se decidió por el ataque a Inglaterra hasta que la campaña de Drake en América le demostró toda la agresividad británica. Falleció entonces Bazán y su proyecto se sustituyó por otro a realizar en dos tiempos. Una escuadra salida desde la Península iría a Flandes y embarcaría allí al ejército de Farnesio para trasladarlo a Inglaterra. Se mantenía, pues, la idea de una armada de transporte, pero que no tenía como misión previa destruir a la escuadra inglesa, y un ejército de desembarco.

Los preparativos de la gran armada no pasaron inadvertidos, como es natural, y los ingleses se prepararon para hacerle frente con naves ligeras y rápidas, bien artilladas, con las que podían atacar a distancia a los barcos españoles que ofrecían un blanco más vulnerable. La Armada Invencible se hizo a la mar en mayo de 1588, con un total de 130 naves y 19 000 tripulantes y soldados. La mandaba el duque de Medina Sidonia, que no era un marino, aunque sí le asesoraban marinos, como Oquendo y Recalde. En el canal de la Mancha fue interceptada por los navíos de Hawkins y Drake, que causaron importantes pérdidas. Por su parte, Alejandro Farnesio se negó, afortunadamente, a embarcar su ejército mientras el paso del canal no estuviera asegurado, librándolo así de una destrucción inexorable. Sin posibilidad, pues, de efectuar el desembarco, la escuadra optó por retornar a España costeando el norte de Escocia, para evitar nuevos enfrentamientos con la escuadra inglesa, cuya superioridad se había hecho evidente. Así el viaje de retorno fue penosísimo por las condiciones meteorológicas. Sólo regresaron a España 66 naves, la mitad de los efectivos.

Los ingleses trataron de explotar la victoria atacando La Coruña y Lisboa, pero sin éxito. Más tarde, en 1594, una escuadra inglesa de 30 navíos, mandados por Hawkins y Drake, los vencedores de la Invencible, realizaron un periplo por las costas de Canarias y de América española, pero fueron rechazados lo mismo en Gran Canaria que en Puerto Rico, Cartagena de Indias, Portobelo y otros lugares. Los dos grandes marinos ingleses murieron en esta expedición y únicamente pudieron retornar a Inglaterra cinco de sus navíos, sin el botín apetecido. La reina Isabel, que había entrado en el negocio con seis navíos, se quedó aquella vez sin cobrar el dividendo imaginado.

Pero la derrota de la Invencible significaba que el rey de España no sería «señor del mar» Atlántico. La superioridad naval inglesa haría vulnerable al Imperio ultramarino español y, de rechazo, al propio imperio portugués.

El fin de un reinado. La intervención en Francia

El tratado de Cateau-Cambresis había zanjado las disputas franco-españolas, como hemos dicho. Luego Francia estuvo envuelta en las guerras civiles que se conocen como «guerras de religión», durante más de treinta años. Felipe II, considerándose brazo armado del catolicismo, ayudó al partido católico francés, primero con armas y dinero. Más tarde, cuando en Francia se enfrentaron los tres Enriques (el rey Enrique III, el calvinista Enrique de Navarra y el católico Enrique de Guisa), decidió Felipe II intervenir militarmente al lado de la Liga de los Guisa y el ejército mandado por Farnesio entró en París. Muerto Enrique III, y para evitar que recayera el trono en el de Navarra, propuso a los Estados Generales de 1593 que declararan sucesora a Isabel Clara Eugenia, como hija de una Valois, previa abolición de la ley sálica francesa, que excluía la sucesión femenina a la Corona. No se aceptó la propuesta y el navarro Enrique de Borbón reaccionó con habilidad política, convirtiéndose al catolicismo en 1594. «París bien vale una misa.»

Enrique IV, el primer Borbón francés, acabó así con las guerras de religión y unió a los franceses en torno suyo para luchar contra Felipe II. Poco antes de morir éste, en 1598, se restablecía la paz entre los dos reinos.

La monarquía del Escorial

Los dominios que Felipe II había heredado de su padre comprendían las coronas de Castilla, de Aragón y de Navarra, los reinos de Nápoles y Sicilia, el ducado de Milán, los Países Bajos y el Franco Condado, o sea, el pesado y penoso legado borgoñón que Carlos V vinculó en 1522 a la Corona española; las dependencias norteafricanas conquistadas por los Reyes Católicos y por Carlos V (Melilla, Bugía, Orán, Túnez y Trípoli, entre otras), además de los extensos territorios de las Indias Occidentales, a las que durante este reinado se añaden las Filipinas en Oriente, bautizadas en su honor con el nombre del rey. Además, desde 1581, se incorporó la Corona de Portugal, con su correspondiente imperio ultramarino.

Tan extensos dominios eran gobernados por el rey como monarca absoluto. Monarca de derecho divino, toda autoridad dependía de su voluntad. La teoría monárquica española del siglo XVI desarrolló el poder del rey, subordinando cada vez más el papel de las Cortes, aunque la reciente historiografía anglosajona y española tiende a matizar y rehabilitar parcialmente las actuaciones de los procuradores en Cortes castellanos, menos dóciles a la voluntad del rey de lo que se les ha supuesto. Pero el rey era el elemento común a todos los reinos, en tanto que las Cortes lo eran sólo de cada uno de ellos separadamente. Este factor de unidad tipificado en el monarca contribuyó a romper el anterior equilibrio dual rey-cortes a favor de la institución monárquica.

Para el ejercicio del gobierno el rey estaba asesorado por diferentes consejos: unos eran de carácter territorial (Consejos de Castilla, de Aragón, de Indias, de Italia, de Flandes), que se fueron creando a medida que los territorios se incorporaban a la Corona. Otros afectaban a los diversos ramos de la administración y del gobierno (Inquisición, órdenes militares, Estado, Guerra, Hacienda). El gran maestrazgo de las órdenes militares castellanas (Santiago, Calatrava, Alcántara) había sido otorgado a los Reyes Católicos a título personal y luego Carlos V consiguió que el Papa lo adscribiera a la Corona con carácter permanente. Por fin, Felipe II incorporó también en 1587 la orden aragonesa de Montesa. La incorporación de las órdenes contribuyó mucho a reforzar el poder político y económico del monarca, debilitando el de la aristocracia, que pasó a ser una nobleza cortesana y de servicio.

El conjunto de los consejos formaba la «polisinodia» que durante tres siglos caracterizó a la administración española. Eran órganos legislativos y altos tribunales de justicia, además de desempeñar funciones administrativas y de gobierno, pero siempre dependientes de la voluntad suprema del rey.

El gobierno territorial, además de la función política y tutelar de los consejos, que eran órganos colegiados, lo ejercían autoridades de carácter unipersonal, los virreyes, los gobernadores y los corregidores, como delegados del rey. Los virreyes fueron originalmente una institución aragonesa (Nápoles), que se extendió luego a cada uno de los reinos particulares de la Corona de Aragón, a Navarra, a las Indias y a Portugal. El delegado del rey en los Países Bajos no fue un virrey, sino un gobernador. Los gobernadores y los corregidores eran los representantes del monarca en el ámbito provincial o municipal. La autoridad del rey, directa o delegada, llegaba así a todas partes.

El aparato de gobierno de un Estado moderno, como el que surge en el siglo XVI, requiere una sede estable. Todavía los Reyes Católicos fueron monarcas itinerantes, que se desplazaban de unas partes a otras continuamente, sin residencia fija, para hacer presente su autoridad. Carlos V fue también un infatigable viajero, que al despedirse en Bruselas de sus súbditos exhibió el número de sus viajes como uno de sus méritos de gobernante. Felipe II, en cambio, tiene un concepto más moderno del gobierno y de la administración. Por eso fijó en Madrid, en 1561, la capital de su monarquía. Fue por primera vez un rey sedentario, que desde su regreso a España en 1559 no salió de ella, sino para el viaje a Portugal en 1581. Algunas veces se le ha reprochado que no trasladase a Lisboa la capital de sus reinos, lugar más adecuado para gobernar un Imperio que había basculado sobre el eje del Atlántico.

Tal vez Felipe II no se planteó la cuestión del traslado de la capital porque para entonces estaba ya muy avanzada la construcción en las proximidades de Madrid del gran proyecto filipino de El Escorial, templo, palacio y mausoleo real, el gran monumento arquitectónico y político, expresión del arte español del siglo XVI vinculado a Europa, y del espíritu que subyacía en la monarquía de Felipe II.

En efecto, Felipe II continuó desarrollando la burocracia auxiliar del rey en el gobierno y administración del Estado moderno. Él mismo fue un perfecto burócrata que examinaba todos los papeles, que los anotaba a veces a lápiz en el margen lateral antes de pasárselos a sus secretarios para que los despacharan. Un cortesano que añoraba los tiempos de Carlos V, en que habían vivido una animada vida social, escribía a un amigo suyo lamentándose de los cambios introducidos por Felipe II: «Aquí vivimos entre papeles, papeles y más papeles.»

Carlos V fue todavía un rey soldado, que tomaba parte en los combates. A Felipe II no le gustaba la guerra. Sólo participó en la batalla de San Quintín y, no obstante haber constituido un clamoroso triunfo militar, comentó que no comprendía el gusto de su padre por las batallas.

Como buen burócrata y como hombre moderno, utilizaba la encuesta administrativa para informarse; es decir, en lugar de ir a buscar él la información a cada sitio, prefería que la información viniera a él de todas partes. De ahí, las *Relaciones topográficas* y las demás encuestas que mandó hacer, y que tan valiosas han sido para los historiadores. Porque su buen sentido burocrático propendía no sólo a obtener información, sino a conservarla. No es casualidad que fuera el fundador del archivo de Simancas.

La monarquía de El Escorial creó un estilo de gobierno que sus sucesores no supieron continuar, porque les faltó la aplicación al trabajo, o la capacidad y el talento que la diaria tarea, entre papeles, papeles y más papeles, puso aquel rey. Una de las preocupaciones que apesadumbraban más su ánimo al final de la vida era la capacidad limitada y la voluntad débil de su hijo y sucesor. En la solemne majestad de El Escorial esperó que le llegara el momento de la muerte, solo en medio de una Corte magnificente.

CAPÍTULO 9

Siglo de Oro, moneda de vellón

La España del siglo XVI había desarrollado un proyecto histórico en dos direcciones marcadas por el destino americano y el destino europeo. A formalizar ese proyecto concurrieron no sólo las directivas de la política, sino también los hombres de las ideas y de las letras, los que se aplicaron al cultivo literario y a las artes. Ellos son los artífices del llamado Siglo de Oro de la cultura española, cuyas creaciones y obras maestras expresan el espíritu de un pueblo.

El proyecto histórico posrenacentista quedó frustrado en el siglo XVII, y desde el punto de vista político se plasmó en el nuevo ordenamiento europeo de los tratados de Westfalia, en 1648, y de los Pirineos en 1659.

La frustración política era consecuencia de la derrota militar, una derrota inevitable por el agotamiento de los recursos en hombres y dinero. Toda política de gran potencia resulta cara y hay que pagarla, lo mismo en el siglo XVI que en el XX. España consumió sus recursos, incluidos los que extraía de las Indias, en la política de gran potencia desempeñada por Carlos V y por Felipe II, y que todavía en el siglo XVII prolongó el conde-duque de Olivares. Los efectos no podían tardar en hacerse notar. Una economía española, o más exactamente castellana, esquilmada por los gastos de la política mundial, por la tremenda presión tributaria a que se vieron sometidos los contribuyentes castellanos, así como por la debilidad demográfica y por la falta de espíritu empresarial. La crisis económica se hizo ostensible en la inflación del vellón, en las alteraciones monetarias que repercutían más negativamente en todo el proceso. La sociedad castellana acusó por entonces también una relajación moral en el estilo de vida, en los ideales, en el ambiente. El hidalgo se eclipsa como ideal social y deja paso al pícaro. El éxito de la *Vida de Guzmán de Alfarache,* que tuvo siete ediciones en menos de tres años, es todo un símbolo.

Castilla llevó la peor parte en la decadencia económica, que marcha pareja a la declinación del poder político, porque ella había corrido con el principal protagonismo de ese poder. Los reinos de la Corona de Aragón no se vieron afectados de la misma manera y, al igual que algunos sectores de la cornisa cantábrica, daban signos de renovada vitalidad a fines del siglo XVII.

Pero la España empobrecida del seiscientos era capaz de conservar las energías creadoras del arte y de la literatura del largo Siglo de Oro iniciado en el quinientos. El siglo de Cervantes, de Lope de Vega, de Quevedo, de Saavedra Fajardo, de Calderón. El siglo que conoce el florecer de la mística, que san Juan de la Cruz y santa Teresa habían elevado en el siglo XVI al más alto nivel. El siglo de Velázquez, de Zurbarán, de la imaginería religiosa, de los templos barrocos, trasunto de la espiritualidad de la España posrenacentista, que alienta sin solución de continuidad del siglo XVI al XVII. Sólo en las últimas décadas de esta centuria, tras la desaparición de Calderón y de Murillo, parece como si también la sombra de la decadencia se cerniera sobre los anteriores esplendores de la cultura artística y literaria.

Felipe III y el régimen de los validos

La sucesión de Felipe II recayó en Felipe III, que inaugura la serie de los «reyes holgazanes», o más bien «ineptos» de la Casa de Austria, los Austria menores. El rey de la monarquía absolutista tiene el derecho y también el deber de gobernar. Pero si el monarca carece de dotes de gobierno necesitará encontrar alguna persona en quien delegar sus facultades omnipotentes: ése será el valido. Los validos o «privados» vienen a ejercer el papel de un ministro universal que gobierna con plenos poderes, basado sólo en la confianza del rey. Hubo validos capacitados, con dotes de estadistas, como Olivares en España o Richelieu en Francia; pero también los hubo incapaces o simples ambiciosos.

Los españoles no aceptaron de buen grado la presencia de esa extraña figura política que se interponía entre el rey y los vasallos. El valido era un intruso en las relaciones paternalistas de la monarquía. El rechazo tuvo diversas manifestaciones en la corte o en el púlpito de las iglesias. Pero terminó aceptándose como un hecho inevitable. Los tratadistas de la teoría política española, que habían prodigado los escritos para la educación del príncipe, con la esperanza de hacer del rey un buen gobernante, comenzaron a publicar tratados sobre los validos y el valimiento, en los que prevalecían los criterios morales y no los análisis de las realidades políticas. Era algo así como la aceptación resignada de una nueva situación, sin otra salida posible.

El primer valido en el tiempo de Felipe III fue el duque de Lerma. Se había ganado la voluntad del todavía príncipe heredero, sin que pudiera evitarlo Felipe II. Lerma entendía el poder, ante todo, como un instrumento para enriquecerse. Durante su gobierno creció el nepotismo y la corrupción, que no eran raros en los niveles intermedios de la administración, pero que entonces se prodigan en la cúpula del poder. En la España de los Reyes Católicos o en la de Felipe II no faltaron algunos abusos, pero la corrupción de las altas esferas de gobierno se había contenido, gracias al cuidado de los monarcas en la selección de las personas.

Lerma separó a los políticos acreditados del reinado anterior, alejándolos de la corte, como ocurrió a Cristóbal de Moura, al conde de Chinchón, al conde de Gondomar, al conde de Fuentes, entre otros. Para removerlo todo, trasladó la corte a Valladolid, aunque por breve tiempo.

La política exterior del duque de Lerma se caracterizó de pacifista. Por aquellos años en toda Europa se percibía un difundido anhelo de paz, después del cansancio de tantos años de guerras. Así se firmó la paz con Inglaterra, donde reinaba la nueva dinastía inaugurada por Jacobo I Estuardo (tratado de Londres, 1604). En 1609 la tregua de Doce Años ponía término, siquiera provisional, a la guerra con Holanda. El ardor belicoso de Enrique IV de Francia, que tramaba nuevos conflictos contra España para poner en práctica su «gran designio», quedó cortado por el puñal de Ravaignac, que asesinó al monarca francés en 1610. El magnicidio produjo un giro completo en la política francesa, y la anterior hostilidad se tradujo en amistosa relación francoespañola, sellada en 1612 por el doble matrimonio de Luis XIII con la infanta Ana y del futuro Felipe IV con Isabel de Borbón. Hasta 1618 el duque de Lerma pudo ser árbitro de una Europa amiga, a la que impresionaba todavía el prestigio de la monarquía española. Por entonces sólo algunos incidentes localizados en el norte de Italia alteraron la quietud.

Pero no duraron mucho aquellos tiempos de paz. La paz estaba a merced de cualquier accidente, y el accidente ocurrió en 1618 en Bohemia, que desencadenó la serie bélica conocida en la historia con el nombre de la guerra de Treinta Años.

Por otra parte, el duque de Lerma hubo de hacer frente a un problema interior que venía arrastrándose desde el siglo XVI: la cuestión de los moriscos. La mayor densidad de población morisca se hallaba en el reino de Valencia, unos 125 000 sobre un total de medio millón de habitantes, según Henri Lapeyre, el mejor estudioso del tema. Eran pocos en Cataluña, localizados en el delta del Ebro y en las cercanías de Lérida. En Aragón sumaban unos 70 000, de una población total de 300 000 habitantes. A diferencia de los reinos de la Corona de Aragón, en Castilla no se hallaban asentados en zonas rurales, sino en los arrabales de las ciudades y procedían de la dispersión de los moriscos granadinos, en número indeterminado, después de la sublevación de 1568.

Se había creado un mal ambiente popular contra los moriscos y se les acusaba de ser falsos cristianos, pues seguían las prácticas religiosas islámicas; también de estar en connivencia con los piratas berberiscos, que asolaban las costas españolas del Mediterráneo con sus golpes de sorpresa. Es imposible saber el gran número de pueblos que sufrieron en aquel tiempo los ataques de piratas norteafricanos, pero se cuentan por muchos centenares. Del mal ambiente popular contra los moriscos se hace eco la novela de Cervantes *El coloquio de los perros.* La cuestión de fondo en aquel problema seguía siendo la asimilación de una minoría culturalmente disidente, que no se integraba en la sociedad cristiana española. Habían fracasado todos los intentos de evangelización persuasiva que se prodigaron hasta el último momento por el santo obispo Juan de Ribera. Al principio del siglo XVII se les acusó también de estar en tratos con Enrique IV de Francia, de ser una especie de «quinta columna» de su «gran designio» antiespañol. No se habían olvidado los sucesos de 1568, y aparecían así no sólo como disidentes religiosos, sino como un peligro para la seguridad del Estado.

Fue entonces cuando se decretó su expulsión de todos los reinos de España. Según las cuentas de Lapeyre salieron casi 250 000 entre los años 1609 y 1610. La mayor parte fueron trasladados en barcos españoles al norte de África, donde ellos y sus descendientes, los moros *tagarines,* llegaron a ser los más crueles dueños de los esclavos españoles que caían en sus manos.

Las consecuencias económicas de la expulsión fueron graves en Valencia, por el abandono del campo, que tardó algún tiempo en recuperarse demográficamente, y por las repercusiones financieras de todo ello. En las demás regiones las consecuencias fueron menos graves. Pero la expulsión cierra un capítulo más triste por el drama humano sufrido que por los daños repercutidos en la economía española en general.

Toda política de gran potencia resulta cara... y hay que pagarla. España consumió sus recursos —incluidos los que extraía de las Indias— en la política de gran potencia desempeñada por Carlos V, Felipe II y, ya en el siglo XVII, el conde-duque de Olivares. La crisis económica subsiguiente se haría ostensible con la inflación del «vellón». (Sinónimo, a partir de ese siglo, de simple calderilla como la que cuentan estos niños en un cuadro de Murillo.)

Las consecuencias económicas de la expulsión de casi un cuarto de millón de moriscos (en el dibujo de Carducho) en 1610 fueron particularmente graves en Valencia por el abandono del campo, que tardó algún tiempo en recuperarse demográficamente. Sin embargo, fue tenida como una medida política necesaria por su posible connivencia con el turco.

El proyecto unificador del conde-duque le llevó a dar algunos pasos en falso en su afán por «castellanizar» todos los reinos. Un contemporáneo suyo, don Juan Palafox y Mendoza, se lo reprochó, «porque se ha de gobernar en castellano a los castellanos, en aragonés a los aragoneses, en catalán a los catalanes».

Felipe IV y el conde-duque de Olivares

El duque de Lerma cayó del poder poco antes de que acabara el reinado de Felipe III. Los abusos del valido fueron tan desmedidos que al final se formó una gran confabulación cortesana contra él, que logró derrocarle. Lerma tuvo la astucia de hacerse nombrar previamente cardenal, de «vestirse de colorado para no morir ahorcado». Le sucedió por breve tiempo el duque de Uceda. Pero, al advenimiento de Felipe IV en 1621, un hombre de confianza del nuevo rey pasó a desempeñar el oficio de valido: el conde-duque de Olivares.

Éste no sólo tenía «la pasión de mandar», que le atribuyó el excelente estudio psicológico de Marañón, sino también talento y talla de gobernante. En una *Representación al rey* de 1625 y en otros muchos documentos dejó expuesto su programa político. Un objetivo prioritario era consolidar la unidad nacional de la monarquía: «Tenga vuestra majestad por el negocio más importante de su monarquía el hacerse rey de España; quiero decir, señor, que no se contente vuestra majestad con ser rey de Portugal, de Aragón, de Valencia, conde de Barcelona, sino que trabaje y piense con consejo mudado y secreto, por reducir estos reinos de que se compone España al estilo y leyes de Castilla, sin ninguna diferencia, que si vuestra majestad lo alcanza será el príncipe más poderoso del mundo.» También proponía fundir todos los pueblos españoles en una comunidad de intereses, de modo que se reconocieran protagonistas de los mismos destinos, prescindiendo del papel principal de Castilla, que por otra parte resultaba tan oneroso para aquel reino. Este proyecto unificador le llevó a dar algunos pasos en falso para *castellanizar* todos los reinos. Un contemporáneo suyo, Juan Palafox y Mendoza, se lo reprochaba, «porque se ha de gobernar en castellano a los castellanos, en aragonés a los aragoneses, en catalán a los catalanes».

Consideraba también Olivares la necesidad de recuperar la tensión moral y de servicio de las clases aristocráticas, para que desempeñaran de nuevo las misiones de mando militar en la guerra, que les correspondía como propias de su condición. El programa político propuesto abordaba también el tema de allegar fondos para seguir manteniendo la hegemonía en Europa; intentó una especie de empréstito forzoso para formar un banco nacional que financiara los gastos de la monarquía, y también quiso imponer nuevos tributos sobre el lujo y los salarios altos, pero no consiguió que las cortes castellanas lo aceptaran. A falta de «remedios milagro», tuvo que recurrir en 1627 a la bancarrota y a la conversión de la deuda pública. Se entró así en un alocado proceso de política monetaria, de inflación del vellón y deflaciones a todo lo largo del siglo XVII, que ocasionó graves quebrantos económicos. Pero no se le escapó tampoco al conde-duque que la cuestión de fondo estribaba en la falta de aplicación a la industria y al comercio, en parte debido al espíritu aristocrático dominante, por lo que apuntaba al único remedio posible, hacer a la nación comerciante.

Al concluirse las treguas de Doce Años, España y Holanda entraron de nuevo en guerra. Isabel Clara Eugenia no había tenido hijos y quedaba, por tanto, abierta la expectativa de retrocesión de los Países Bajos a España. Hubo en aquella guerra episodios militares victoriosos, como la rendición de Breda en 1625, inmortalizada por Velázquez en el cuadro de *Las lanzas*. Pero la guerra de los Países Bajos fue una tremenda sangría para España, el fatal legado que Carlos V había dejado a la Monarquía Católica porque, como decía un contemporáneo, «debajo de aquella máscara, y en el campo y figura de holandeses, ha peleado España con la emulación de Francia, con la herejía de Alemania, con los celos de Venecia, con los horrores de Inglaterra y Escocia, y con todos los disidentes de Italia».

Sobre España, y más concretamente sobre Castilla, había recaído «el peso de todo el mundo», como escribía un coetáneo panfletario del círculo de Olivares. Envuelta en las guerras alemanas para ayudar a la Casa Imperial, hizo frente al nuevo poder militar surgido en el Norte con Carlos X de Suecia, sobre el que todavía los tercios españoles del cardenal-infante don Fernando obtuvieron la sonada victoria de Nördlingen en 1634. También Inglaterra había vuelto a la hostilidad contra España, cuando subió al trono Carlos I, el príncipe desairado en su empeño de casarse con una infanta española, para lo que había viajado de incógnito a Madrid. Por fin, Francia renovó la guerra en 1635, a instancias del cardenal Richelieu, aunque las tropas españolas proporcionaron un buen susto a los parisinos, cuando al año siguiente llegaron hasta La Corbie.

El año crítico fue 1640, el año del Corpus de sangre de Barcelona y de la sublevación de Portugal. Se ha querido explicar el alzamiento catalán como una respuesta violenta a las tendencias centralizadoras de Olivares y también como una conjura francesa contra España. La sociedad catalana conservaba todavía una estructura bastante feudalizada, en la que prevalecía el régimen señorial, tanto nobiliario como eclesiástico: el duque de Cardona poseía más de trescientos lugares de señorío. El poder de la Corona allí estaba limitado por las oligarquías locales, que no habían consentido que se desarrollara el modelo del moderno Estado monárquico. El factor desencadenante de la sublevación fue la presencia en Cataluña de tropas castellanas, destinadas a una contraofensiva en el Pirineo para recuperar Salses, plaza catalana que había caído en manos de los franceses. Los campesinos congregados el día del Corpus en Barcelona (6 de junio de 1640) desataron la insurrección ciudadana, que pronto se extendió por todo el territorio. El virrey Santa Coloma fue asesinado, se cometieron diversas tropelías y los «tercios viejos» se tomaron la justicia por su mano incendiando Perpiñán. Se nombró virrey al duque de Cardona, de la más alta nobleza catalana, pero falleció sin haber logrado dar un cauce político al conflicto, y así la guerra se prolongó durante doce años. La Generalitat rebelde fue auxiliada por la Francia de Richelieu y se proclamó a Luis XIII conde de Barcelona.

El 1 de diciembre del mismo año 1640 se sublevó también Portugal. El imperio ultramarino portugués no había resultado eficazmente defendido por España. El duque de Braganza aspiraba a ser el «restaurador de Portugal», proclamado rey con el nombre de Juan IV, y secundado popularmente. La fobia anticastellana avivó los sentimientos de los portugueses. En aquellas fechas todo parecía venirse abajo para Olivares. Hubo incluso conatos de sublevación en Andalucía y Aragón, alentados por algunas cabezas nobiliarias. Dentro de la corte se maquinaba contra el conde-duque, que respondía a veces dando palos de ciego, uno de los cuales alcanzó a Francisco Quevedo. Así las cosas, en enero de 1643, se produjo la caída de Olivares, sustituido por Luis de Haro en el gobierno. Desde la sombra, una monja virtuosa, sor María de Ágreda, manipulada por algunos cortesanos, manejaba a su vez la conciencia alterada de Felipe IV.

España no podía sostener victoriosamente una guerra prolongada contra más de media Europa y con un doble frente interior en la Península. La batalla de Rocroy, en 1643, era todo un símbolo: por primera vez los tercios viejos españoles eran derrotados en campo abierto. Unos años antes la escuadra holandesa había vencido a la española en el combate llamado de las Dunas, y desde entonces se había hecho muy difícil «poner una pica en Flandes». La lucha siguió, sin embargo, bastantes años. En 1648, por la paz de Westfalia, se zanjó la guerra en los Países Bajos, reconociéndose la independencia de Holanda. En 1659 el tratado de los Pirineos terminó con casi un cuarto de siglo de porfiada guerra con Francia, y en él quedó fijada definitivamente la frontera pirenaica. Al mismo tiempo, el matrimonio de Luis XIV con la infanta María Teresa daría lugar, andando el tiempo, al acceso de la dinastía Borbón al trono de España, no sin que antes sirviera de pretexto a Luis XIV para volver a guerrear contra España en tiempo de Carlos II. La guerra contra Portugal se prolongó también más tiempo, hasta 1668, en que se reconoció de derecho el hecho consumado de la independencia de Portugal.

Carlos II. La sucesión a la Corona de España

El enfermizo hijo de Felipe IV heredó el trono en 1665, a los cuatro años de edad. En el horizonte de las cancillerías europeas se perfilaba desde el primer momento el problema de la sucesión futura a la Corona española. Nadie daba en 1665 larga vida a Carlos II, un niño débil, fruto de la «bárbara consanguinidad» de los Austria españoles; pero todos se equivocaron en las previsiones, porque su reinado duró treinta y cinco años.

La regente María Ana de Austria delegó el gobierno en el jesuita padre Nithard, que podía ser un buen confesor, pero no un buen político y mucho menos el estadista que España necesitaba. Contra él se revolvió el hermano bastardo de Felipe IV, Juan José de Austria, que propició un golpe de Estado con alarde de fuerza militar, por lo que podemos considerarlo un anticipo de los pronunciamientos militares del siglo XIX. No fue él, sin embargo, quien sacó fruto inmediato del golpe, sino un cortesano advenedizo, intrigante y desaprensivo, que mantenía dudosas relaciones con la reina viuda. Ése era Fernando Valenzuela, otro valido más que añadir a la lista de gobernantes corrompidos.

Cuando Carlos II alcanzó la mayoría de edad, Juan José de Austria dio un nuevo golpe de Estado, y esta vez se hizo con el poder. Un ambiente generalizado de desconfianza, de fracaso por las repetidas derrotas militares, extiende el descrédito a todas las esferas de gobierno. Se pierde el respeto incluso al monarca. Un pasquín popular, entre los muchos que se prodigaron entonces, desahogaba la rabia y el desengaño insultando a Carlos II: «Vives con tal deshonor que no reinas ni tratas de reinar, y eres esclavo del imperio artificioso de los que gobiernan, siendo sólo en apariencia rey y en la verdad una estantigua y un fantasma despreciable.»

La guerra había vuelto intermitentemente durante aquel desgraciado reinado, por las agresiones de Luis XIV, dispuesto a consolidar a costa de España su hegemonía en Europa. Luis XIV hace la guerra a la debilitada España, a la que la diplomacia del Rey Sol aísla de sus aliados, y a la que impone recortes territoriales en los Países Bajos y en el Franco Condado.

Pero en los últimos años del siglo las maniobras de las cancillerías europeas se ocupan sobre todo de tomar posiciones ante la sucesión de España. La primera mujer de Carlos II, la francesa María Luisa de Orleans, no tuvo descendencia. La opinión popular atribuía entonces la esterilidad a las mujeres que no tenían hijos, y por eso la joven reina se creó un mal ambiente, que se refleja en el juego de palabras de una copla popular: «*Parid, bella flor de lis, / que en ocasión tan extraña / si parís, parís a España. / Si no parís, a París.*» Pero no fue a París la desgraciada reina María Luisa, sino al cementerio, envenenada en 1689.

Se buscó en seguida otra esposa para el rey, y como garantía de fertilidad se eligió a Mariana de Neoburgo, que procedía de una familia numerosa de veintidós hermanos. Pero todo era inútil. Tampoco tuvo hijos Carlos II de este segundo matrimonio. ¿Quién heredaría, por consiguiente, la Corona?

Mientras los embajadores Harcourt y Harrach trataban de conseguir en Madrid un testamento de Carlos II favorable a las pretensiones de Luis XIV y del emperador respectivamente, las cancillerías negociaban entre sí a espaldas de Madrid el reparto de la Monarquía Católica. En medio de este doble juego diplomático de las potencias europeas, tocó a su fin la vida de Carlos II. Poco antes de morir redactó su tercero y último testamento, el 3 de octubre de 1700, por el que dejaba como sucesor universal de la monarquía española al nieto de Luis IV, el duque Felipe de Anjou. Los españoles que aconsejaron a Carlos II esta solución la creían más conforme a derecho; pero también la única capaz de conservar la unidad de toda la monarquía frente a la idea del reparto.

Carlos II dejaba una mala herencia. Castilla había experimentado un retroceso demográfico a lo largo del siglo, perdiendo un 20 por ciento de su población, que apenas llegaba a los 6 millones de habitantes, debido a las guerras, las pestes (sobre todo, la epidemia de 1650-1652), a la emigración a América. La economía castellana se hallaba abatida, aunque durante los años de gobierno del duque de Medinaceli y del conde de Oropesa, entre 1680-1691, se aplicaron criterios acertados, se creó la Junta de Moneda y Comercio y se tomaron medidas monetarias que acabaron con el desbarajuste anterior. Así, desde 1680 se pueden apreciar signos anunciadores de recuperación económica en Castilla, que habrían de cuajar en el siglo siguiente. En los rei-

Las guerras de los Países Bajos (la rendición de Breda captada así por los pinceles de Velázquez) **significaron una tremenda sangría para nuestro país, pues como escribiera un contemporáneo, «debajo de aquella máscara, y en el campo y figura de los holandeses, ha peleado España con la emulación de Francia, con la herejía de Alemania, con los celos de Venecia, con los horrores de Inglaterra y Escocia y con todos los disidentes de Italia».**

Nadie daba ya en 1665 larga vida al enfermizo Carlos II (que, rodeado de su corte, adora aquí la Sagrada Forma). **Un pasquín popular le retratará con singular dureza: «Vives con tal deshonor que ni reinas ni tratas de reinar y eres esclavo del imperio artificioso de los que gobiernan, siendo sólo en apariencia rey y en la verdad una estantigua y un fantasma despreciable.»**

Mientras declina el poder político de España en el mundo, la cultura artística y literaria da espléndidos frutos durante casi siglo y medio. El «Quijote» de Miguel de Cervantes (en el grabado, portada de una de sus ediciones inglesas) **será la obra maestra de la literatura universal de su tiempo y el monumento fundacional de la novela moderna.**

nos de la Corona de Aragón, en la ciudad de Barcelona y en algunos puntos periféricos, como la villa mercantil y marinera de Bilbao, también se advertían signos esperanzadores de restablecimiento del comercio y de las actividades económicas.

También la atonía intelectual que se había apoderado de los españoles en las últimas décadas del siglo XVII parecía encontrar un revulsivo en la actividad de algunos grupos renovadores del pensamiento científico moderno, como la Academia médica de Sevilla, creada en 1693. Pero quedaban ya lejanos, después de la muerte de Calderón de la Barca y de Bartolomé Murillo, los días del Siglo de Oro.

El Siglo de Oro de la cultura española

Mientras declina el poder político de España en el mundo y Castilla agota sus recursos económicos en sostener «guerras divinales» contra protestantes y turcos, la cultura artística y literaria da espléndidos frutos durante casi siglo y medio.

La construcción de El Escorial, entre 1563 y 1583, fue el monumento a la Monarquía Católica de Felipe II y, a la vez, el exponente máximo de la arquitectura española de aquel tiempo. Palacio, monasterio y panteón funerario, como se ha dicho, tradujo en piedra el espíritu de Felipe II, gracias al arquitecto Juan de Herrera. La sobriedad decorativa, las líneas geométricas, el predominio de la grandiosidad horizontal, hizo del estilo escurialense, herreriano, el modelo más característico de la segunda mitad del siglo XVI. En la decoración trabajaron los pintores de corte de Felipe II, como Juan Fernández Navarrete, que había recibido influencias italianas de Tiziano y Tintoretto, los cuales no vinieron en persona a trabajar en El Escorial, pero sí enviaron allí obras suyas. Doménico Theotocópulos, el Greco, reeducado en Venecia, no se incorporó al Escorial, porque su gran composición *El martirio de san Mauricio* no fue del agrado de Felipe II; pero se asentó en Toledo y allí dejó las mejores pruebas de su talento genial, que rompía todos los convencionalismos en la composición de la figura humana, en el colorido, en la expresión de la espiritualidad de sus personajes, poniendo una nota de misticismo en el arte. La escuela española de los grandes retratistas triunfaba con Juan Pantoja y Alonso Sánchez Coello.

Las artes plásticas, transidas casi siempre de espíritu religioso, como corresponde a las tensiones de la Contrarreforma, evolucionaban desde el Renacimiento hacia el Barroco. En el siglo XVII se abandonó la sobriedad escurialense, prefiriéndose en cambio una arquitectura que exhibe una mayor profusión decorativa, de que dan testimonio los numerosos y hermosos templos de aquella centuria. José Churriguera es el mejor exponente de la arquitectura barroca, cabeza de una dinastía que dará nombre al estilo recargado que se prolonga hasta el siglo XVIII.

En la escultura prevalecía el realismo de las figuras y de la composición, que contrastaba con la estilización clásica a la manera grecorromana. La imaginería española en madera policromada creó los retablos o las figuras exentas de los altares. La madera en la escultura, como el ladrillo empleado en la arquitectura de los templos, son materiales pobres, que sólo el artista es capaz de ennoblecer, como lo consiguieron los maestros imagineros. La escuela castellana puso acentos de dramatismo en los Cristos yacentes y en las Dolorosas, y tuvo en Gregorio Fernández su mejor artista. La escuela andaluza, más mesurada en la expresión, brilló sobre todo en las obras de Martínez Montañés y de Alonso Cano, que sintonizaron con la piedad popular mariana y cultivaron el tema de la Inmaculada.

También la música polifónica se incorporó a todo este gran movimiento del arte religioso, con Tomás Luis de Vitoria, innovador de las técnicas que, junto a Pallestrina, supo ser intérprete del espíritu del concilio tridentino, al lograr que los efectos musicales se adaptaran a la mejor inteligencia del texto religioso incorporado a ellos.

La pintura barroca española responde también al doble mecenazgo cortesano y eclesiástico predominante en aquel tiempo. El realismo y los efectos del claroscuro son características dominantes. Francisco Ribalta, influido por Tiziano, y José Ribera, que toma como modelos para sus santos a rudos campesinos castellanos, dan intenso dramatismo a sus personajes que rezan o padecen sufrimientos y martirio. Francisco Zurbarán agrega a la severidad de la composición el juego de luces de su paleta, y es también pintor de sobrios bodegones, que contrastan con la exuberancia de los coetáneos bodegones flamencos, como si en ellos se contrapusiesen dos estilos de vida. Las Vírgenes y los niños de Bartolomé Murillo exhiben la ternura amable de sus pinceles, mientras Valdés Leal muestra la tendencia melodramática barroca en el hospital de la Caridad de Sevilla.

Pero la pintura española del Siglo de Oro culmina en Diego Velázquez, pintor de cámara, precursor de los impresionistas en *Los jardines de villa Médicis,* y de toda la pintura moderna por las innovaciones de su técnica y el modo de concebir el arte, pintor del aire y de la luz, como se revela en sus grandes composiciones, *Las Meninas, La rendición de Breda, Las hilande-*

ras, o en los retratos de corte de Felipe IV, del príncipe Baltasar Carlos y del conde-duque de Olivares, o en el del papa Inocencio X y el del criado Pareja. Retratista de príncipes y plebeyos, humanizador de dioses mitológicos de la Antigüedad clásica, dominador del pincel, asombró tanto en su tiempo como en el nuestro, y ha logrado ser considerado tan actual en el siglo XX como lo fue en el siglo XVII.

Si Velázquez eleva la pintura española al más alto nivel del Siglo de Oro, el *Quijote* de Miguel Cervantes Saavedra será la obra maestra de la literatura universal de su tiempo. La buena audiencia popular del *Quijote* se comprueba en las seis ediciones que se publicaron entre 1605 y 1608, dos de ellas piráticas. Cervantes, hijo de un hidalgo pobre, no cursó estudios universitarios, a pesar de haber nacido en Alcalá de Henares, sede de una de las universidades más afamadas. Tuvo una vida azarosa: luchó y fue herido en la batalla de Lepanto, de cuyas resultas quedó manco del brazo izquierdo; cayó más tarde prisionero de piratas y estuvo cinco años cautivo en Argel; trabajó en oscuros empleos administrativos y escribió diversas obras literarias sin mucho éxito, hasta que se publicó la primera parte del *Quijote,* que viene a ser el monumento fundacional de la novela moderna.

Sobre la interpretación de las figuras de don Quijote y Sancho, sobre el contenido ideológico de la obra entera, han corrido ríos de tinta hasta nuestros días. Pero, además de haber captado el alma humana a través de la ficción literaria con la misma fuerza que su contemporáneo Shakespeare, Cervantes dominó con maestría la prosa narrativa y el lenguaje seductor, con el que encanta y entretiene a los lectores. Pero, sobre todo, logró establecer el diálogo de dos voces antitéticas que conducen a una mejor comprensión inteligente de los hombres.

A principios del siglo XVII la prosa narrativa española consagró el género literario de la picaresca, que había irrumpido cincuenta años antes brillantemente con el *Lazarillo de Tormes,* cuya primera edición fue censurada por la Inquisición, pero que Felipe II autorizó después de introducir algunas correcciones en 1573. El *Lazarillo* es contemporáneo del momento más esplendoroso de la literatura mística. El pícaro y el místico son los polos opuestos del alma humana. La literatura mística, una de las contribuciones españolas más importantes a la espiritualidad católica del siglo XVI, significa un intento de decir lo indecible, de expresar una experiencia religiosa íntima por medio de alegorías poéticas de extraordinaria fuerza espiritual. Los versos de san Juan de la Cruz, acompañados de explicaciones en prosa, en su *Cántico espiritual*, en *La noche oscura del alma*, o en *La llama de amor viva*, elevan el espíritu a la sublime pureza del éxtasis beatífico.

La literatura picaresca desciende, por el contrario, a los recovecos de un mundo cotidiano de hipocresía, trampa y degradación, en el que el pícaro bascula entre el cinismo y la travesura para sobrevivir en un medio adverso o difícil. La picaresca pone el contrapunto de la sátira al «honor» aristocrático como ideal de vida. Mateo Alemán publicó el *Guzmán de Alfarache* en 1599, Vicente Espinel la vida de *Marcos Obregón* en 1518, y el género culminó en *El Buscón* de Quevedo, tras el cual la novela picaresca parece que se agota en el *Estebanillo González*, ya mediado el siglo.

Francisco Quevedo y Villegas fue el gran cultivador de la prosa en clave de humor en *Los sueños*, además de serlo en *El Buscón*. Dueño del lenguaje, el conceptismo barroco de su estilo se convierte en filigrana para su espíritu crítico y su sátira ante la vida. Los versos burlescos, como la prosa, son el exponente más perfecto del conceptismo del siglo XVII.

En clave de prosa moralista, en la línea del antimaquiavelismo tradicional de la filosofía política española, Saavedra Fajardo, diplomático negociador en Westfalia, que muere precisamente en 1648, el año de las paces allí firmadas, escribió su *Idea de un príncipe cristiano representada en cien empresas*, en la que trasciende el desencanto de la ya inevitable derrota de España. La prosa moralista tiene también en el jesuita aragonés Baltasar Gracián un excelente cultivador, cuya novela alegórica *El Criticón* obtuvo muy amplia audiencia fuera de España.

Pero fue el teatro, representado en los «corrales de comedias» ante un público variopinto, el género literario que alcanzó mayor resonancia popular, por conectar fácilmente con los ideales y sentimientos del pueblo. La introducción del «gracioso» en la escena es un contrapunto de humor plebeyo en la comedia española de corte aristocrático.

La impresionante producción de Lope de Vega, con casi quinientas obras actualmente conservadas, es la mejor demostración de la facilidad de su ingenio. En su obra variada hay de todo, pero siempre se aprecia su especial tacto para la sensibilidad popular. En *Fuenteovejuna* y en *Peribáñez o el comendador de Ocaña* salta la protesta contra los abusos de los poderosos que han herido el honor de los humildes, y que en el rey encuentran amparo y justicia. Sus comedias de enredo amoroso, como *El acero de Madrid*, encontraron la mayor aceptación en España y en otros países de Europa.

Tirso de Molina, seudónimo del fraile mercedario fray Gabriel Téllez, hombre muy cultivado en filosofía, teología e historia, llevó a sus obras escénicas mayor preocupación por la caracterización psicológica de los personajes, sobre todo femeninos. Además del drama teológico *(El condenado por desconfiado)* compuso obras maestras como *Don Gil de las calzas verdes* y *El vergonzoso en Palacio.* Juan Ruiz de Alarcón, el envidioso rival de Lope de Vega; Luis Vélez de Guevara, que nos da una versión «picaresca» en *El Diablo Cojuelo,* y Juan Pérez Montalbán son algunos de los nombres de autores teatrales que destacan en la nutrida nómina de aquel siglo.

Pero, después de Lope, hay que subrayar el nombre de Pedro Calderón de la Barca, en quien culmina y remata el teatro del Siglo de Oro. Su lenguaje barroco, rico en metáforas y conceptos, y al mismo tiempo sonoro y solemne, de bella expresión poética, provocaba en el público una adhesión entusiasmada. Por otra parte, algunas de sus comedias se representaron con una tramoya escénica complicada y espectacular, muy del gusto barroco, que realzaba los efectos sobre el público, y que contrastaba con la sobriedad de las representaciones del teatro de Lope de Vega. También en los autos sacramentales contó con apoyo de gran aparato escénico. La abstracción filosófica y los problemas teológicos llenan de contenido la obra calderoniana, en la que sobresalen el drama filosófico *(La vida es sueño),* el drama popular *(El alcalde de Zalamea, El médico de su honra)* o la comedia de enredo *(La dama duende).* Innovador teatral en los autos sacramentales, hace de ellos esa biblia popular en imágenes escénicas, como *El gran teatro del mundo* o *La cena del rey Baltasar.* En los autos se prodiga el tema eucarístico y el mariano, los dos temas que más importaban a la religiosidad española del siglo XVII, en línea de afirmación católica frente a la Reforma protestante.

Calderón de la Barca muere en 1681. Con él se cierra el gran ciclo de la literatura del Siglo de Oro, como hemos dicho. Pero nuevos vientos comenzaban a soplar sobre la cultura española. Por entonces Nicolás Antonio escribía la *Censura de historias fabulosas,* obra que se publicó mucho después de su fallecimiento, en la que introducía la exégesis crítica y el rigor metodológico en la elaboración de la historia como género científico, además de literario. Ya nos hemos referido a la Academia de los médicos sevillanos. Eran los signos de nuevos tiempos que se avecinaban. A la era del Barroco, en que había florecido nuestro Siglo de Oro, sucedería muy pronto la era de la Razón y de la Ilustración.

CAPÍTULO 10

La monarquía reformadora de los ilustrados

Al siglo XVII español suele llamársele el siglo de la decadencia. Al XVIII debe denominársele, en cambio, el siglo de las reformas y la reconstrucción. En esa centuria se somete a examen crítico el pasado, y se espera que la luz de la razón ilumine los proyectos del futuro. Kant definió la Ilustración como la liberación del hombre de su incapacidad para servirse de su propia razón.

La nueva dinastía reinante en el trono de España creó el marco político adecuado para la revisión crítica y la ruptura con el pasado. Desligada de la tradición austracista, la Casa de Borbón española suponía una discontinuidad, una apertura hacia nuevos horizontes. Podía sintonizar con los hombres de las reformas, con los *novadores* ilustrados, que proponían el rompimiento con el legado histórico recibido. Muchas de aquellas reformas eran efectivamente necesarias, para poner en marcha un proceso de modernización de la sociedad, del pensamiento y de la economía. Algunas estuvieron bien planteadas y se ejecutaron con acierto; pero otras veces, al llevar a cabo algunos proyectos, se hicieron las cosas con poco tino. También se cometieron pecados de frivolidad por hombres de aquel siglo que se tenían por ilustrados y que no pasaban de ser «eruditos a la violenta», satirizados por Cadalso.

En España se dieron las condiciones precisas para que se pudiera establecer, por tanto, una buena relación entre la monarquía absolutista y los reformadores. No ocurrió aquí como en Francia, donde la «inteligencia» reformista y la autoridad monárquica se situaron en planos diferentes y enfrentados, hasta desembocar en la Revolución. Un hombre de ideas roussonianas, León del Arroyal, explicaba a fines de siglo el mecanismo de la relación establecida en España: «Yo bien sé que el poder omnímodo de la monarquía se expone a los males más terribles, pero también conozco que los males envejecidos de la nuestra sólo pueden ser curados por el poder omnímodo.» Así se conciliaban el absolutismo y las reformas. Años antes, un ilustrado francés, Fontenelle, para justificar al zar Pedro I, había sostenido el mismo argumento: que el despotismo es legítimo cuando se ejercita para el progreso. Es la justificación que siempre se han atribuido a sí mismas todas las dictaduras que en el mundo han sido, hasta nuestros días.

El «poder omnímodo» era el «nervio de la reforma» y aquel poder se puso a disposición de los reformadores ilustrados. Son éstos los que gobiernan casi siempre y practican la dictadura reformista, que algunas veces encontrará resistencias, incluso dentro de la corte; pero nunca faltó el apoyo del monarca a los gobernantes promotores de las reformas.

La nueva dinastía

Felipe V había aceptado el testamento de Carlos II por el que era llamado a suceder en todos los reinos y dependencias de la monarquía española, con el beneplácito y el apoyo de su abuelo Luis XIV. «Ya no hay Pirineos», se dijo. Pero hubo guerra. El candidato austriaco, el archiduque Carlos, logró que se formara contra los Borbones una gran coalición, en la que se aliaron con Austria, Inglaterra, Holanda, Saboya y Portugal. La guerra, llamada de la Sucesión de España, duró más de once años. Se combatió en diferentes escenarios: en las fronteras del este de Francia, en Baviera, en los Países Bajos, en Italia, donde la suerte de las armas fue adversa a Francia; y en la Península ibérica, donde la lucha se convirtió en guerra civil, además del trasfondo internacional de la misma, porque los reinos de la Corona de Aragón se pusieron de parte del pretendiente austriaco. Una expedición naval inglesa, que ocupó Gibraltar, desembarcó luego tropas del archiduque en Valencia y Cataluña. Por el contrario, Navarra, el señorío de Vizcaya y las provincias vascas, Castilla, Andalucía y Galicia sostuvieron a Felipe V, que logró decisivas victorias en Almansa, en 1707, y en Brihuega-Villaviciosa en 1710.

El cansancio de la guerra y el acceso del archiduque Carlos al trono imperial obligaron a negociar la paz en Utrecht, concluida en 1713, aunque el nuevo emperador, Carlos VI, quiso prolongar en solitario la guerra hasta el tratado de Radstadt, en 1714, en el que abandonó a su suerte a sus fieles catalanes.

Los tratados de Utrecht establecieron el sistema de potencias que subsistió hasta la segunda mitad del siglo XVIII. Se basaba en los principios que había sostenido Inglaterra: el equilibrio continental europeo y la libertad de los mares. Para asegurar ese equilibrio se imponía el reparto de la monarquía española, que renunciaba a los Países Bajos y a las posesiones italianas en favor de Austria y Saboya. A Felipe V se le reconocía como rey de España y de las Indias, pero hubo de ceder a Inglaterra la plaza de Gibraltar y la isla de Menorca.

Durante los años subsiguientes a Utrecht alentó en la corte y en algunos sectores sociales españoles un revanchismo emocional, excitado sobre todo por la idea de recuperar Gibraltar y Menorca. A esto se unieron muy pronto las ambiciones italianas de la segunda mujer de Felipe V, la parmesana Isabel de Farnesio. Así España quiso desafiar el sistema de Utrecht y emprendió, por instigación de Alberoni, las conquistas de Cerdeña y Sicilia, a las que puso fin el ataque por sorpresa, sin previa declaración de guerra, de la escuadra inglesa en cabo Passaro a la flota española, que se había conseguido improvisar en poco tiempo y quedó destruida.

Tras este episodio italiano, el enfrentamiento de Felipe V con el regente francés, por las pretensiones de aquél de recuperar sus derechos al trono de Francia, motivó la renuncia a la Corona española en 1724 en favor de su hijo Luis I, que falleció a los seis meses, retomando Felipe V la Corona. El intento posterior de establecer una alianza con Viena, por iniciativa del aventurero barón de Ripperdá, terminó en un fracaso diplomático. Después de estas tentativas guiadas por la pasión y la frivolidad de Isabel de Farnesio, Felipe V volvió a buscar en la alianza francesa el apoyo internacional para establecer a los hijos de su segundo matrimonio, Carlos y Felipe, en sendas soberanías propias en Italia. Lo consiguió finalmente, al lograr que en el tratado de Aquisgrán, en 1748, se reconociera a Carlos en la posesión del reino de Nápoles y Sicilia y al infante Felipe en el ducado de Parma, después de tomar parte en varias guerras.

La liquidación de la guerra de Sucesión en la Península había tenido también una consecuencia política interna: la imposición de la Nueva Planta en Aragón, Valencia, Cataluña y Mallorca, como castigo de la infidelidad en que habían incurrido al sumarse a la causa del archiduque contra Felipe V. Hasta entonces los reinos de la Corona de Aragón, como los demás de la monarquía, habían conservado su personalidad histórica y sus instituciones diferenciadas. La Nueva Planta era un proyecto centralizador de la administración y del gobierno. Desaparecían las cortes de aquellos reinos, incorporándolas a las de Castilla. Durante muchos años se mantuvo vivo allí el sentimiento de rechazo propiciado por la Nueva Planta.

El sucesor de Felipe V fue el hijo de su primer matrimonio, Fernando VI. A él le tocó liquidar en Aquisgrán la guerra que había heredado del reinado anterior. Estableció luego una política de neutralidad armada y vigilante, basada en la neutralización de Italia, en el arreglo de las diferencias con Inglaterra por el tratado llamado «de compensación recíproca», y en el tratado de límites en América con Portugal, firmado en Madrid en 1750.

Desentendidos así de los conflictos bélicos, pudo concentrarse el esfuerzo de los gobernantes en impulsar todas las actividades del país, culturales y económicas, y a promover la marina, tanto mercante como de guerra. Felipe V había creado en 1717 la nueva Armada Real, luego la Academia de Guardias Marinas, y se planteó la infraestructura de arsenales y astilleros para la construcción naval, y las disposiciones orgánicas pertinentes. En esta labor había sobresalido el ministro Patiño, y fue continuada por el marqués de la Ensenada, uno de los mayores talentos organizadores del siglo XVIII. Entendía Ensenada muy claramente que la política naval de España no era una mera cuestión de potencia, sino de supervivencia, si quería conservar sus dominios ultramarinos y proteger las costas peninsulares. Aunque España sola no podría hacer frente a la muy superior marina británica, sí sería posible conjuntamente con la fuerza naval francesa. Por eso programó la construcción de 70 navíos de línea, 65 fragatas y otro número proporcionado de embarcaciones menores. En la ejecución de su plan tuvo un buen colaborador en Jorge Juan, que diseñó un modelo de navío «a la inglesa» y logró traer a España constructores ingleses, sorteando a veces rocambolescamente las prohibiciones británicas.

Al marqués de la Ensenada se debe también el primer anteproyecto importante de reforma fiscal, para sustituir el irracional y antieconómico régimen impositivo existente por una «contribución única», aspiración entonces en boga entre los tratadistas europeos de temas económicos. Para ello se requería previamente conocer la realidad de la riqueza española, por lo que puso en marcha los trabajos del «catastro» en las provincias contribuyentes de Castilla, siguiendo el ejemplo llevado a cabo por Patiño en Cataluña en 1714. El catastro de Ensenada sigue siendo hoy una de las fuentes históricas más importantes para estudiar la economía española del siglo XVIII.

La diferencia de criterios entre Ensenada y Carvajal y Lancaster, que era el ministro de asuntos exteriores de Fernando VI, o secretario de Estado como entonces se decía, divergencias que abarcaban ciertas cuestiones de política económica, así como de la política internacional, degeneró en un enfrentamiento que no se zanjó hasta la muerte de Carvajal, ocurrida en 1754. Pero entonces una gran intriga política manejada por el embajador británico en Madrid, Benjamin Keene, consiguió la destitución del marqués de la Ensenada. Había observado con preocupación el gobierno inglés el rearme naval español impulsado por Ensenada; por eso, cuando cayó éste, pudo escribir el embajador Keene a Londres, con no disimulado gozo: «Ya no se construirán más barcos.» Aunque se equivocó en sus predicciones a largo plazo, es cierto que el ritmo del rearme naval español se redujo por algún tiempo.

El padre Feijoo y la Ilustración

La discontinuidad respecto al pasado afectó también al orden cultural. En España la cultura del siglo XVIII tendrá en adelante el sello peculiar de toda cultura de elite: se atiende al cuidado de las formas, dentro de cierto narcisismo introvertido, y se ponen los ojos también en los modelos que vienen de fuera, sobre todo italianos y franceses, que sirven de ejemplo. Esta cultura se despega de la savia popular que había animado la tradición artística y literaria del Siglo de Oro. La vecindad histórica y geográfica, más las afinidades lingüísticas y las relaciones políticas con Francia e Italia explican esas influencias. Por mucho tiempo las creaciones artísticas españolas se dejaron ganar por los modelos de un arte cortesano y académico, hasta que a fines de siglo el genio de Goya y el gusto de los prerrománticos volvieron a entroncar con las raíces populares españolas.

La cultura de la Ilustración en España se propuso renovar el pensamiento filosófico y estimular el cultivo de las ciencias físicas y naturales, con un marcado sentido pragmático. La figura más eminente de la Ilustración española, el gallego padre Benito Jerónimo Feijoo, empezó a publicar en 1724, a la edad de cuarenta y ocho años, después de muchas lecturas y reflexiones en su monasterio benedictino. Hasta su muerte, ocurrida en 1764, escribió los quince tomos del *Theatro crítico* y de las *Cartas eruditas*. Es el arquetipo del intelectual reformista, aunque para él las reformas no debían ser incompatibles con el legado positivo de los tiempos anteriores. Era el mejor modo de evitar que la elite de los ilustrados se distanciara de la masa indiferenciada que, si carecía de guías, sería proclive a caer en vulgares casticismos.

La introducción de las corrientes innovadoras en los medios intelectuales desencadenó vivas polémicas. Los detractores de lo nuevo atacaron a los *novadores,* y el mismo padre Feijoo no se libró de los ataques aunque el rey Fernando VI intervino personalmente para protegerle. La familia intelectual de los ilustrados, por su parte, no siempre se hallaba bien avenida. Éste es el caso de las disputas y mutuas descalificaciones prodigadas entre Feijoo y el valenciano Gregorio Mayans, la otra gran figura de la Ilustración española a mediados del siglo XVIII. Eran dos temperamentos y dos estilos diferentes. Mayans constituye un ejemplo del sabio erudito, riguroso en el método pero de pluma nada fácil, al que pocos lectores eran accesibles. En cambio, Feijoo cultivaba el ensayo como género literario, escribía con pluma ágil, con la desenvoltura de un periodista moderno. Debelador incansable de errores comunes, fue, sin duda, el autor más leído en su tiempo en España y en la América de habla española. Una de las personalidades preclaras de la Ilustración peruana, Peralta Barnuevo, coetáneo del benedictino gallego, dijo en verso de Feijoo que «del ingenio humano, si se eligiera, él fuera el soberano».

La siembra realizada por Feijoo y por otros hombres de su tiempo fructificó más tarde, en el reinado de Carlos III, la gran época del reformismo ilustrado y de la Ilustración española. Entonces es cuando adquieren todo su relieve los proyectos de reformar España por la vía educativa, cuyo objetivo era transformar las mentalidades e inculcar un estilo nuevo de vida que, prescindiendo de los hábitos aristocráticos, se ajustara mejor a una escala de valores utilitarios, de los que se desprendería el bienestar material de los ciudadanos y el enriquecimiento de la monarquía. Se ha dicho con razón que la búsqueda de esa felicidad era algo así como el Santo Grial de los ilustrados de todos los países europeos.

Una sociedad aristocrática y campesina

Las reformas de los ilustrados se proyectaban sobre una sociedad que durante más de dos siglos había propendido a mantener un orden estable. Era aquélla una sociedad fuertemente jerarquizada por estamentos, una sociedad de amplia base campesina sobre la que ejercían su prestigio y su poderío la aristocracia y el clero, o sea, los altos estamentos u órdenes. El concepto organicista y biológico de la sociedad trataba de justi-

Felipe V (en el cuadro de Van Loo, con su familia) **había aceptado el testamento de Carlos II con el beneplácito y apoyo de su abuelo Luis XIV. «Ya no hay Pirineos», se dirá al comenzar el siglo XVIII. Pero hubo guerra. Y, en la Península, una guerra civil que acabaría con la imposición de los centralizadores decretos de Nueva Planta. Ello significará la desaparición de las Cortes en los reinos que apoyaron al Pretendiente austríaco, esto es, Aragón, Valencia, Cataluña y Mallorca.**

El primer Borbón se planteó la reconstrucción de nuestra infraestructura marítima, labor en la que sobresaldría el ministro Ensenada (en la imagen), **uno de los mayores talentos organizadores de la época. Entendía Ensenada que la potencia naval de España no era una mera cuestión de «grandeur», sino de supervivencia si quería conservar sus dominios ultramarinos y proteger las costas peninsulares.**

El reinado de Carlos III (aquí su llegada a Madrid en el año 1760) **es la gran época del reformismo ilustrado. Se trata de transformar, por medio de la enseñanza, las mentalidades y de inculcar un nuevo estilo de vida que, prescindiendo de los hábitos aristocráticos, se ajustara mejor a una escala de valores utilitarios. De lo que se desprendería el bienestar material de los ciudadanos y el enriquecimiento de la monarquía.**

ficar la diferenciación estamental por analogía con los seres vivos, en los que cada órgano desempeña una función específica y diferente. Así, a la aristocracia correspondía el mando militar y político, al clero el cuidado espiritual, y al «estado general» o estamento popular proveer a las necesidades del trabajo material o las actividades económicas del comercio.

La base demográfica de esa sociedad experimentó en el siglo XVIII un fuerte tirón expansivo, preludio de la explosión demográfica del siguiente siglo, gracias a las mejoras en la alimentación y en las condiciones sanitarias. En la segunda mitad del siglo se realizaron tres censos generales de población, bajo los auspicios del conde de Aranda, del conde de Floridablanca y de Godoy, respectivamente. Los datos de esos censos, ligeramente corregidos por la demografía histórica actual, nos permiten estimar que la población española en 1768 era aproximadamente de diez millones de habitantes, y de once millones y medio en 1797.

En el conjunto de esa población los estamentos privilegiados representaban menos del 8 por ciento, con una fuerte tendencia a disminuir los componentes numéricos de la aristocracia, como consecuencia de la reducción de las hidalguías efectuada por Carlos III. Así, los hidalgos, que en el censo de 1769 eran todavía 722 794, habían descendido a 402 059 en el de 1797. Carlos III justificó el «desmochamiento» de las hidalguías del norte cantábrico (Asturias y Cantabria) «por el perjuicio que causa al estado llano la exención (tributaria) del hidalgo», pero también para eliminar el factor de pereza y ociosidad en que incurrían muchas gentes de condición hidalga, sobre todo las de escasas rentas que se empeñaban en adoptar modales nobiliarios.

Por el contrario, crecieron numéricamente los altos escalones de la nobleza titulada. Los Grandes de España, que eran veinticuatro cuando Carlos V creó esa distinción, y que eran medio centenar al comenzar el siglo XVIII, llegaron a ciento trece al finalizar el reinado de Carlos III. Los títulos del reino, que no llegaban a cuatrocientos al advenimiento de Felipe V, se duplicaron a lo largo del siglo. Los primeros monarcas de la Casa de Borbón prodigaron la concesión de títulos para premiar los servicios a la Corona y el desempeño de altas funciones burocráticas, yuxtaponiendo esta nobleza de servicio a la antigua y altiva aristocracia.

El estamento eclesiástico conservó la estabilidad. Aparte las monjas y los beneficiados de órdenes menores, pertenecían a él unos 17 000 curas párrocos y un número reducido de obispos y altas dignidades que integraban el clero secular, así como un total de 52 000 religiosos del clero regular.

Todas las demás gentes pertenecían al «estado general», nada homogéneo, por las diferencias de nivel económico y de estimación social en el seno del mismo. Persistía en el siglo XVIII la descalificación social de los oficios llamados *viles*, como legado de la mentalidad aristocrática de que se hallaban impregnados también los sectores populares. Bajo Carlos III se puso gran énfasis para reivindicar la honra civil de todos los oficios, tras una tenaz campaña de mentalización en la que intervinieron notables escritores, además de los hombres de gobierno. El padre Feijoo había abierto brecha en este punto, como en tantos otros, señalando la utilidad pública de los oficios mecánicos, merecedora de dignificar a quienes los ejercían. El real decreto de 18 de marzo de 1783 declaraba que la aplicación a los oficios mecánicos de cualquier clase «no envilece ni la familia ni la persona que los ejerce, ni la inhabilita para obtener los empleos municipales... ni tampoco han de perjudicar las artes y oficios al goce y prerrogativas de la hidalguía». Fue un paso importante para desterrar de la mentalidad colectiva la discriminación social que pesaba sobre los oficios mecánicos.

La estabilidad era una connotación propia de la sociedad estamental. Los hombres nacían, vivían y morían dentro de la misma condición. Prácticamente no existía movilidad social. Sólo raras veces se escapaba del estado general para ascender a los altos estamentos. Los hechos heroicos en la milicia o la carrera eclesiástica eran casi las únicas vías de ascensión social. La estabilidad quedaba protegida por los matrimonios entre gentes de igual condición y por la institución de los mayorazgos. Era muy raro que se produjeran matrimonios «desiguales». Los mayorazgos, por su parte, preservaban los patrimonios aristocráticos, al sustraerlos del libre comercio de bienes, con lo que se tendía a conservar, de generación en generación, los mismos bienes en manos del mismo número de titulares. Así permanecía estable el soporte económico de las familias nobles.

Los ilustrados, en su crítica al orden social aristocrático, pusieron en tela de juicio la utilidad social de la nobleza. Se repitieron una y otra vez las denuncias contra la «nobleza ociosa». Algunos, como Jovellanos, creían conveniente mantener un «cuerpo intermedio» entre la monarquía y el estado general como factor de equilibrio. La aplicación de la nobleza a las actividades económicas, la *nobleza comerciante,* y la impregnación de estímulos burgueses en la mentalidad nobiliaria de este siglo constituyeron una línea de repliegue de las antiguas posiciones aristocráticas. Las Sociedades Económicas de Amigos del País sirvieron de marco institucional a la actividad pública de esa aristocracia, al lado de los funcionarios y de los eclesiásticos ilustrados, los tres elementos sociales que dieron las mayores aportaciones a esas sociedades.

Durante el reinado de Carlos III se emprendió también la ofensiva intelectual y legal contra los mayorazgos. Se fundaba en la doctrina de la regalía de amortización defendida por Francisco Carrasco, que luego fue marqués de la Corona, y por Pedro Rodríguez Campomanes, que sería hecho conde de Campomanes, según los cuales era competencia del rey la desamortización de los bienes de «manos muertas», eclesiásticas o nobiliarias. Por su parte, Floridablanca desde el gobierno y apoyándose en razones estrictamente económicas, que expuso en la *Instrucción a la Junta de Estado* de 1787, estableció límites al derecho de amayorazgar. Uno de los jurisconsultos ilustrados, Juan Francisco de Castro, en sus *Discursos críticos* de 1770, aseguraba que, desaparecidos los mayorazgos, los nobles conservarían unos «títulos góticos», pero que se empobrecerían, confundiéndose «con la más ínfima plebe».

También Carlos III afianzó la base doctrinal de la reversión de los señoríos a la Corona, como medio de corregir el poder aristocrático en la sociedad rural. Los señores civiles o eclesiásticos ejercían jurisdicción directa sobre los vasallos. Más de 8 000 villas y lugares, con la cuarta parte de la población española, estaban sujetos a la jurisdicción señorial, que administraba justicia en primera instancia, nombraba los cargos municipales, cobraba derechos dominicales y se reservaba los monopolios de molino, lagar, horno y figón. Los pueblos de señorío trataban de salir de esa condición y pasar a la de *realengo,* o sea, al régimen ordinario.

Por fin, la literatura prerromántica defendió la libertad de los cónyuges en la elección matrimonial, proclamando los derechos del amor por encima de las conveniencias sociales. El teatro de Fernández Moratín recoge los ecos de esta proclamación de los sentimientos que tiende a romper las normas convencionales establecidas.

La ofensiva intelectual, en sus múltiples manifestaciones, y la ofensiva legal de los gobernantes ilustrados minaban algunos pilares importantes de la sociedad estamental, que entraba así en un proceso de disolución irreversible.

El reformismo económico de los ilustrados

Los hombres del siglo XVIII hablan mucho de felicidad, de bienestar, de prosperidad, es decir, de disponer de bienes abundantes para satisfacer un número creciente de necesidades y para atender, además, al enriquecimiento del Estado. Éste es el dominio de la economía civil, que, según Jovellanos, es «la ciencia que enseña a gobernar, cuyos principios no ha corrompido el interés, como los de la política».

Se pretendía, en efecto, aumentar las fuentes de riqueza y modificar las estructuras que se consideraban antieconómicas. Pero una cosa es que se diera prioridad al tema económico y otra que se perfilara una política económica coherente.

Se puso atención, sobre todo, en la agricultura, porque en aquel sector estaba la principal fuente de riquezas. Según las estimaciones que establecen el producto interior bruto, a fines del siglo, en 11 000 o 12 000 millones de reales, corresponden al sector agrario dos terceras partes. Las formas de posesión y uso de la tierra, así como los cultivos y las técnicas ofrecen un variado muestrario regional. En extensas áreas geográficas, en la submeseta Sur y en Andalucía, prevalecían los latifundios. En la cornisa cantábrica, en el Levante mediterráneo y en algunas comarcas castellano-leonesas, por el contrario, prevalecía un régimen de pequeña propiedad o de arrendamientos enfitéuticos que favorecían el asentamiento de los cultivadores en unidades familiares de explotación. La distribución del número de jornaleros por la geografía agraria refleja esta situación dispar. En algunas provincias castellanas no rebasa su número del 5 por ciento de la población campesina, mientras que en Córdoba o Sevilla sobrepasaban el 80 por ciento.

El proyecto de reforma agraria de Campomanes se basaba en la acción reguladora del Estado para limitar la extensión de las propiedades agrarias y controlar los arrendamientos. Se proponía corregir la antieconómica estructura latifundista y ampliar el número de cultivadores de tipo medio. El clasicismo cultural de Campomanes le hacía soñar con una especie de *lex agraria* romana, que estableciera el marco legal para una reforma según los dictados de la razón. En España había 8,5 millones de hectáreas cultivadas y se estimaba que otros 10 millones eran susceptibles de cultivarse. Si no tuvo éxito Campomanes fue por la roturación de tierras baldías, impropias para el cultivo, por lo que muy pronto se esquilmaron; y por la falta de crédito agrícola para ayudar a los labradores que no disponían de capital suficiente. El experimento sociológico de crear una sociedad agraria modelo, totalmente nueva, en las «Nuevas poblaciones» de Sierra Morena y de la Baja Andalucía, una especie de Arcadia feliz, con pobladores venidos de Alemania y Francia, y con nuevas normas legales contenidas en un nuevo Fuero de población, sólo tuvo resultados muy mediocres.

El fracaso de Campomanes indujo a Floridablanca a promover la transformación agraria mediante una política práctica más modesta, de pequeños logros, de canales y regadíos, de arreglo de las comunicaciones, de fomento de plantíos, que hacen a este ministro pionero de la repoblación forestal. El expediente de la ley agraria seguía su curso y, en 1794, Jovellanos emitió su famoso informe. Desde los puntos de vista sustentados por Campomanes a los de Jovellanos hay un desplazamiento muy significativo que va desde el intervencionismo dirigista al liberalismo económico, que era ya un preludio del siglo XIX.

En un solo tema hubo unanimidad de criterios y se practicó una política coherente, y fue en la supresión de los privilegios de la Mesta, que libraría a las tierras de cultivo de la supeditación a la ganadería trashumante.

El siglo XVIII había heredado los criterios proteccionistas del mercantilismo tardío respecto a la industria, y el concepto de empresas protegidas se extendió desde las Reales Fábricas, o empresas estatales, a las privadas. Este proteccionismo tropezaba en todo caso con las ventajas concedidas a los productos extranjeros, sobre todo a los ingleses por los tratados de 1667 y 1715. Pero eran muchos los obstáculos que se oponían al crecimiento de la industria artesana, desde la escasez de capitales hasta la falta de espíritu empresarial, que sólo tímidamente dio señales de vida en los Consulados y Juntas de Comercio, o en iniciativas aisladas, como la Real Compañía Guipuzcoana de Navegación a Caracas, o en modestas empresas del sector textil y alimentario. A fin de cuentas, es el espíritu empresarial el que da la medida de la capacidad del factor humano en el desarrollo de la economía moderna. Precisamente fue el sector textil algodonero catalán el que en este siglo logró un despegue bastante pujante al fabricar con éxito las «indianas», o algodones estampados.

Las realizaciones más importantes de la política económica se alcanzaron en el capítulo de la infraestructura de las comunicaciones interiores y en el sector comercial. La complicada orografía de la Península y la falta de ríos navegables habían puesto siempre grandes trabas al desarrollo de las comunicaciones interiores. Desde las calzadas romanas no se había hecho nunca un plan general que encauzase este problema. El marqués de la Ensenada y el conde de Floridablanca idearon y pusieron en práctica las medidas para afrontarlo: la construcción de canales navegables y las carreteras. De los tiempos de Ensenada son dos de las más importantes obras que entonces se hicieron: la carretera de Guadarrama y la de Reinosa-Santander, así como el proyecto del canal de Castilla. Pero el gran constructor de carre-

Los hombres de la Ilustración hablan mucho de felicidad, de bienestar, de prosperidad. Éste es el dominio de la economía civil, que, según Jovellanos (visto así por Goya), es «la ciencia que enseña a gobernar, cuyos principios no ha corrompido el interés, como los de los políticos». Se puso, sobre todo, atención en la agricultura, porque en aquel sector estaba la principal fuente de riqueza.

El advenimiento de Carlos IV coincidió con los comienzos de la Revolución francesa... y con un frenazo en la tasa acumulativa de crecimiento, situada alrededor del 1,5 % anual durante el reinado de su padre. Godoy (en la imagen) trató de continuar por la senda «carlotercerista»; pero la arbitrariedad de su conducta «política» y la inmoralidad de su conducta «privada» —que salpicó a Carlos IV y a su esposa, la reina María Luisa— hizo que tuviera frente a él a la mayor parte de la aristocracia y al alto clero.

Las realizaciones más importantes de la política económica se alcanzaron en el capítulo de la infraestructura de las comunicaciones interiores y en el sector comercial hispano-americano. El gran constructor de carreteras había de ser Floridablanca (en el grabado). En su testamento político de 1792 manifestaba legítima satisfacción por haber construido 300 leguas (1 legua = 5,57 km) de caminos reales de los mejores de Europa.

teras había de ser Floridablanca, que en su testamento político de 1792 manifestaba una legítima satisfacción por haber construido 300 leguas (1 legua = 5,57 km) de caminos reales, además de otros muchos reparados, que ponían aquellas carreteras al nivel de las mejores de Europa, como reconocían los extranjeros que viajaron por España a fines de siglo. El plan de carreteras de Floridablanca consistía fundamentalmente en una red radial de caminos que, desde Madrid, irradiaban hacia la periferia peninsular, como si se tratara de una trasposición del espíritu centralizador y geométrico de la época.

Desde principios de siglo la economía comercial y el comercio hispanoamericano habían constituido la gran esperanza para la restauración económica de España. A comienzos del reinado de Carlos III se intensificaron los proyectos para el arreglo del comercio con las Indias y pronto se tomaron algunas medidas liberalizadoras, que culminaron en la reglamentación del comercio libre, en 1778. Dieciséis puertos habilitados de la Península entraban en concurrencia con el antiguo puerto monopolístico de Cádiz. En veinte años las transacciones se multiplicaron por diez. También se intensificó el comercio con los países europeos, que hacia 1790 representaba el 60 por ciento de nuestras exportaciones y el 72 por ciento de las importaciones. El florecimiento de los puertos comerciales de Bilbao, Santander, La Coruña, Málaga, Valencia y Barcelona da testimonio del nuevo empuje que había adquirido este sector.

En cuanto al comercio interior, la aspiración sostenida en tiempos de Carlos III fue la de eliminar las trabas que se oponían al desarrollo del mercado (aduanas interiores, dificultad de comunicaciones, complejidad de pesos y medidas, tasas y restricciones a la circulación de mercancías). El aislamiento geográfico y las trabas legales mantenían extensas áreas de la España interior casi en un estado de economía natural. La pragmática sobre la circulación y comercio libre de granos de 1765 constituye el exponente más notorio de esta voluntad política reformista, que tendía a favorecer la formación de mercados.

A lo largo de los treinta años del reinado de Carlos III, el producto interior bruto experimentó un crecimiento importante para aquellas fechas, con una tasa acumulativa anual que, a precios constantes, se puede situar alrededor del 1,5 por ciento anual. Al finalizar aquel reinado parecían razonables las expectativas de paz que permitirían proseguir el impulso de la economía española. Pero aquel horizonte de paz en Europa se turbó muy pronto por la gran tormenta desencadenada por la Revolución francesa.

Carlos III. El absolutismo ilustrado

Carlos III había sucedido a su hermano Fernando VI en 1759. Su largo reinado constituye el mejor exponente del absolutismo ilustrado español. El «despotismo ilustrado» no es propiamente una doctrina política, sino un estilo de gobierno. En España, como en otras grandes monarquías absolutistas (Austria, Francia, Portugal, Prusia, Rusia), los gobernantes ilustrados dieron prioridad a las cuestiones económicas, en un siglo en que se perfilaba el tratamiento científico de la economía política.

Fue uno de los fisiócratas franceses, Le Mercier de la Rivière, que en 1767 publicó *El orden natural de las sociedades,* quien mejor quiso establecer el fundamento doctrinal del despotismo ilustrado. Intentaba racionalizar el absolutismo, que por su propia naturaleza es ajeno a todo soporte racional, y que desde el siglo XVII se hallaba sometido a la crítica demoledora de los tratadistas de la filosofía y del derecho natural.

Carlos III, celoso de su poder como monarca absoluto, no hizo dejación nunca de su autoridad indiscutida. Pero el mérito que no le regatean los historiadores es el de haberse rodeado de ministros competentes, en quienes depositó su confianza y los recursos del poder. La figura humana de Carlos III no es deslumbradora: no fue un hombre dotado excepcionalmente para la política, ni para el trato humano, ni para la guerra. No quiso atribuirse la aureola del héroe. Siendo muy joven dijo que le gustaría pasar a la historia con el sobrenombre de Carlos el Sabio. Tampoco con este título le distingue la historia, pero le reconoce los atributos de la *aurea mediocritas* en la que prefirió instalarse y desde la que fue de hecho el rey de los ilustrados.

Carlos III y sus ministros trataron de comunicar a los españoles, con mejor o peor acierto, un proyecto de futuro, en el que se cifraran sus esperanzas y sus aspiraciones. Durante la primera parte de su reinado estuvo auxiliado por ministros de origen italiano, como los marqueses de Esquilache y de Grimaldi. Después del motín ocurrido en Madrid contra el primero de ellos, en 1766, y tras el relevo de Grimaldi diez años más tarde, el gobierno quedó en manos de ministros españoles. José Moñino, al que hizo conde de Floridablanca, fue el primer secretario de Estado, en tanto que el conde de Aranda y Campomanes dirigieron el Consejo de Castilla, que se había convertido de hecho en la más alta institución del reino después del rey.

El absolutismo de Carlos III se reforzó con las doctrinas regalistas, en virtud de las cuales la Corona aumentó su intervención en la administración eclesiástica. El regalismo ilustrado se proponía la subordinación de la Iglesia al Estado en un orden supuestamente racional de poderes. El rey absolutista no admitía lo que consideraba «un Estado dentro del Estado» y quería, en realidad, instrumentalizar a su favor la fuerza social de la Iglesia.

Por otra parte, los regalistas se enfrentaban con los abusos evidentes de la Curia romana, sobre todo en materia económica, pero a veces se excedieron y, disparando por elevación, apuntaron contra la Iglesia como autoridad autónoma.

El concordato de 1753 había puesto fin a una primera etapa de la pugna por las regalías de la Corona, y en él se otorgó al rey el Patronato universal de la Iglesia española y otras ventajas, que en verdad hacían del monarca el protector providencial de la Iglesia. Indudablemente Carlos III quiso mandar en la Iglesia. En 1762 el arzobispo Bonifaz fue castigado por publicar un breve pontificio sin autorización real; en 1767 expulsó a los jesuitas, sin explicar las razones «que guardaba en su real pecho»; en 1768 confirmó por unilateral decisión la regalía del *exequatur* o pase regio sobre los documentos pontificios. En esta línea de progresión regalista no resulta sorprendente que en la época de Carlos IV se llegara a perfilar una especie de «Iglesia nacional», potenciando el episcopalismo frente a la autoridad pontificia, como pretendió hacer el ministro Urquijo en un famoso decreto de 1792.

La polémica sobre las doctrinas regalistas sirvió de pretexto también para la intromisión de la autoridad real en el gobierno de las universidades. En 1770 el bachiller Ochoa defendió una tesis doctoral en la Universidad de Valladolid opuesta a las regalías de la Corona. Además del castigo de Ochoa y de los profesores que habían aprobado aquella tesis, el gobierno decidió nombrar un *censor real* en cada una de las universidades, junto a los *directores permanentes* designados por el Consejo de Castilla, una especie de comisarios políticos al margen del rector y de las autoridades propiamente académicas. En adelante se exigiría a los graduados el juramento de fidelidad a la autoridad civil. Se trataba, pues, del sometimiento ideológico de la universidad a las directrices políticas del gobierno.

La reforma de las universidades y de los colegios mayores no dio, sin embargo, los resultados esperados en cuanto a la modernización de los estudios, salvo contadas excepciones, como el caso de Valencia y, a final de siglo, el de Salamanca, bajo el gobierno del obispo Antonio Tavira, prototipo de eclesiástico ilustrado, a quien Jovellanos tuvo en gran estimación.

El fracaso de las reformas de las universidades le hizo proponer a Cabarrús, en 1792, el cierre de aquéllas, a las que calificaba de «cloacas de la Humanidad», como se habían cerrado antes los colegios mayores.

La política del Tercer Pacto de Familia

La preocupación por salvaguardar la América española del creciente expansionismo británico determinó a Carlos III a firmar una nueva alianza con Francia, en 1761, por el tratado denominado Tercer Pacto de Familia. Los desfavorables resultados de la guerra de 1762 no debilitaron la alianza hispanofrancesa, que dio lugar en 1779 a una nueva guerra contra Inglaterra, en apoyo de los nacientes Estados Unidos de América. La paz de Versalles, en 1783, al poner fin a esta guerra valió a España la recuperación de Menorca, aunque no se pudo obtener la de Gibraltar, que había sido uno de los objetivos preferentes de la acción militar española.

Unos años antes, en 1777, se habían zanjado también las viejas disputas con Portugal por la posesión de la colonia del Sacramento, en el Río de la Plata, con la recuperación de aquel territorio tras una corta y victoriosa guerra.

Uno de los objetivos alcanzados por la política internacional y la diplomacia de Carlos III fue el poner término a la anacrónica situación en que se encontraban las relaciones con Marruecos y con los turcos desde el siglo XVI, enemigos tradicionales con los que se mantenían larvadas hostilidades en el mar. En 1767 se firmó el primer tratado de paz y amistad con Marruecos, y en 1782 el primer tratado de paz y comercio con la Sublime Puerta Otomana, que creaba expectativas de apertura al comercio español en los mercados del Mediterráneo musulmán. Sin embargo, la paz con los moros y los turcos no evitó que el bey de Argel mantuviera sus acciones piráticas contra los españoles y se negara a sumarse a un acuerdo de paz, lo que motivó una fracasada expedición española contra Argel en 1775 y unos reiterados bombardeos navales posteriores que, por fin, doblegaron la resistencia argelina en 1785. Floridablanca quiso más tarde consolidar las siempre ambiguas relaciones con Argel, cediendo sin contrapartida la plaza de Orán en 1790; pero en su testamento político prevenía contra la versatilidad e inconstancia de los gobernantes argelinos.

España y la Revolución francesa

El advenimiento de Carlos IV coincidió con los comienzos de la Revolución francesa. El reformismo carlotercista quedó frenado inmediatamente bajo los efectos de los sucesos revolucionarios de Francia. Floridablanca, que se mantuvo al frente del gobierno hasta 1792, no pudo evitar que circularan por España libros, folletos y periódicos franceses; y no pudo tampoco salvar la vida de Luis XVI. La ejecución de éste en la guillotina ocasionó la entrada de España en la guerra contra la Convención revolucionaria en 1793. Así alcanzó a España el torbellino de las guerras de la Revolución, prolongadas más tarde en las del Imperio napoleónico. Desde la paz de Basilea de 1796 basculará España de nuevo al lado de la Francia del Directorio y del Consulado, enfrentándose a Inglaterra en una serie de guerras. Pero la engañosa aproximación de España a Napoleón desembocó finalmente en el intento napoleónico de ocupar España y destronar a su rey, lo que provocó la guerra de la independencia nacional española.

Carlos IV era hombre bondadoso, débil de carácter y sin facultades de gobierno, de quien los pinceles de Goya dejaron un retrato implacable. Instado por su mujer, María Luisa de Parma, el rey dio todo el poder a un advenedizo, Manuel Godoy, salvo un breve eclipse en 1798. Uno de sus biógrafos clásicos, Hans Madol, le denominó «el primer dictador de nuestro tiempo», porque detentó el poder personal en su forma más descarada. Otro de sus biógrafos actuales, Carlos Seco, señala la soledad en que se encontró, desasistido por los hombres de su tiempo. Es verdad que Godoy quiso continuar una política de reformas ilustradas, sobre todo en el campo económico y en el educativo, y que le faltaron las colaboraciones que hubieran sido necesarias para ejecutar sus propósitos de gobernante. Pero aquel vacío que se formó en torno suyo fue motivado por el desasistimiento rencoroso de algunos, y también por el abandono ético de otros ante una dictadura personalista que sustituía el ejercicio directo de la autoridad del monarca, valiéndose de los caprichos de la reina, que convertían a la corte en un escenario lamentable de degradación.

Godoy tuvo frente a él, dentro de España, a la mayor parte de la aristocracia y del alto clero, a muchos ilustrados y hombres de letras, incluso a los que algunas veces él había sostenido generosamente. No fue tiránico ni sanguinario, aunque persiguió a sus enemigos personales con diversos castigos, como ocurrió con Jovellanos. Pero fue un gobernante arbitrario. La arbitrariedad de su conducta política y la inmoralidad de su conducta privada le desacreditaron ante la opinión pública general. La opinión pública era un factor nuevo que irrumpía en la vida política española, entre el eco de las convulsiones de la Francia revolucionaria.

La zigzagueante política internacional de Manuel Godoy, cuyo objetivo parecía tan sólo consistir en asegurar su medro personal, hasta pretender hacerse con una soberanía propia, terminó enajenándole la confianza de los dos rivales que entonces se enfrentaban en Europa: Inglaterra por un lado y Napoleón por otro. Así, ambas potencias dirigieron finalmente contra él sus presiones diplomáticas.

En 1807 Godoy se sentía acorralado por la doble presión exterior, y por la que en el interior de España y en los medios cortesanos principalmente había hallado en el príncipe de Asturias, Fernando, el aglutinante oportuno. En una desesperada maniobra de autodefensa, en una salida hacia adelante, dirigió Godoy contra el príncipe heredero un golpe que le resultó fallido: el proceso de El Escorial. Pero el Consejo de Castilla por primera vez se negó a plegarse ante la voluntad del omnipotente ministro. Desde ese momento los acontecimientos se precipitaron contra él.

En el motín de Aranjuez, el tumulto callejero que estalló el 17 de marzo de 1808, anduvieron mezclados algunos nobles y militares con el paisanaje, excitado contra una persona aborrecida por todos; pero en aquel motín se halló presente una chusma asalariada, que nunca suele faltar en los tumultos populares. El motín de Aranjuez ha sido calificado por algunos historiadores como una fronda nobiliaria, dirigida bajo cuerda por señaladas manos aristocráticas, que pretendían transformar la monarquía absolutista en un régimen de monarquía limitada y controlada por una oligarquía nobiliaria. Este acontecimiento es exponente tardío de la reacción nobiliaria que se había manifestado en varios países de Europa durante el siglo XVIII.

El motín de Aranjuez, de hecho, forzó la abdicación de Carlos IV en su hijo Fernando VII y la prisión de Godoy. Pero la historia iba a seguir un curso imprevisto. Mes y medio después del motín de Aranjuez ocurrió la jornada del Dos de Mayo en Madrid, con la que se inicia una nueva etapa de la historia de España.

CAPÍTULO 11

Las guerras de los Treinta Años

Entre 1808 y 1840 España vive un período bélico, que se inicia con la guerra de la independencia contra la invasión napoleónica, se prolonga con las guerras de emancipación de las repúblicas hispanoamericanas y termina con la guerra carlista. Durante estos treinta largos años se decide en España, como en otros países del occidente y del centro de Europa, la lucha planteada entre el antiguo régimen, basado en la monarquía absolutista, y el nuevo régimen liberal.

En la mayor parte de esos otros países el liberalismo coincidió con el espíritu y los sentimientos nacionalistas: liberalismo y nacionalismo fueron las ideas-fuerza en las que cristalizaron los movimientos nacionales de Bélgica, Alemania, Italia; incluso en los países en que no tuvieron éxito, como es el caso de Polonia. La segunda Revolución francesa consagró definitivamente, en 1830, el régimen liberal en la patria de la Revolución. En España, la tensión antiguo régimen-liberalismo fue más violenta y prolongada, porque el factor nacionalista se disoció del liberalismo, y porque la Iglesia y el Estado liberal chocaron desde los inicios, en las cortes de Cádiz, hasta el concordato de 1851, siendo precisamente la política eclesiástica motivo de grave confrontación ideológica, a la que se sumaba la distinta interpretación de la historia española, de la tradición anclada para algunos en el pasado inmutable, y de la renovación modernizadora proyectada por otros hacia el futuro.

Las guerras de los treinta años, en la primera mitad del siglo XIX, fueron un pesado lastre que gravitó sobre el proceso histórico de España, tanto en el aspecto político como en el cultural, en lo económico como en lo social. No se pasa de la guerra a la paz en un día, sobre todo tras un período bélico prolongado. La sociedad española no había generado todavía en aquel tiempo unas sólidas clases medias, como en Francia o en Inglaterra, que sirvieran de soporte al régimen liberal, y éste hubo de ser apuntalado por el ejército, dando lugar a la «preponderancia militar» que caracteriza a los ensayos de nuestro primer liberalismo.

La guerra de la Independencia

El 27 de octubre de 1807 se había firmado el tratado de Fontainebleau, por el que España renovaba la alianza con Napoleón y permitía el paso de las tropas francesas hacia Portugal, para imponer el «bloqueo continental», operación a las que se sumaban algunas unidades militares españolas, auxiliares del ejército francés. El sueño dorado de Godoy, que se había hecho designar por primera vez en la historia española «generalísimo», era crearse una soberanía propia a costa de un Portugal desmembrado, como hemos dicho.

Pero los proyectos de Napoleón iban por diferente camino y no tenían nada que ver con las ilusiones de Godoy, ni con lo convenido en Fontainebleau. ¿Cuándo decidió Bonaparte ocupar militarmente el territorio de su aliada España y destronar a la Casa de Borbón para sustituirla en el trono por su propia dinastía? No puede establecerse con precisión la fecha, pero pocas semanas después de firmarse aquel tratado de alianza, las tropas francesas ocupaban subrepticiamente, sin permiso de las autoridades españolas, las ciudadelas de Pamplona, Figueras y Barcelona, a la vez que se dejaban acantonadas fuertes divisiones en Castilla y en Cataluña, así como en las inmediaciones de Madrid, la capital del reino, en la que entró Murat, lugarteniente del emperador, el 23 de marzo, a los pocos días de haber ocurrido el motín de Aranjuez.

Sin duda, este motín precipitó los acontecimientos y Napoleón creyó llegado el momento oportuno para hacerse dueño del territorio y de la Corona de España. ¿Por qué? Se suele explicar esta decisión por una razón estratégica, objetiva: asegurarse el bloqueo continental, como si fuese poco segura la alianza de Fontainebleau. Pero hay también otra razón política de carácter psicológico, subjetiva: la convicción de que para asegurar la estabilidad de su propia dinastía en Francia debía acabar con la posición de los Borbones en cualquier parte del mundo, para que nunca pudieran actuar como catalizadores del legitimismo francés. Los Borbones habían sido barridos de Francia y de Italia; debían serlo también de España.

Napoleón no tomó en consideración la resistencia que el pueblo español podría oponer a sus planes. Despreciaba a los españoles, que para él eran «una chusma de aldeanos dirigidos por una chusma de curas», según sus propias palabras. La corte despreciable de Carlos IV, con su corrupción y sus intrigas, le hizo caer en el espejismo de hacer extensivo su desprecio a todo el pueblo español. Ése fue su gran error, que él mismo, en las conversaciones de Santa Elena, confesaba haber cometido.

Pensaba el emperador resolver los asuntos de España rápidamente y a poca costa. Se trasladó a Bayona, hizo conducir allí con engaños a Fernando VII y también a Carlos IV. Mediante la coacción y las amenazas a quienes eran de hecho sus prisioneros, obtuvo las abdicaciones de los dos reyes, el 5 de mayo, y transfirió poco después la Corona así obtenida a su hermano José. Hizo reunir una asamblea de notables en Bayona, a la que sólo concurrieron poco más de la mitad de los convocados, para dictar ante ella una constitución y anunciar el cambio de dinastía.

Quería presentarse Napoleón a los españoles como sucesor legítimo y como el reformador necesario, y en este sentido había hecho público el manifiesto que redactó en Bayona el 25 de mayo: «Vuestra monarquía es vieja, mi misión se dirige a renovarla. Mejoraré vuestras instituciones y os haré gozar, si me secundáis, de los beneficios de una reforma sin que experimentéis quebrantos, desórdenes, ni convulsiones... Yo quiero que mi memoria llegue hasta vuestros últimos nietos y que exclaméis: "Es el regenerador de nuestra patria."»

Sin embargo, para esas fechas se había iniciado ya la resistencia contra las pretensiones del emperador de los franceses. A los sucesos del Dos de Mayo en Madrid y a la terrible represión francesa, sucedió el levantamiento general de la nación, entre los últimos días de mayo y primeros de junio, coincidiendo con la onomástica del rey Fernando. El hermano de Napoleón, José, destinado al trono de España, percibió en seguida su verdadera posición, y, aun antes de que el alzamiento se generalizara, le hizo saber al emperador: «No tengo aquí un solo partidario... Vuestra gloria, sire, se hundirá en España.»

Cuando la guerra de la independencia nacional comienza, Napoleón había situado en España cuatro cuerpos de ejército, con un total de 92 000 soldados, tropas en general bisoñas, excepto algunos regimientos selectos. El ejército español tenía en plantilla algo más de 100 000 hombres, pero 20 000 de ellos se hallaban operando bajo mando francés, en el norte de Europa (la división del marqués de la Romana) y en Portugal, junto al cuerpo expedicionario de Junot. El resto de las tropas españolas se hallaban dispersas por las distintas guarniciones de la Península.

La iniciativa francesa en el primer momento pretendió estrangular la rebeldía con una serie de maniobras sobre Santander, Valladolid, Zaragoza, Gerona y Valencia. Pero el objetivo principal se encomendó al I Cuerpo de ejército, mandado por el general Dupont, con 24 000 hombres, que recibió orden de penetrar rápidamente desde Madrid hasta Cádiz: se trataba de ocupar esta plaza fundamental del comercio hispanoamericano, en cuya bahía se hallaba refugiada la escuadra francesa del almirante Rossilly después de la derrota de Trafalgar. Si el puerto era necesario en la lógica del «bloqueo continental», la escuadra lo era para cualquier futura acción ofensiva contra Inglaterra.

Dupont atravesó la meseta Sur, cruzó el paso de Despeñaperros y alcanzó el Guadalquivir. No encontró resistencia hasta Córdoba, pero era evidente que se hallaba aislado en medio de un territorio hostil, sin haber dispuesto de medios para escalonar el enlace con la base de operaciones en Madrid. Estando en Córdoba recibió la noticia de que la escuadra de Rossilly había capitulado ante la española del almirante Ruiz de Apodaca; las rápidas marchas, pues, de Dupont no habían llegado a tiempo de salvarla. Otras informaciones le hicieron saber que dos ejércitos españoles organizados en Andalucía, bajo el mando supremo del general Castaños, amenazaban envolver a los franceses y cortarles la retirada.

Ante una situación militarmente muy comprometida Dupont decidió emprender la retirada, replegándose sobre Andújar, en espera de que llegaran los refuerzos que había solicitado. Pero los refuerzos no llegaron y, en cambio, el plan de operaciones español concertado por Castaños con los generales Reding y La Peña siguió adelante. Así se dio la batalla de Bailén (19-22 de julio). El general francés trató inútilmente de abrirse paso en tres desesperados asaltos que agotaron las fuerzas físicas de sus hombres, bajo el calor del verano andaluz y el castigo de la artillería española. Dupont, herido, firmó la capitulación de su ejército. Había tenido 2 200 muertos y 400 heridos. Alrededor de 20 000 soldados fueron hechos prisioneros por los españoles.

Pero lo verdaderamente importante de la batalla de Bailén era que, por primera vez, un cuerpo de ejército napoleónico se rendía en campo abierto. Bailén tuvo por ello resonancia universal, reavivando el espíritu de lucha contra Napoleón en una Europa hasta entonces vencida y humillada. La moral de combate se reanimó en Austria, que se preparó para hacer de nuevo la guerra al coloso francés. El zar Alejandro de Rusia, que se había plegado a las exigencias del emperador en Tilsit, cambió de actitud en la entrevista de Erfurt, en octubre de 1808, y Napoleón comentaba: «Las malditas cosas de España me cuestan caras.» Inglaterra, la única potencia cuyo sistema marítimo le había permitido resistir hasta entonces a la máquina de guerra continental napoleónica, y que se había mantenido expectante y escéptica ante la inicial desordenada resistencia, decidió apoyar a la España combatiente.

En el aspecto estricto de la guerra española la victoria de Bailén desbarató los planes de ocupación rápida de la Península. Las tropas francesas tuvieron que replegarse a la línea del Ebro, y el ejército expedicionario de Junot en Portugal se vio obligado también a firmar la capitulación de Cintra, el 30 de agosto. La guerra de España, sin embargo, sólo estaba todavía en sus comienzos y había de prolongarse seis años.

Napoleón reaccionó con su habitual rapidez para enmendar aquel fracaso. Concentró 250 000 de sus mejores soldados sobre España, con los mariscales y generales más prestigiosos (Soult, Victor, Ney, Saint-Cyr, entre otros) y él mismo se puso al frente de la campaña. En noviembre y diciembre de 1808 desencadenó una doble ofensiva en Castilla y en Cataluña. En rápidas marchas se acercó hasta Madrid, tras vencer en Gamonal y en la Sierra de Guadarrama la débil oposición española. Después se dispuso a cortar el paso a un ejército inglés que había irrumpido en la meseta castellana. Pero las noticias alarmantes que le llegaron de París, que referían nuevas complicaciones internas y externas, le obligaron a retornar a Francia, dejando a su lugarteniente Soult y a los otros generales la misión de concluir las operaciones proyectadas en la Península.

Soult persiguió, en efecto, a los ingleses, que se reembarcaron en La Coruña, y entró en el norte de Portugal, pero, rechazado en Oporto, no pudo descolgarse sobre Lisboa, donde según sus planes debía converger también el mariscal Victor, después de penetrar por la línea del Tajo. Pero tampoco pudo Victor entrar en el Alemtejo portugués, y quedó detenido en Talavera de la Reina por el ejército que mandaba ya sir Arthur Wellesley, que pronto sería conocido por su título de duque de Wellington, con la cooperación de las tropas españolas del general Cuesta. La mala inteligencia de Wellington con los jefes militares españoles se resolvió nombrando al inglés «generalísimo» de los ejércitos aliados, con el mando superior de todos ellos.

Las tropas españolas no tuvieron éxito en una ofensiva sobre Madrid, desbaratada en la batalla de Ocaña. Tampoco pudieron prolongar la defensa de las dos ciudades que habían simbolizado la resistencia española hasta entonces, Zaragoza y Gerona. Pero los reveses militares del año 1809 se compensaron con la aparición aquel año de un modo nuevo de hacer la guerra: la *guerrilla*. El «Reglamento de partidas y cuadrillas» del 28 de diciembre de 1808 y la «Instrucción para el corso terrestre» del 17 de abril de 1809 trataron de normalizar la organización de los grupos guerrilleros, que habían aparecido espontáneamente en muchos casos.

Algunas guerrillas procedían de grupos militares dislocados de sus grandes unidades o de soldados huidos de las ciudades sitiadas, que continuaban luchando por su cuenta antes que aceptar rendirse al enemigo; otros se habían creado en torno a las fuerzas de seguridad pública, con asistencia de numerosos voluntarios; otras procedían de elementos civiles que tomaban las armas para vengar las afrentas infligidas por el invasor. Hasta las «cuadrillas» de contrabandistas y bandoleros fueron convocadas a sumarse a la resistencia nacional, ofreciéndoles el indulto. La guerrilla fue de esta manera expresión de la participación popular en la resistencia, sirvió de fundente social al patriotismo, y convirtió todo el territorio peninsular en un frente de guerra, en el «infierno de España», como decían los franceses. La guerrilla cooperó así eficazmente al triunfo final no sólo con sus actos de sabotaje y hostigamiento permanente, sino también por haber obligado a fijar grandes contingentes de tropas enemigas para asegurar la retaguardia, por lo que nunca pudieron operar los invasores con masas de maniobra proporcionadas al contingente total de su potencial militar.

Al comenzar el año 1810, los franceses hicieron otro gran esfuerzo de guerra en la Península. Napoleón había derrotado de nuevo a Austria en Wagram, y tenía así las manos libres para concentrar en España el máximo de fuerzas. Los efectivos franceses ascendieron entonces a más de 300 000 hombres. Masséna, «el hijo mimado de la victoria», debía entrar en Portugal por la línea del Duero y caer sobre Lisboa. La directiva inicial de Napoleón encargaba a Soult completar el doble ataque a Portugal por la línea del Tajo. Pero los generales franceses optaron por llevar primero la ofensiva contra Andalucía, para vengar sobre el mismo terreno la afrenta de Bailén. Así pues, Soult emprendió la campaña desentendiéndose de la conjunción con las operaciones de Masséna.

Éste había iniciado brillantemente su ofensiva y, después de la batalla de Bussaco, cerca de Coimbra, obligó a Wellington a retirarse al recinto fortificado de Torres Vedras. Pero no pudo romper allí la resistencia angloportuguesa y el 5 de marzo de 1811 hubo de desistir en su ataque, emprendiendo la retirada. Soult, que había ocupado casi toda Andalucía, quedó también detenido ante la inexpugnable ciudad de Cádiz. Cuando quiso acudir en apoyo de Masséna era ya tarde, porque no pudo entrar en Badajoz hasta el 19 de febrero de aquel año. La doble gran ofensiva francesa de 1810 terminaba, pues, en un comple-

El motín de Aranjuez forzó de hecho la abdicación de Carlos IV en su hijo Fernando VII y la prisión de Godoy (en la estampa). Pero los acontecimientos iban a seguir un curso imprevisto: mes y medio después de dicho motín ocurrió la jornada del Dos de Mayo en Madrid, con lo que se inicia una nueva etapa en la historia de España.

Sin tomar en consideración la resistencia que el pueblo español («una chusma de aldeanos dirigidos por una chusma de curas») podría oponer a sus planes, Napoleón se trasladó a Bayona e hizo conducir allí con engaños a Fernando VII y a Carlos IV. Mediante la coacción y las amenazas obtuvo la abdicación de ambos (en la estampa), el 5 de mayo de 1808, transfiriendo poco después la corona así obtenida a su hermano José.

La iniciativa francesa pretendió estrangular la rebeldía española encomendando a los 24 000 hombres del I Cuerpo de Ejército mandado por Dupont avanzar con rapidez desde Madrid hasta Cádiz, donde se hallaba refugiada la escuadra gala del almirante Rossilly. Pero, el 22 de junio, Dupont hubo de rendirse en Bailén a Castaños, Reding y La Peña (en el cuadro de Casado del Alisal).

to fracaso. Desde entonces fueron cada vez más frecuentes las desavenencias de los generales franceses entre sí, y de éstos con el rey José. Sólo un general, que ganó en España los entorchados de mariscal, Suchet, había emprendido aquel año sus campañas victoriosas en Levante, que culminaron con la conquista de Valencia el 9 de enero de 1812.

Durante los años 1811 y 1812 la guerra en España se mantuvo en una fase de desgaste y de grandes operaciones estratégicas, pero Napoleón hubo de dar prioridad a los preparativos de la *Grande Armée,* para llevar la guerra a Rusia. La iniciativa bélica en la Península pasó entonces a Wellington, que desarrolló en Castilla una gran ofensiva, venció en Los Arapiles, obligó al rey José a evacuar Madrid, continuando el avance aliado hasta Burgos, aunque luego retorna a los cuarteles de invierno. Pero la derrota sufrida por Napoleón en Rusia contribuyó a debilitar también la posición de los franceses en la Península. Era el momento de preparar la ofensiva final que conduciría a la victoria definitiva.

En la primavera de 1813 las tropas aliadas, inglesas, portuguesas y españolas, actuando conjuntamente, atacaron a las francesas, que consiguieron retirarse ordenadamente hasta las proximidades de Vitoria. Allí tuvo lugar, el 21 de junio, una gran batalla campal, en la que el ejército napoleónico sufrió una importante derrota y el rey José estuvo a punto de ser hecho prisionero. La guerra tocaba a su fin, después de batir nuevamente a los franceses en San Marcial y de reconquistar Pamplona. Las últimas operaciones militares tuvieron lugar en territorio francés, mientras Suchet se replegaba en buen orden desde Levante sobre la frontera catalana del Pirineo.

El 11 de abril de 1814 el mariscal Soult, que se había visto perseguido hasta Toulouse, firmaba el armisticio. Tres meses antes Napoleón había puesto en libertad a Fernando VII, con el que firmó el tratado de Valençay (18 de diciembre de 1813), y el rey de España había emprendido el 24 de marzo el regreso a España. La guerra de la independencia nacional había terminado.

Entre el liberalismo y el antiguo régimen. Las Cortes de Cádiz. El trienio constitucional

En mayo de 1808 los españoles se habían encontrado ante dos opciones: aceptaban la propuesta napoleónica, sometiéndose a su voluntad, u organizaban la resistencia, improvisando para ello un gobierno que llenara el vacío de poder ocasionado por la cautividad de Fernando VII. De este modo aparecieron en las regiones rebeldes las «juntas provinciales», de las que emanó la Junta Central para aunar el esfuerzo de guerra, hasta que el 31 de enero de 1810 se constituyó la primera regencia, con la que se normalizaba institucionalmente el gobierno en ausencia del monarca.

La regencia anunció la convocatoria de Cortes, después de un laberinto de intrigas y presiones sobre el modo de celebrarlas, y que se reunieron efectivamente en Cádiz el 24 de setiembre de aquel mismo año. Desechado el proyecto de Jovellanos de reunir Cortes bicamerales, adaptando la tradición española al modelo británico, las Cortes se constituyeron en cámara única, según el modelo francés de la Revolución del 89. El objeto político principal de aquellas Cortes era dotar a España de una constitución que transformase el antiguo régimen absolutista en una monarquía constitucional. Se proponían arrebatar de este modo a Napoleón la bandera de la renovación de España, que se había exhibido en la mal llamada constitución de Bayona, ya que era una simple carta otorgada a nombre del rey José. Jovellanos había declarado a los afrancesados, que le instaban a que formase parte del gobierno del monarca intruso, que para reformar España no era preciso el auxilio de un poder extranjero.

El mecanismo de representación, improvisado en medio de un país en guerra, hizo posible que se reuniera en Cádiz un grupo bastante compacto de diputados de ideología liberal. La mayoría eran eclesiásticos del clero secular, magistrados y funcionarios de alta categoría, miembros de profesiones liberales y un grupo bastante importante de militares. Muchos de estos diputados eran de origen aristocrático. En cambio, eran pocos los clasificados como propietarios sin profesión activa y los comerciantes. El denominador común de los diputados gaditanos, desde el punto de vista sociológico, no era su adscripción a las «clases medias», sino el formar parte de la minoría ilustrada del país.

Los legisladores de Cádiz aprobaron la constitución el 19 de marzo de 1812. Los dos principios políticos fundamentales que se introducían eran la soberanía nacional y la división de poderes. El poder legislativo recaía en las Cortes, reservándose al rey un derecho de veto transitorio y amplias facultades reglamentarias. El poder ejecutivo residía exclusivamente en el rey, que lo ejercía por medio de ministros responsables, nombrados libremente por el monarca. El poder judicial correspondía a los tribunales, para la aplicación del derecho, y se declaraba el principio de la igualdad de los ciudadanos ante la ley.

La constitución fijaba el mecanismo de representación en Cortes por un complicado procedimiento electoral, y exponía no sólo los derechos, sino también los deberes de los españoles, entre los que figuraba literalmente el de «ser justos y benéficos». Las Cortes de Cádiz aprobaron otra serie de disposiciones legales que completaban la reforma política y las transformaciones sociales: así, la supresión de los señoríos, la de los gremios y de las reglamentaciones por ellos establecidas, además de otras medidas liberalizadoras. Decretaron también la abolición del tribunal de la Inquisición y tomaron medidas de política eclesiástica que enconaron contra la reforma gaditana a importantes sectores de la Iglesia.

El monarca de la constitución de Cádiz dejaba de ser el rey absoluto del antiguo régimen, pero conservaba amplias facultades de gobierno. Sin embargo, al retornar a España Fernando VII, el Deseado, después de la guerra de la independencia nacional, dio oídos a quienes se oponían frontalmente a la reforma gaditana, especialmente a los ex diputados que firmaron el llamado «manifiesto de los persas», y por el real decreto de 4 de mayo de 1814, expedido en Valencia, declaró nulo todo lo actuado en Cádiz, volviendo las cosas al ser en que estaban en el año 1808.

Se restableció así el absolutismo puro y duro, sin cortapisas. Fernando VII hubiera podido llevar a cabo las reformas necesarias en medio del delirante entusiasmo popular que lo aclamaba. Prefirió no hacer nada, aparte perseguir a los liberales que habían votado a favor del dogma de la soberanía nacional, a los que impuso por decreto castigos de prisión y multas. También hubo de tomar medidas contra los «afrancesados», es decir, contra los colaboracionistas del intruso rey José. Bien es verdad que la iniciativa contra los afrancesados no provino de Fernando VII, sino de la presión social generalizada que los condenó después de la guerra.

El Deseado de 1814 había decepcionado a los españoles en 1820. Por eso triunfó en aquel año la «revolución» iniciada por el coronel Riego, es decir, el primer pronunciamiento militar que tuvo éxito. Los liberales habían procurado captar políticamente a los militares después de aprendida la lección de 1814, y se produjeron varias conspiraciones frustradas antes de 1820. El triunfo del alzamiento iniciado por Riego obligó a Fernando VII a restablecer la constitución de Cádiz. Pero aquel pronunciamiento no sólo daría el triunfo al liberalismo en España, sino que puso además en franquía la emancipación de las repúblicas hispanoamericanas. Las logias masónicas que protagonizaron la conspiración, como confesó en sus memorias Antonio Alcalá Galiano, uno de sus miembros más activos, no fueron ajenas a las conexiones americanas e inglesas. Ni siquiera el idealismo romántico de un hombre como Riego podía creer que los americanos rebeldes se someterían al ver España gobernada por leyes justas y benéficas.

Durante tres años, o sea, «el trienio constitucional», los gobiernos liberales tuvieron que hacer frente a la grave crisis financiera del Estado, acosado por las deudas que se arrastraban desde la guerra de la independencia, y por la ruptura del eje económico del antiguo Imperio, al estallar la emancipación de las nuevas naciones hispanoamericanas. La desafortunada gestión financiera se complicó con el empeño de llevar a cabo unilateralmente medidas desamortizadoras y de reforma eclesiástica, que hubieran necesitado negociarse para obtener la sanción canónica. Así se desató el choque entre el Estado liberal y la Iglesia. Los liberales, que se oponían con razón a la anterior alianza del altar y el trono, cayeron en la tentación de exigir la alianza del altar y la constitución, al imponer al clero la exigencia de explicar desde el púlpito de las iglesias, «como una parte de sus obligaciones», el texto constitucional. La resistencia de muchos clérigos a obedecer esta medida la capitalizaron políticamente los realistas, en quienes se confundían la defensa de la monarquía «de derecho divino» y la de la Iglesia, a la que suponían amenazada.

La reacción de los realistas estalló en forma de partidas guerrilleras, que en 1822 fueron coordinadas y dirigidas por una regencia instalada en Urgell. Mientras se extendía el clima de guerra civil, los liberales se escindían en dos sectores, exaltados y moderados, sostenidos por sendas sociedades secretas, los comuneros y los anilleros, respectivamente, que dificultaron la inteligencia básica necesaria para el funcionamiento constitucional del gobierno y el rey. El gobierno moderado de Martínez de la Rosa no consiguió que prosperase la idea de una reforma constitucional que corrigiera algunos puntos conflictivos de la constitución de Cádiz. Los exaltados acentuaron luego los choques con Fernando VII, quien secretamente solicitó ayuda a la Santa Alianza, entonces en boga en Europa.

También la regencia de Urgell se dirigió a las potencias de la Santa Alianza, que en el Congreso de Verona, en noviembre de 1822, decidió intervenir en España, confiando al rey de Francia, Luis XVIII, la ejecución militar del acuerdo. Así es como, en abril de 1823, entraron en España los «Cien mil Hijos de san Luis», mandados por el general duque de Angulema, que se proponían restablecer a Fernando VII en su plena soberanía y, de paso, restablecer el honor de las armas francesas allí donde unos años antes habían sido estrepitosamente derrotadas.

El gobierno español, presidido por el general Evaristo San Miguel, un liberal exaltado, quiso resucitar contra la expedición del duque de Angulema el espíritu patriótico de 1808. Pero esta vez no hubo movilización de voluntarios, ni se formaron guerrillas, y ni siquiera la leva forzosa de soldados dio resultado, por las numerosas deserciones que se produjeron. Los franceses no eran considerados en aquel momento por los españoles como los soldados del Anticristo napoleónico, sino como los aliados de los realistas que, por su providencialismo mal entendido, creían ser el «Ejército de la Fe». Tampoco hubo apoyo británico, porque Inglaterra había acordado en el Congreso de Verona dejar las manos libres a la Santa Alianza para actuar en España, a cambio de que ella tuviera carta blanca para apoyar la emancipación hispanoamericana.

De esta manera la intervención de los Cien mil Hijos de san Luis fue un simple paseo militar. Ninguno de los tres ejércitos que el gobierno liberal quiso oponerles estuvo en condiciones de luchar. El gobierno liberal, que se había refugiado en Cádiz, llevando consigo al rey, suspendido de hecho en sus funciones, tampoco pudo convertir la ciudad en el antiguo bastión inexpugnable. Bastó un asalto casi simbólico al baluarte del Trocadero, el 31 de agosto, y un simulacro de bombardeo de la flota hispanofrancesa, para que el gobierno capitulara el 29 de setiembre. Dos días después, en el Puerto de Santa María, Fernando VII restableció por decreto la situación anterior a 1820.

Las guerras de la emancipación de las repúblicas hispanoamericanas

Las reformas de la administración de las Indias introducidas por los gobiernos del siglo XVIII, crearon un neocolonialismo que reforzaba la posición de las autoridades centrales metropolitanas. Los defectos de la antigua administración española habían sido denunciados en las *Noticias secretas* de Jorge Juan y en otras encuestas realizadas al efecto durante aquella centuria. Pero las reformas económicas y políticas no ocasionaban ningún perjuicio a las elites criollas. Ahora bien, la conciencia política de estas elites estaba madurando a fines del siglo XVIII, para reclamar la dirección de sus propios destinos. Los criollos, o sea, los descendientes de españoles, nacidos y arraigados en América, sumaban globalmente un 20 por ciento de la población hispanoamericana total junto a un 26 por ciento de mestizos, un 46 por ciento de indios y un 8 por ciento de negros. Pero estas proporciones se distribuían muy desigualmente en las distintas áreas geográficas. Desde luego, en todas partes los criollos se hallaban en la cúspide social. Los españoles peninsulares eran en todas las regiones de América un grupo reducido, dedicados a las tareas de la administración y muy rara vez al comercio.

Al analizar aquella situación el conde de Aranda, en tiempos de Carlos III, había sugerido la posibilidad de segregar pacíficamente los reinos americanos, creando en ellos monarquías satélites, estableciendo al frente de ellas a miembros de la familia real, que girarían en la órbita de la monarquía española, a la que se revestiría con el título imperial.

Las prolongadas guerras contra la Gran Bretaña, que se extendieron desde 1796 a 1808, interrumpieron las relaciones normales entre la Península y América, y en algún caso la población criolla se defendió por sí misma del ataque inglés, como ocurrió en Buenos Aires, con lo que adquirió mayor seguridad en sí misma.

Al ocurrir en 1808 la invasión francesa de la Península, se conservó la fidelidad colonial a las autoridades legítimas españolas, representantes de Fernando VII. Pero en 1810, en los críticos momentos de la ocupación francesa de Andalucía, cuando la suerte de España parecía más adversa y el triunfo de Napoleón más probable, las autoridades españolas pensaron en continuar la guerra contra los franceses en América. Sin embargo, los virreyes Hidalgo de Cisneros en Buenos Aires y Amar en Bogotá se vieron desbordados por Juntas revolucionarias de la elite criolla que proclamaban la secesión. En abril de aquel año en Caracas, en mayo en Buenos Aires, en junio en Bogotá, estallaban los focos iniciales de la emancipación. Caracas y Buenos Aires eran ciudades con mayor componente criollo en la sociedad, y donde «los navíos de la Ilustración» habían difundido las doctrinas políticas revolucionarias o populistas. En Perú y en México, los dos virreinatos con mayor contingente de población india, no hubo movimientos secesionistas, salvo la insurrección de Hidalgo y de Morelos en Nueva España, que no contó con el apoyo de los criollos por tener precisamente un carácter indigenista, y que fue rápidamente sofocada. Por eso se ha podido decir que la fuerza insurreccional de la emancipación estuvo en razón inversa a la densidad de la población india.

Hasta 1815 la guerra que se sostenía en la Península impidió que pudieran enviarse refuerzos militares a las autoridades virreinales, las cuales se vieron forzadas a organizar la lucha contra los insurgentes con sólo los recursos americanos, por lo que las guerras de la emancipación revisten en muchos aspectos caracteres de guerras civiles sostenidas entre americanos rebeldes y leales a la Corona. La famosa declaración de «guerra a muerte» de Bolívar en 1813 estaba motivada por esta realidad.

Terminada en España la guerra de la independencia nacional, los movimientos emancipadores americanos parecían abocados a su extinción, a pesar de los soterrados apoyos que recibían de Inglaterra. En 1815 pudo enviarse un ejército expedicionario al mando del general Morillo, que logró acorralar a Bolívar en Nueva Granada. Pero la fuerza insurgente se reavivó en 1816. Fue entonces cuando el Congreso de Tucumán proclamó la independencia argentina y el general San Martín organizó en Mendoza el ejército de los Andes. Al mismo tiempo, Bolívar, Sucre y Santander reemprenden con éxito la ofensiva. La revolución de 1820 en España inutiliza el ejército expedicionario español que estaba preparado para embarcar con destino a América. La ayuda inglesa militar y diplomática hizo lo demás.

Bolívar y San Martín se pusieron de acuerdo en la entrevista de Guayaquil para concertar el ataque al Perú, el gran baluarte español que se mantenía incólume. San Martín atacaría por el sur, Sucre por el norte, la escuadra inglesa de lord Cochrane apoyaría las operaciones desde el mar. Las batallas de Pichincha, Junín y Ayacucho pusieron fin a las guerras de la emancipación en América del Sur.

También en México y Centroamérica los acontecimientos habían tomado un curso propio en el camino hacia la independencia. El «plan de Iguala», en 1821, proponía una separación amistosa del virreinato de Nueva España, bajo la iniciativa de los criollos. El gobierno español no dio su aprobación al proyecto y pocos meses después se declaraba allí la independencia. Por un momento se quiso implantar en el México independiente un régimen monárquico, proclamando al general Agustín Iturbide emperador de la nueva nación. Pero se inició entonces un largo período de turbulencias internas hasta que la nueva república mexicana quedó asentada. La guarnición española de Veracruz se había rendido en 1825, y en 1828 se liquidaba el últin o esfuerzo militar de la expedición del general Barradas.

Entretanto, los territorios centroamericanos habían consumado su separación pacíficamente: España sólo conservaba en América las islas de Cuba y Puerto Rico, que no fueron alcanzadas por las presiones secesionistas hechas desde Caracas y Bogotá.

En ausencia del monarca, el 31 de enero de 1810 se constituyó la primera Regencia. Tras anunciar la convocatoria de Cortes, éstas se reunieron el 24 de septiembre de aquel mismo año en Cádiz. Su objetivo político principal era dotar a España de una Constitución que transformara el Antiguo Régimen absolutista arrebatando a Napoleón la bandera de la renovación monárquica. No lo consiguió.

Terminada la guerra de la Independencia, el absolutista Fernando VII tuvo que hacerle frente a los movimientos emancipadores americanos y a las conjuras liberales internas. Precisamente la sublevación de Riego, en 1820, inutilizó el Ejército expedicionario presto a embarcar para Hispanoamérica. El llamado Trienio Liberal le facilitó, así, las cosas a los «libertadores» Sucre, San Martín y Simón Bolívar (en el grabado).

A la muerte de Fernando VII la subsiguiente guerra civil carlista presupone el enfrentamiento de dos interpretaciones opuestas de la legalidad sucesoria (Carlos Isidro frente a Isabel II) e incluso de dos ideologías (absolutismo frente a liberalismo) apoyadas en dos sustratos sociológicos (el campo y la ciudad) distintos. El fratricidio durará casi siete años y termina, el 31 de agosto de 1839, con el abrazo de Vergara entre Maroto y Espartero.

La guerra carlista

Por los años en que se consuma la emancipación de las repúblicas hispanoamericanas, se agota el neoabsolutismo de Fernando VII, en la última década de su reinado. Pero, a raíz del cuarto matrimonio del rey, iba a plantearse una imprevista cuestión dinástica, en términos que desembocarían en la primera guerra civil carlista.

El orden dinástico tradicional en España, que reconocía la sucesión femenina a falta de hijos varones, había sido modificado en 1713 por el «nuevo reglamento para la sucesión» dictado por Felipe V, que excluía a la mujeres del trono. Las Cortes de 1789 habían restablecido, ciertamente, la sucesión tradicional, pero aquella ley votada en Cortes no fue promulgada en su momento, en espera de ocasión más propicia y quedó archivada en el Consejo de Castilla. Ésta era la situación de la legalidad dinástica vigente en 1829.

Fernando VII no dejaba hijos ni hijas de sus tres primeros matrimonios. Las expectativas de sucesión recaían, por tanto, en su hermano don Carlos, que se había caracterizado políticamente por una posición muy hostil a cualquier clase de concesiones a los liberales. Los realistas próximos a los «ultras» franceses, y que empezaban a denominarse en España «realistas puros», tenían puestas sus esperanzas, por tanto, en don Carlos, pues acusaban a Fernando VII de extrañas complacencias con elementos criptoliberales, por mediación del gobierno francés y de los banqueros que facilitaban los empréstitos necesarios a la agobiada tesorería del rey.

Pero el cuarto matrimonio de Fernando VII, concertado en 1829 con su sobrina María Cristina de Nápoles, cambió radicalmente las cosas. Pronto se supo que la reina se hallaba embarazada. Si nacía hijo varón no había duda sobre el heredero; pero si nacía una niña no podía ésta suceder en el trono, a no ser que se restableciera el orden tradicional, tal y como había sido aprobado, pero no promulgado, en las Cortes de 1789. A este fin, Fernando VII firmó el 29 de marzo de 1830 la Pragmática que publicaba la ley de Cortes de 1789.

La reina dio a luz, efectivamente, una niña, que sería Isabel II. Pero don Carlos y sus partidarios se negaron a reconocer la validez de la Pragmática, alegando que la ley de 1789 había prescrito, no habiéndose promulgado en tiempo y plazo debido. Entraban en pugna, por consiguiente, dos legitimidades: la derivada del «nuevo reglamento» de 1713, y la que se remontaba a la tradición de las Partidas, renovada imperfectamente en 1789. ¿Era válida la Pragmática de 1830? Ésta era la cuestión.

Así las cosas, en setiembre de 1832 enfermó gravemente Fernando VII, y bajo toda clase de intrigas y coacciones se le hizo derogar la Pragmática; pero pocas semanas después, recobrada la salud, anuló dicha derogación, con lo que la Pragmática volvía a quedar restablecida.

Al ocurrir el fallecimiento de Fernando VII, el 29 de setiembre de 1833, y considerando vigente la legalidad de la Pragmática, fue proclamada reina la niña Isabel II. Además de los simples realistas indiferenciados ideológicamente, que aceptaron la voluntad del monarca difunto, los liberales apoyaron con toda decisión a la niña Isabel. Don Carlos por su parte, desde Portugal, donde se hallaba exiliado, se declaró a sí mismo sucesor. La guerra civil estaba servida.

La guerra civil carlista, desde el estricto punto de vista dinástico, significaba el enfrentamiento de dos interpretaciones opuestas de la legalidad sucesoria. Pero aquella guerra se revistió también de un contenido ideológico, y se apoyó en diferentes sustratos sociológicos. Es, por de pronto, una respuesta de masas a la revolución liberal. La política desamortizadora de los gobiernos liberales sirvió de pretexto a los carlistas para alzar la bandera de la defensa de la religión y de la Iglesia, que entendían hallarse amenazadas. El carlismo en armas se declaró también defensor de los fueros de los países en que estaba vigente el régimen foral, y que también se suponía con fundamento amenazado por el principio liberal de la «unidad constitucional de la monarquía», que difícilmente podría conciliarse con las exenciones privilegiadas forales. Sin embargo, y aunque es verdad que el liberalismo era contrario a los fueros y privilegios, también es verdad que los liberales de los países forales, sobre todo de Navarra, del señorío de Vizcaya y de las provincias de Álava y Guipúzcoa, eran defensores de la conservación del régimen foral, enraizado en sus sentimientos; y así la villa de Bilbao, en 1837, como premio a su lealtad a Isabel II y a su victoriosa resistencia contra los asedios carlistas, solicitaba precisamente el mantenimiento de los fueros.

En el marco internacional de la Europa de su tiempo, la causa de don Carlos estaba respaldada por la alianza de Münchengraetz, que era algo así como el acto epigonal de la Santa Alianza. Por el contrario, la causa de Isabel II encontraba el apoyo de Inglaterra y de la Francia del rey Luis Felipe de Orleans, salida de la Segunda Revolución francesa de 1830, y que con la España de Isabel II y el Portugal de la reina María de la

Gloria, habían formado la Cuádruple alianza en respuesta a la de Münchengraetz.

Las operaciones militares se prolongaron casi durante siete años. La sublevación carlista no contó al principio con unidades del ejército regular, ni con el apoyo de ciudades importantes. Su soporte social se lo daban el clero de las órdenes regulares, en su inmensa mayoría, y una parte más reducida del clero secular. El papa Gregorio XVI, al no reconocer a Isabel II, parecía respaldar la actitud de esos eclesiásticos. Al carlismo en armas le apoyaban también buen número de los notables y de la nobleza provinciana. Contaba, en cambio, con muy pocos apoyos en la administración civil y carecía de mandos militares profesionales, salvo contadas excepciones. En los medios rurales encontraba mejor respuesta, así como en los sectores artesanos de las ciudades; pero era una respuesta poco activa, limitada más bien a expresar sentimientos de simpatía.

Del lado de Isabel II se pusieron el ejército y la administración casi en su totalidad, con lo que retuvo en todo momento el control gubernamental. La aristocracia y la alta clase media del dinero y de los negocios estuvo también de su lado, así como la mayor parte del clero secular, los profesionales y, en general, las gentes ilustradas. Ellos arrastraron a la masa inerte de la nación.

De todas maneras, al analizar sociológicamente la guerra carlista hay que evitar interpretaciones demasiado simplistas y estereotipadas. Como en toda guerra civil, deben hacerse muchas matizaciones de ámbito local y familiar.

Los carlistas tuvieron que organizar un ejército partiendo de cero. Ésta fue la labor de Tomás Zumalacárregui, un coronel del ejército, que se convirtió en general en jefe de los carlistas. Hizo del valle de las Améscoas, en los confines de Navarra y Álava, su base para preparar y entrenar el ejército. Era un lugar idóneo para ello, por sus condiciones naturales para el aprovisionamiento y la defensa. Los generales liberales que se sucedieron en el mando del ejército isabelino en 1834, Quesada, Rodil y Mina, no consiguieron derrotar en batalla campal a un enemigo difuso, que sólo practicaba una guerra de sorpresas y pequeñas acciones de hostigamiento. Cuando el general Valdés intentó atacar el valle de las Améscoas sufrió un descalabro importante, en el mes de abril de 1835.

Zumalacárregui pasó entonces a la ofensiva, y quiso atacar Vitoria, para dominar la llanada de Álava y llevar la guerra a Castilla, donde pensaba encontrar gran número de adhesiones, para proseguir luego la iniciativa sobre el corazón de la monarquía. Pero los consejeros de don Carlos impusieron un objetivo distinto: la conquista de Bilbao, la ciudad comercial que les daría cierto respaldo internacional para gestionar créditos necesarios para continuar financiando la guerra. Zumalacárregui cayó mortalmente herido en el sitio de Bilbao. Los carlistas fracasaron en aquel empeño y, seguidamente, sufrieron una gran derrota campal en la batalla de Mendigorría; pero pudieron estabilizar su posición en las provincias vascas, en Navarra, en parte del Pirineo catalán y en la región del Maestrazgo, donde otro jefe militar destacado, el general Ramón Cabrera, consiguió mantener un reducto imbatido hasta el final de la contienda.

Confinados los carlistas en tan reducidas áreas geográficas, no cabía esperanza de victoria para ellos, si no lograban extender la guerra a otras regiones. Éste fue el objetivo de unas sorprendentes campañas realizadas a base de columnas ligeras, que al mando de los generales Guergué y Gómez penetraron en profundidad en la retaguardia enemiga, durante los años 1835 y 1836; pero no pudieron conseguir su objetivo. Mayor envergadura tuvo la llamada «expedición real» en el año 1837, a cuyo mando iba el infante don Sebastián, y que consiguió presentarse delante de Madrid. El objetivo de esta expedición era formalizar un acuerdo con la reina gobernadora María Cristina, la madre de Isabel II, para poner fin a la guerra mediante el compromiso matrimonial de la reina niña con el hijo de don Carlos. Pero la expedición fue desbaratada por las tropas del general Espartero, que llegaron a tiempo para forzar la retirada de los carlistas a sus bases en el Norte.

Tras el fracaso de la «expedición real» cundió el desánimo y la desmoralización en el campo carlista. Prosperaron entonces las intrigas en la corte de don Carlos y surgieron luchas intestinas banderizas. El general Maroto, que había asumido el supremo mando militar, entró en negociaciones con Espartero, que concluyeron en el abrazo de Vergara, el 31 de agosto de 1839. Rendidos los carlistas de las provincias vascas y Navarra, preparó Espartero el asalto a Morella, la fortaleza del Maestrazgo defendida por Cabrera; último reducto carlista conquistado el 31 de mayo de 1840. Enfermo Cabrera, tuvo que repasar el Pirineo poco después con los maltrechos restos de sus tropas.

Así se ponía punto final a la primera guerra carlista. En el transcurso de la misma se había afianzado el régimen liberal. Pero el rescoldo del carlismo siguió perturbando mucho tiempo la vida política española. Después de tantos años de convulsiones bélicas, España debía pasar de la guerra a la paz y tratar de hacer viable el ensayo de una monarquía constitucional en el seno de una sociedad abierta hacia el futuro. En Francia y en Inglaterra las clases medias habían apuntalado ya el régimen liberal y parlamentario, mientras el despliegue de la economía industrial y la expansión imperialista enriquecían aquellos países. Pero España había quedado rezagada, falta de capitales, ensimismada en contiendas civiles, introvertida y desplazada del mundo de las grandes potencias en el orden internacional, y parcialmente marginada del progreso de la ciencia y de la técnica que caracterizaría a los países punteros de Europa en el siglo XIX. ¿Sabría retomar el ritmo de esa Europa, o todo se quedaría en un remedo de algunas apariencias políticas? ¿Por qué el liberalismo político español no arraigó en nuestra nación con la vitalidad y fuerza que en esas otras naciones de nuestra vecindad geográfica y cultural?

CAPÍTULO 12

Hágase la voluntad nacional, pero menos

A lo largo del reinado de Fernando VII, la tensión entre el antiguo régimen absolutista y el liberalismo había desencadenado una serie de bandazos a un lado y a otro. En tiempo de Isabel II, 1833-1868, se realizó el primer ensayo duradero de una monarquía constitucional, aunque la inestabilidad de las constituciones ponía en evidencia la inmadurez del sistema: tres constituciones estuvieron vigentes sucesivamente en esos años, las de 1812, 1837 y 1845. También se alternaron en el poder tres partidos de gobierno, los progresistas, los moderados y la Unión Liberal, cada uno de ellos respaldado por una espada, las de Espartero, Narváez y O'Donnell. Las espadas proporcionaban el suplemento de soporte social que no daban las débiles clases medias españolas. El gobierno debía ser expresión e intérprete de la voluntad nacional. Pero ¿de dónde emanaba la voluntad nacional?

El antagonismo entre las *familias* políticas liberales, exacerbado hasta excluirse y aniquilarse unas a otras; el fraude electoral, que trucaba los mecanismos de representación política, y la desmovilización o el desinterés de amplios sectores del electorado, limitado por el sufragio censatario, fueron factores que en nada propiciaban la consolidación o el prestigio del régimen. Las conspiraciones y los pronunciamientos, el entrometimiento de los embajadores de Francia y de Inglaterra en favor de sus respectivas clientelas políticas, de moderados y progresistas respectivamente, y la soledad en que se fue quedando la reina Isabel, en medio de intrigas cortesanas o camarillas palaciegas, desgastaron y condujeron finalmente al fracaso a aquella experiencia liberal.

La intromisión de los gobiernos de Francia e Inglaterra, que por el acuerdo de Eu decidieron que Isabel II debía casarse necesariamente con un descendiente de Felipe V, determinó que la joven reina contrajera matrimonio con su primo Francisco, y así fue ella víctima de una razón política que la condenó a un lamentable y penoso drama humano.

La revolución de 1868, que sus protagonistas llamaron «Gloriosa», puso en marcha una alucinante dinámica política, en la que fue posible la experiencia de una monarquía democrática, con pocos monárquicos y menos demócratas; de una república federal, contra la que se alzaron los más radicales federalistas en la apoteosis del cantonalismo; y de una república epigonal en manos de un personaje oportunista, el general duque de la Torre, propicio a emerger en todas las situaciones turbias. Todo ello en medio de dos guerras civiles, la nueva guerra carlista y la cantonal, además de la insurrección que había estallado en Cuba.

La restauración de la monarquía en la persona de Alfonso XII puso fin a la situación de desorden y disolución del Estado. Cánovas del Castillo consiguió sacar adelante su proyecto político, es decir, el nuevo modelo de monarquía constitucional parlamentaria. Durante veinticinco años aquel «sistema» fue suficientemente operativo como para que España tuviera un Estado de derecho, se implantara un mecanismo convencional, pero ordenado, de alternancia de partidos en el gobierno, se consiguiera la reconciliación liberal en lugar del antiguo antagonismo, y la reconciliación entre la Iglesia y el Estado liberal. Pero aquella «edad dorada» de la restauración se vino abajo a raíz del desastre de 1898. El examen de conciencia nacional que se expresa en las voces críticas de la «generación del 98» denuncia los «vacíos de la restauración» y el alejamiento de Europa, al mismo tiempo que cobra fuerza la voluntad regeneracionista de hacer de España una nación moderna.

La monarquía constitucional de Isabel II. ¿El régimen de las clases medias?

El régimen liberal se había instaurado al socaire de la guerra carlista. La iniciativa estuvo primeramente en manos de los moderados, una de cuyas mejores cabezas, Martínez de la Rosa, inspiró en 1834 la promulgación del Estatuto Real, que no era una constitución, pero permitía ensayar un régimen representativo. Luego, durante la menor edad de Isabel II, el gobierno se desplazó hacia los progresistas, que abrieron el proceso desamortizador con Mendizábal, continuado años después por Madoz, mediante el cual se produjo en España la mayor transferencia de bienes, sobre todo rústicos, que pasaron de «manos muertas» a particulares, pero cuyos resultados no se correspondieron con las expectativas de una eficaz reforma agraria.

La desamortización no creó una amplia clase media campesina, que hubiera sido factor estructural de una sociedad equilibrada. Ciertamente hubo bastantes compradores medianos de origen rural, que ensancharon algo la clase media, pero sin hacerla prevalecer. Surgió un buen número de nuevos ricos entre los políticos profesionales y los funcionarios, y se enriquecieron más los que ya eran ricos, terratenientes y comerciantes. Se perjudicaron, en cambio, los antiguos colonos, por el encarecimiento de las rentas y, a veces, por la desposesión de las tierras que habían cultivado. La desamortización contribuyó a sustituir la sociedad señorial campesina por la nueva «sociedad caciquil», basada en las relaciones personales de patronazgo y en la distribución de bienes repartibles desde la administración o el poder político.

La constitución de 1837, mucho más perfecta técnicamente que la de 1812, fue obra de los progresistas, pero con algunas concesiones a los moderados, y lograba un mayor equilibrio entre la autoridad de las Cortes y la Corona, introduciendo el sistema bicameral del Congreso de los Diputados y el Senado.

Al terminar la guerra civil carlista en 1840, llegaba la hora de los generales victoriosos. El primero de todos, el gran vencedor, Baldomero Espartero, que había sido premiado con el título de duque de la Victoria. Fue proclamado regente, después de forzar la renuncia de la reina madre a la regencia. Los progresistas alcanzaban con él la más alta cota de poder. Pero la regencia de Espartero degeneró en un autoritarismo personalista, que le granjeó la oposición de muchos progresistas civiles, ofendidos por la arbitrariedad del clan militar del regente, o sea, de los llamados «ayacuchos»; oposición que finalmente se convirtió en conspiración. Por otra parte, el librecambismo, auspiciado por Espartero para satisfacer sus conexiones británicas, provocó una fuerte reacción contraria en Barcelona, para dominar la cual no tuvo empacho en ordenar el bombardeo de la ciudad catalana.

Espartero fue, sin duda, el personaje más popular y también más impopular del siglo XIX. Cayó víctima de su engreimiento, de su ofuscación y también de su escasa preparación doctrinal. Gustaba proclamar: «Hágase la voluntad nacional», y estaba dispuesto a servirla, pero siempre que coincidiera con la suya. En 1843, una sublevación iniciada por los progresistas y secundada por la espada de los moderados, el general Narváez, puso fin sin pena ni gloria a la regencia de Espartero, que hubo de huir a Londres en una fragata inglesa.

Comienza entonces la «década moderada», después del estéril trienio progresista. Los moderados en el poder fueron los creadores del aparato administrativo del nuevo orden liberal. Desde 1833 se habían desmantelado las instituciones y los principios del antiguo régimen, pero se había construido muy poco. Era necesario levantar el edificio del Estado liberal para no acampar a la intemperie. Los moderados consideraban concluida la revolución de la libertad, la revolución política. En el mensaje de la Corona al abrirse las Cortes de 1844 se declaraba que, «cansados [los españoles] de alternativas y trastornos, desean con ansia disfrutar de tranquilidad y sosiego bajo el imperio de la ley y a la sombra tutelar del trono». Desde este punto de vista, los antiguos revolucionarios liberales adoptaban una posición conservadora. La constitución de 1845 y las leyes orgánicas que la desarrollaban se inspiraban en el doctrinarismo que conjugaba el orden con la libertad.

El nuevo Estado liberal se asentó sobre criterios de uniformidad y centralización administrativa. Los modelos franceses estuvieron siempre presentes, aunque con variantes para adaptarlos a las peculiaridades españolas. El régimen provincial, instaurado en 1833, que había ideado un antiguo exiliado afrancesado, Javier de Burgos, imitaba los principios racionalizadores y uniformizadores de la distribución territorial francesa en departamentos, aunque en el caso de España se hicieran más concesiones a la herencia histórica y a las denominaciones tradicionales. Este régimen provincial ha subsistido hasta nuestros días, aunque ahora, en nuestro actual Estado de las autonomías, haya sufrido críticas desde algunos sectores políticos.

La reforma y racionalización de la Hacienda pública se llevó a cabo por la ley Mon-Santillán de 1845. Desde el tiempo de Ensenada y Floridablanca, en el siglo XVIII, se había pretendido modernizar la anacrónica e ineficaz fiscalidad, sin conseguirlo, hasta que se promulgó esta ley, que con su prolongada vigencia de más de medio siglo acreditó sus satisfactorios resultados. Se logró la simplificación del sistema impositivo, que se basaba fundamentalmente en la contribución territorial, rústica y urbana, y en el impuesto sobre transmisión de bienes por herencia, donación o venta, y que sería clave de la tributación moderna. Otro gobernante moderado, Bravo Murillo, acometió en 1851 el arreglo de la deuda pública, que pesaba gravemente sobre la Hacienda y que hasta entonces no se había resuelto.

El problema de la seguridad pública, un problema nacional que era urgente encarar a escala nacional en la era del ferrocarril, para que la circulación por los descampados no tuviera los

El régimen liberal se había instaurado al socaire de la guerra carlista. La iniciativa estuvo, primeramente, en manos de los moderados de Martínez de la Rosa, pero después el gobierno se desplazó hacia los progresistas, que abrieron el proceso desamortizador con Mendizábal (caricaturizado en la litografía). **La desamortización no creó una amplia clase media campesina —factor estructural de una sociedad equilibrada—, pero sí una «sociedad caciquil» que sustituyó a la «sociedad señorial».**

Después del estéril trienio progresista de Espartero, en 1843 comienza con Narváez (aquí retratado por Vicente López) **la Década Moderada. Es la era del ferrocarril, de la creación de la Guardia Civil, de la modernización de la Administración y de la Enseñanza pública, el Estado asentado sobre criterios de uniformidad y centralización.**

La revolución de 1854 acabó con la Década Moderada, sustituida por la Unión Liberal. Amalgama ésta de «resellados» moderados y progresistas, fue creación de una espada brillante (la del general O'Donnell, en el grabado) **y de un gran manipulador, Posada Herrera, desde el Ministerio de Gobernación. Posada acertó a manejar los hilos del telégrafo —la gran novedad de entonces— y los del trucaje electoral.**

riesgos que hasta entonces soportaban las diligencias o los viajeros solitarios, se afrontó en 1844 con la creación de la Guardia Civil, adaptación española de la gendarmería francesa. Mal vista al principio por los progresistas, que temían se convirtiera en una milicia de los moderados para contrarrestar la «milicia nacional» controlada por ellos, terminó siendo aceptada por todos, y así ha llegado hasta nuestros días, demostrando su eficacia como institución al servicio de los intereses nacionales, y no de los partidos.

Las construcciones ferroviarias se iniciaron en esta década, así como la preparación de varios proyectos para una ley general de ferrocarriles que, sin embargo, no se promulgó por entonces. El ferrocarril era la «revolución de los transportes», que incidiría decisivamente sobre el futuro económico de España. Precisamente la especulación desatada por las concesiones ferroviarias desprestigió a José Luis Sartorius, conde de San Luis, que estaba al frente del gobierno moderado en 1854 y que fue factor desencadenante de la revolución militar que puso término a la «década».

Los moderados habían puesto en práctica también una amplia política de «fomento», como se denominaba entonces a la que hoy llamaríamos «política de desarrollo»: construcción de carreteras, construcciones navales, acondicionamiento de puertos, suministro de agua a las ciudades y otras numerosas obras públicas. Dentro de la política de fomento hay que señalar también la modernización de la enseñanza pública por el «plan Pidal» de 1845, que configuró la enseñanza de grado medio y creó los institutos y el profesorado para impartirla; así como, más tarde, en 1857, fue otro moderado, Claudio Moyano, el organizador de la moderna Universidad española, según el modelo francés, por supuesto, que ha durado casi un siglo, hasta las reformas de 1943.

Todo este aparato del Estado liberal que se estaba creando requería una burocracia más profesionalizada. Hasta entonces los empleos públicos se asignaban a dedo, como premios a las clientelas políticas o personales, y a dedo eran cesados. La literatura y la sátira social de aquellos tiempos está llena de alusiones a la «empleomanía» y a los «cesantes». Bravo Murillo, uno de los mejores talentos organizadores de su tiempo, quiso modernizar la administración creando cuerpos de funcionarios, a los que se accediera mediante pruebas de capacitación profesional y ajenos a los vaivenes de la política. El real decreto de 18 de junio de 1852 constituye el primer jalón en la moderna función pública española.

Bravo Murillo ha tenido mala prensa entre los historiadores

de izquierdas, que olvidan su talento hacendístico y administrativo, porque fue ciertamente un moderado con sobra de autoritarismo y con la menor cantidad de liberalismo posible. Era, en verdad, un tecnócrata ajeno a los principios liberales. Por eso, en 1852, y alentado por el ejemplo de Napoleón III, intentó una reforma constitucional que suponía la regresión al *status* político propio del despotismo ilustrado del siglo XVIII. Contra su proyecto se concitaron todos los liberales y las más ilustres figuras militares, a cuya cabeza se hallaba Narváez, y que provocaron la fulminante caída de aquel político civil que, por la falta de tacto habitual en él y su exceso de arrogancia, había anunciado que ahorcaría políticamente a los generales con sus propios fajines y sin quitarse el frac.

Muchos fueron los gobiernos moderados de la «década» porque varias eran las tendencias y grupos de notables que integraban aquel partido. Pero el sustrato común de los moderados lo daba el general Ramón María de Narváez, otro de los prestigiosos militares surgidos de la guerra carlista. Émulo y rival profesionalmente de Espartero, se convirtió en la espada de los moderados porque Espartero lo era de los progresistas. No fue hombre versado en doctrina y a eso atribuye Balmes su versatilidad entre las diferentes tendencias. Hombre de carácter violento, había en él probablemente un fondo psicopático que le hacía fluctuar entre fases de euforia y depresión. Le tocó ser el hombre fuerte de 1848, cuando Europa se debatía en una grave marejada revolucionaria, que él acertó a alejar de España, y esto le dio crédito político exterior y también reforzó el suyo interiormente, que supo capitalizar según su fórmula de que «gobernar es resistir».

La revolución de 1854 acabó con la década moderada y estuvo movida por dos palancas: la del general O'Donnell, con los moderados del sector crítico llamado «puritano» y el apoyo de algunos banqueros (Sevillano, Collado), y la de los progresistas, con su apelación a las barricadas. En la sombra no podía faltar algún diplomático intrigante, que en este caso fue el encargado de negocios norteamericano Pierre Soulé, quien pretendía sacar de todo ello la cesión de Cuba a Estados Unidos. En los sucesos de la revolución de 1854 empezó a despuntar la estrella del joven Cánovas del Castillo, a quien O'Donnell le encomendó redactar el manifiesto de Manzanares, por el que se convocaba a los progresistas para sumarse al pronunciamiento militar.

El triunfo del pronunciamiento y de la revolución de las barricadas produjo un extraño maridaje entre O'Donnell y Espartero, que no podía subsistir mucho tiempo. Durante un bienio gobernaron juntos, se aprobó una nueva constitución que no llegó a promulgarse y se aprobaron algunas importantes leyes, como la de ferrocarriles de 1855 y la de banca y sociedades de crédito de 1856, gracias a la cual se creó el marco legal del sistema financiero moderno. Pero la «entente» no muy cordial del bienio moderado-progresista estaba a merced de las relaciones entre las dos espadas que la apoyaban. O'Donnell consiguió desplazar a Espartero e irrumpió entonces al frente de un nuevo partido, la Unión Liberal, formado con los «resellados», o sea, los tránsfugas de los otros dos partidos desgastados por su inveterado antagonismo.

La Unión Liberal fue la creación de una espada brillante, O'Donnell, y un gran electorero, Posada Herrera, que desde el Ministerio de Gobernación acertó a manejar los hilos del telégrafo, la gran novedad de entonces, y los demás hilos del trucaje electoral. La Unión Liberal dio durante algunos años estabilidad a la dirección gubernamental y se propuso lo que entendía era una «política práctica» y una «política de prestigio», inspiradas en el ejemplo coetáneo de Napoleón III.

Fue el emperador francés quien instó a O'Donnell para concertarse a fin de realizar una expedición «de castigo» al Annam («expedición de Cochinchina») por el asesinato de un obispo español y otros misioneros. Francia necesitaba del apoyo español para disponer de Filipinas como base de operaciones. Realizada la expedición en 1858, los españoles abandonaron el territorio annamita, pero los franceses iniciaron allí su asentamiento colonial.

Al siguiente año se produjo un incidente fronterizo en los límites de las plazas norteafricanas de soberanía española. O'Donnell no aceptó las explicaciones del sultán y España declaró la guerra a Marruecos. Tras dos brillantes acciones militares en el valle de los Castillejos y en Wad-Rass, el sultán pidió la paz presionado por Inglaterra, que no quería ver instalada en Tánger a España. El conflicto se zanjó mediante el pago de una indemnización y la cesión del territorio de Santa Cruz de Mar Pequeña (Ifni). Los cañones tomados al enemigo fueron fundidos para hacer los leones que decoran la entrada del Congreso de los Diputados.

El 4 de abril de 1861 el presidente dominicano Santana declaró la anexión de la república insular a España y las Cortes la aceptaron unos días después. La efímera anexión se canceló formalmente en 1865, cuando las Cortes españolas decretaron el abandono de Santo Domingo. Aquel episodio había tenido su origen en el temor de los dominicanos a ser invadidos por los negros de Haití, pero luego se complicó con las rivalidades y facciones de la política interior dominicana.

También fue iniciativa de Napoleón III la expedición a México en 1861-1862. Con el pretexto de resarcirse de la deuda exterior mexicana, Francia e Inglaterra proyectaron una expedición militar, a la que se sumó también España. El objetivo francés apuntaba más lejos, pues se proponía instalar al archiduque Maximiliano como emperador de aquel país. Afortunadamente el general Prim, jefe de la fuerza militar española expedicionaria, tuvo el buen sentido de retirarse de aquella aventura, que terminó con el fusilamiento de Maximiliano en Querétaro.

Todas estas intervenciones exteriores, con las que O'Donnell pretendía galvanizar el espíritu nacionalista de los españoles, cuando el nacionalismo exaltaba los sentimientos de la mayor parte de los pueblos europeos, no encontraron aquí la respuesta que esperaba. Tampoco las medidas económicas de la «política práctica» daban resultados espectaculares, aun cuando entonces se fomentaron las inversiones de capital extranjero y se activaron considerablemente las construcciones ferroviarias. Eran muchos los obstáculos que se oponían a un crecimiento de la economía española parejo al de las naciones más avanzadas en el camino de la revolución industrial. España había tenido que reajustar su economía a la separación de la América hispana, dándose prioridad en el sector agrario a la extensión de los cultivos, especialmente cerealísticos, gracias a lo cual se consiguió un abastecimiento autosuficiente para una población que en el censo de 1857, el primero de los censos de la estadística moderna, llegaba a casi quince millones y medio de habitantes.

La modernización de la economía tropezaba con el alto coste de la infraestructura de las comunicaciones interiores, por las condiciones orográficas de la Península; tropezaba también con la escasez de capitales, no obstante la movilización de los bienes desamortizados. Se pueden añadir otros obstáculos: la escasez de fuentes de energía y, sobre todo, la falta de espíritu empresarial desarrollado. Sólo en Cataluña y en Vizcaya apuntaba un empresariado activo, pero alicorto, preocupado por asegurarse el modesto mercado interior a base de medidas proteccionistas. Eran aquéllos los años de los grandes debates en Europa entre proteccionismo y librecambismo.

En 1863 cayó el «gobierno largo» de O'Donnell, víctima de una intriga palatina. Desde entonces los gobiernos y la reina se precipitan hacia el derrumbadero, en el que caerán cuando falten las espadas de Narváez y O'Donnell, que fallecen en 1867 y

1868 respectivamente. Además, dos años consecutivos de malas cosechas creaban una situación inquietante de carestía en el verano de 1868. Desde dos años antes, en toda Europa se había hecho notar la crisis económica que estalló por la quiebra de la Overend Guerney Co. La resaca de aquella crisis acabaría también con los primeros y débiles intentos surgidos desde 1856 para crear una moderna banca española, intentos que sólo pudieron ser recuperados después de 1874.

En medio, pues, de la inconsistencia de unos gobiernos cortesanos y del ambiente inquieto de la crisis económica, se produjo en el mes de setiembre un pronunciamiento no ya contra el gobierno, sino contra el trono de la reina Isabel. Una vez más los generales, y no las clases medias, se convertían en fuente de poder.

La revolución de 1868. Monarquía democrática y república federal

Prim fue el eje de la conspiración y el cerebro de la revolución que estalló en Cádiz el 18 de setiembre de 1868. Este general se había convertido en la nueva espada de los progresistas, tomando el relevo del envejecido Espartero. Para asegurar el éxito quiso incorporar a los epígonos de la Unión Liberal, en cuyas filas militaban muchos altos mandos del ejército y de la marina, entre ellos el inevitable general Serrano y el almirante Topete. Aquélla fue la primera vez que los marinos tomaron parte en un pronunciamiento. Además, se incorporaron al frente revolucionario los demócratas, que eran pocos en número, pero daban un novedoso tinte ideológico a la insurrección, que exhibía además un contenido ético y no sólo político, bajo el lema de «España con honra».

El «grito de Cádiz» no sorprendió a nadie, salvo a la desprevenida reina, que tomaba los baños de mar en Lequeitio, por consejo médico, y que tuvo el tiempo justo de huir a Francia, mientras las tropas del gobierno se pasaban a los rebeldes, después de un indeciso combate en el puente de Alcolea, cerca de Córdoba. Al mismo tiempo Prim, que había zarpado de Cádiz en una fragata, sublevaba el Levante mediterráneo y desembarcaba en Barcelona.

El general Serrano, el primero en llegar a Madrid, se encargó de formar gobierno el 8 de octubre, con unionistas y progresistas, dejando fuera a los demócratas. A Prim se le asignó el Ministerio de la Guerra, desde el que se constituyó en el hombre fuerte de la revolución. El gobierno provisional convocó elecciones a Cortes constituyentes, que habían de dirimir la cuestión de régimen. ¿Monarquía o república? Un sector de los demócratas se declaraba republicano. Unionistas y progresistas eran monárquicos, pero vetaban a la dinastía borbónica. En el vértigo de la dinámica revolucionaria hubo tiempo para ensayar los dos regímenes.

La constitución de 1869 asumió parcialmente la ideología democrática y, con ella, el sufragio universal. La cuestión de régimen se resolvió a favor de la monarquía, pero el primer rey de la nueva dinastía debería ser elegido por las Cortes. La elección de rey se convirtió en un problema internacional, que generó el estallido de la guerra franco-prusiana de 1870. Después de muchas dificultades, y no sin que mediaran las logias en el asunto, fue elegido Amadeo de Saboya, duque de Aosta, hijo del rey de Italia. Ciento noventa y un diputados votaron a su favor. Para muchos españoles fue un «rey intruso», el «rey de los 191». Cuando Amadeo llegó a España había muerto asesinado su mejor valedor, el general Prim.

Quiso Amadeo I ser un buen rey constitucional y democrático, pero no pudo hacerse aceptar por el pueblo. Tenía frente a él la indiferencia general, el vacío o la hostilidad de los sectores sociales más relevantes. Además, tenía a los carlistas alzados en armas en nueva guerra civil, a los republicanos al acecho. Los alfonsinos empezaban a moverse. La gran masa católica veía con malos ojos en el trono de España a un miembro de la Casa de Saboya, la que acababa de expulsar de Roma al Papa.

La reducida clase política que le apoyaba se enzarzaba en disputas personales o de bandería. Los herederos políticos de Prim se habían dividido, en seguidores de Ruiz Zorrilla unos y de Sagasta otros. El rey Amadeo, desprovisto de ambición y considerando imposible que su monarquía se consolidara, abdicó al cabo de dos años.

Un amaño de Nicolás María Rivero, presidente del Congreso de los Diputados, con Cristino Martos, que lo era del Senado, propició la convocatoria de una Asamblea Nacional que proclamó la república el 11 de febrero de 1873. Se dio la paradoja de que una asamblea de monárquicos ex amadeístas trajo la república, que, unos meses después, caería derribada por los republicanos. El área de consenso de la república era más bien escasa: algunos sectores de las clases medias politizadas hacia la izquierda, algunos intelectuales idealistas, el impreciso apoyo inicial de los obreros movilizados por los agitadores anarquistas, que entonces empezaban a difundir los ideales de Bakunin. En el plano internacional, la república fue acogida con mucha prevención: sólo Estados Unidos y Suiza la reconocieron. Ni siquiera lo hizo la Francia de la tercera República, donde el recuerdo muy próximo de la Comuna de París frenaba cualquier proclividad revolucionaria.

El primer gobierno de la república, presidido por Estanislao Figueras, tuvo como ministro de Gobernación a Pi y Margall, a quien correspondió preparar las elecciones a Cortes de las que debería salir la constitución federal. La mayoría de los republicanos eran federalistas, aunque disentían en el procedimiento de instaurar la federación. Para unos debía hacerse de abajo arriba, según el modelo de los pactos sinalagmáticos que había predicado precisamente Pi y Margall, el teórico más destacado del federalismo. Para otros, la federación debía implantarse de arriba abajo, sin soltar las amarras institucionales del Estado. En este polémico enfrentamiento se iba a debatir la historia de la república y su definitiva frustración.

Reunidas las Cortes constituyentes, ante las que dimitió Figueras, fue elegido Pi y Margall presidente del poder ejecutivo de la república. La inmadurez doctrinal del federalismo español se hizo evidente en la incapacidad de ponerse de acuerdo para sacar adelante un proyecto constitucional. Entretanto los más radicales conspiraban para provocar el alzamiento en armas de los «cantones». Se alegaba que los cantones eran la vía para legitimar la superior unidad federal; pero, por de pronto, expresaban el gozo pueblerino de romper los lazos con las capitales provinciales y de éstas con Madrid. Era un modo irreflexivo y espontáneo de dar la vuelta a la centralización del Estado que había inspirado al liberalismo del siglo XIX.

El Comité Central de Salvación Pública de los federalistas «intransigentes» dio la orden de insurrección. El 12 de junio estalló en Cartagena, donde se sumaron la guarnición y la escuadra, y fue base del «cantón murciano», el más importante de todos los alzados.

Luego la insurrección se extendió a Valencia, Málaga, Sevilla, Granada y otras localidades andaluzas y levantinas. En algunas ciudades castellano-leonesas, como Toro o Béjar, el alzamiento cantonal se disolvió por sí mismo, falto de consistencia. En cambio, en Cataluña, donde el federalismo tenía alguna solera, no hubo insurrección cantonal.

Desbordado Pi y Margall por la anarquía de los cantones, incapaz de dominarla políticamente y no queriendo echar mano de la fuerza militar, dimitió la presidencia de la república, que pasó a manos de Nicolás Salmerón. A él tocó hacer frente con

En 1863 cayó el Gobierno Largo de O'Donnell y, a partir de entonces, los gabinetes y la reina se precipitan hacia el derrumbadero. Los generales Prim y Serrano serían los ejes de la conspiración y de la revolución que estalló en Cádiz el 18 de septiembre de 1868. Estallido que no sorprendió a nadie salvo a la desprevenida Isabel II, que tomaba los baños de mar en Lequeitio y tuvo el tiempo justo para huir a Francia (en la estampa).

Desprovisto de ambición, y considerando imposible que su monarquía democrática se consolidara, Amadeo I abdicó en 1872, a los dos años de ser elegido por las Cortes. Esas mismas Cortes proclamarían la República el 11 de febrero de 1873. Víctimas del desorden financiero, el caos político y la presión militar, las Cortes republicanas eran disueltas el 4 de enero de 1874 por el general Pavía. Tras el interregno de la República Ducal del general Serrano, la monarquía borbónica será restaurada a fines de 1875 por Martínez Campos y Cánovas del Castillo. (Éste aparece, en la imagen, sosteniendo los Evangelios sobre los que jura la Regencia doña María Cristina de Habsburgo-Lorena, madre de Alfonso XIII.)

Tras la pérdida de Cuba, Puerto Rico y Filipinas (en el grabado, prolegómenos en Washington a la firma de la Paz de París), **el desastre del 98 fue algo más que una derrota militar o la liquidación del antiguo Imperio: actuó como revulsivo de la conciencia nacional y está en los inicios de la nueva España «que a vivir empieza» en el siglo XX.**

las armas a los cantonales, al mismo tiempo que proseguía la guerra contra los carlistas, fuertes en las provincias vascas, en Navarra y en parte de Cataluña. Una columna mandada por el general Pavía sometió en menos de dos meses a los cantones andaluces, salvo el de Málaga. Otra columna, que había tomado Valencia el 8 de agosto, mandada por Martínez Campos, se dirigió luego sobre Cartagena, para establecer el cerco de la plaza fuerte rebelde, que resistió hasta el 12 de enero de 1874. Algunos historiadores se han preguntado cómo con muy escasos medios militares se venció con tanta facilidad una insurrección bastante extensa y que contó con ciertos soportes populares. La explicación tal vez esté en la falta de dirección y la incapacidad de coordinación de los cantonales.

Salmerón había dimitido el 5 de setiembre y dejado el poder a Emilio Castelar, cuarto presidente de la república, para que éste diera el «giro a la derecha» que consideraba necesario para salvar la república no sólo del caos político, sino también del desorden financiero y de la doble presión militar, carlista y cubana. Porque también en la «Perla de las Antillas» continuaba la insurrección iniciada en 1868. Nunca el Estado se había hallado más próximo a la disolución. Castelar presidió, por tanto, la llamada «república conservadora», la que, segun él, debía ser «de todos, por todos y para todos». El programa de Castelar proponía rehacer la unidad nacional, sin renunciar al federalismo, restablecer el orden frente a la anarquía y salvar la bancarrota financiera. Pero la república «de todos y por todos» necesitaba el concurso de los no republicanos: esta contradicción empujaba a la república a su destrucción.

El presidente Castelar gobernó con las Cortes cerradas para verse libre de entorpecimientos parlamentarios hasta el 2 de enero. Cuando se reabrieron las sesiones, una mayoría suicida le negó la confianza parlamentaria y tuvo que dimitir. El capitán general de Madrid, Pavía, había anunciado que si se negaba la confianza a Castelar disolvería las Cortes por la fuerza. Es lo que hizo en la madrugada del 4 de enero. Pero, no queriendo asumir personalmente el gobierno, dejó en manos de una comisión de notables la decisión. Así es como el día 8 era proclamado el general Serrano, duque de la Torre, el hombre idóneo para las situaciones excepcionales, presidente del poder ejecutivo de la república, con la misma denominación que los anteriores. Pero ésta ya no era la república de los federalistas, ni siquiera la república de los republicanos.

Trató Serrano de prolongar aquella situación, a todas luces transitoria, en su provecho personal. Era la «república ducal», la del duque de la Torre, un monárquico que, al asumir la jefatura del Estado, no hacía nada por restablecer la monarquía. Por entonces también la presidencia de la República Francesa había recaído en un monárquico, el general duque de Mac-Mahon, que tampoco restauraba en Francia la monarquía. Por eso Cánovas del Castillo se refería al «mac-mahonismo» del general Serrano como «la aspiración perpetua al poder supremo de un soldado con fortuna».

La restauración alfonsina. El «sistema canovista»

El golpe de Estado de Sagunto restauró la monarquía en la persona de Alfonso XII, hijo de Isabel II. El golpe fue cosa del general Martínez Campos, en desacuerdo con Cánovas del Castillo, que era el jefe autorizado del partido alfonsino, y que no deseaba alcanzar el objetivo restaurador por el resurso a la fuerza, sino por una especie de clamor de la opinión popular. Pero, una vez triunfante el golpe, Martínez Campos entregó las riendas del gobierno a Cánovas del Castillo, quien se convirtió así en el artífice del sistema político que caracteriza a la monarquía de Sagunto.

El nuevo sistema de monarquía constitucional en nada había de parecerse al de Isabel II. Ni antagonismos aniquiladores entre los partidos de gobierno, ni soporte militar de las espadas, ni presiones de camarillas o grupos de influencia entre bastidores palatinos. El organismo político propiciado por Cánovas se asentaba sobre los pilares de la Corona y las Cortes, o sea, las dos instituciones emanadas, según los liberales doctrinarios, de la «constitución histórica» española y que, por tanto, eran anteriores a toda constitución escrita. La armonía de esas dos instituciones, sustentadoras de la soberanía nacional, era la clave de un juego equilibrado de poderes. El ejercicio ordenado del gobierno había de lograrse por medio de un bipartidismo para alternarse en el poder y en la oposición, un «turno pacífico» a la inglesa. Cánovas del Castillo era de modesta familia mesocrática y quedó huérfano a los quince años; por eso había escalado la carrera política gracias al talento y al esfuerzo. Unía a su formación profesional jurídica y política una sólida vocación de historiador. Esta doble formación inspiró el sistema que logró hacer de la monarquía restaurada la base de un Estado de derecho, inspirado en el espíritu de conciliación y concordia de los españoles, gracias al cual evitó prosperara el revanchismo del ala dura de los antiguos moderados isabelinos, y se hizo posible la incorporación al régimen de los hombres que habían protagonizado la revolución de 1868. Del sistema político canovista sólo quedaron fuera los que voluntariamente se excluyeron: los carlistas por la derecha y los republicanos por la izquierda.

De momento había que constitucionalizar el nuevo modelo de la monarquía, para el que resultaban inservibles todas las constituciones anteriores. Así se elaboró la de 1876, que había de lograr medio siglo de vigencia. Era un texto constitucional sobrio en el enunciado de los principios, abierto a interpretaciones programáticas diferentes al desarrollarse las leyes orgánicas complementarias. Así, aquella constitución amparó lo mismo el régimen representativo de sufragio censatario, grato a Cánovas, que el de sufragio universal, aprobado por Sagasta en 1890. Por primera vez en España no era la constitución de un partido, y con ella pudieron gobernar partidos diferentes y opuestos.

Esta labor constituyente corrió pareja a la pacificación de los conflictos bélicos que había heredado la monarquía de Sagunto. En 1875 el gobierno intensificó el esfuerzo militar, los carlistas fueron desalojados de Cataluña y, al comenzar 1876, la correlación de fuerzas era abrumadoramente favorable al gobierno, en proporción de cinco a uno. En estas condiciones el final de la lucha se hallaba próximo. No hubo en esta ocasión negociaciones ni abrazos de Vergara. El ejército carlista simplemente desapareció, y el pretendiente carlista repasaba la frontera el 28 de febrero. Veinte días después Alfonso XII era aclamado en Madrid como «el Pacificador».

Quedaba todavía el conflicto cubano. Se encomendó al general Martínez Campos la solución del mismo, lo que consiguió combinando la vía militar y la política. Gracias a una serie de operaciones logró aislar a los dos jefes adversarios, Máximo Gómez y Maceo, y ocupó estratégicamente la isla, tras lo cual ofreció reformas administrativas y un régimen autonómico. Se puso fin de este modo a la guerra cubana «de los diez años», mediante la paz del Zanjón, el 2 de febrero de 1878, negociada con los rebeldes.

Los veinte años siguientes son los años dorados del sistema canovista. El turno de los partidos, la derecha y la izquierda del régimen, que dirigen Cánovas y Sagasta, funciona correctamente. Incluso la prematura muerte de Alfonso XII en 1885 no alteró el buen funcionamiento del turno durante la regencia de la reina María Cristina, madre de Alfonso XIII. El ejército, cumplida su misión bélica contra los carlistas y los insurrectos cubanos, volvió a los cuarteles, sin que se entrometiera ya en la política. Eran años de prosperidad económica. El mercado interior se iba ampliando, gracias sobre todo al ferrocarril, que entre 1865 y 1899 multiplicaba por cuatro el tráfico de mercancías, y por tres y medio el de viajeros, a la vez que el coste por tonelada y kilómetro se rebajaba considerablemente a 0,10 pesetas, y competía así ventajosamente en rapidez y precio con el transporte por carretera, que resultaba a una media de 0,25 pesetas.

La expansión bancaria se hizo notar sobre el conjunto de las relaciones económicas. El desarrollo pudo financiarse en parte por el ahorro propio, pero sobre todo por las inversiones extranjeras. No se produjo una transformación sustancial de la economía agraria, si bien la introducción de nuevas técnicas de abono permitió incrementar la producción por unidad de superficie. Aunque desde 1870 disminuyó el área de cultivos cerealísticos, aumentaron las del olivo y la vid, esta última en un crecimiento irregular, por la repercusión de la filoxera de Francia y por la propagación finalmente de esa misma plaga a España. También aumentaron los regadíos y los frutales: es en este período cuando aparece un sector agrícola moderno orientado al mercado exterior, como ocurrió con los agrios y los frutos secos. Durante la restauración se experimentó también una primera fase en el equipamiento industrial moderno, sobre todo en los textiles catalanes y en la siderurgia vizcaína y la construcción naval. Pero el desarrollo industrial se producía por tirones inconexos de los distintos sectores, sin contrapesos espontáneos, de lo que se dedujeron unas estructuras económicas imperfectas, que habían de prolongarse bien entrado el siglo XX.

El desarrollo de la economía industrial contribuyó a que se manifestase la «cuestión social», en las fábricas y en el campo, que las incipientes organizaciones obreras, las federaciones anarquistas o el Partido Socialista y el sindicato de la UGT planteaban en términos de lucha de clases; en tanto que en los sectores gubernamentales surgían corrientes propicias al reformismo social, que cristalizaron en 1883 en la creación de la Comisión de Reformas Sociales, primer antecedente de la administración pública española de carácter social. La tensión de las luchas obreras ocasionó la aparición de fenómenos terroristas, que perturbaron el remanso de tranquilidad en que se desenvolvía la vida pública durante este período, terrorismo que culminó en el asesinato de Cánovas del Castillo en 1897 a manos del anarquista Angiolillo y en la explosión de la bomba del Liceo de Barcelona en 1895.

El desastre de 1898

Cuando murió Cánovas llegaba a su momento culminante la crisis hispano-cubana, que desembocaría en la guerra declarada por Estados Unidos. Desde 1895 se había reanudado la insurrección en Cuba, al no haberse producido en tiempo oportuno las reformas ofrecidas en la paz del Zanjón. La nueva insurrección estaba alentada por Estados Unidos, que deseaba hacerse con el control de la isla y que desde tiempo atrás había intentado comprar a España aquella colonia. Existía el antecedente de la compraventa de Florida en 1819. En 1848, en 1854 y en 1868 se hicieron ofrecimientos en este sentido por parte de Estados Unidos, que siempre fueron rechazados por los gobiernos españoles. Ya en 1854, el «informe de Ostende», redactado por los embajadores Buchanan, Soule y Mason, proponía la compra de Cuba o alternativamente la conquista de la isla por las armas, si España se negaba a vender.

Desde 1895 la ayuda a los insurrectos enmascaraba las verdaderas intenciones de la intervención norteamericana. La doctrina del «destino manifiesto» encendía los sentimientos nacionalistas en Estados Unidos y fomentó la convicción de la superioridad de la raza anglosajona, llamada a dominar y educar a las razas más débiles, convicción de la que era un exponente el éxito de la obra de Strong *Our Country,* que, reforzada por razones geoestratégicas expuestas en otras obras resonantes del marino Alfred Mahan, constituyeron la base ideológica en Estados Unidos para hacer la guerra a España.

Quiso España salvaguardar Cuba cediendo a la presión diplomática estadounidense y otorgando una constitución política que establecía allí un régimen autonómico muy amplio, que entró en vigor el 1 de enero de 1898. Doce días después el presidente Mac Kinley mandó hacer una demostración naval ante La Habana, de resultas de la cual ocurrió la explosión del acorazado *Maine,* que vino a constituir el factor desencadenante de la crisis final. Los más importantes periódicos de las cadenas de Hearts y Pullitzer competían en excitar los sentimientos belicistas populares. Entretanto, el gobierno de Estados Unidos mantenía una doble negociación con España, una de carácter secreto para la compra de Cuba y otra pública en que exigía la independencia de la colonia. Al fracasar la primera sólo quedó en pie la segunda.

Así las cosas, el 25 de abril el Congreso de Estados Unidos

declaró la guerra a España. Fue una guerra absolutamente desigual, en la que España hizo frente sola, sin aliados, a la joven potencia norteamericana. La lucha se desarrolló en dos escenarios: en el Pacífico, la escuadra norteamericana derrotó a la española ante el fuerte de Cavite, tras lo cual se produjo la ocupación de Manila; y en el Caribe, donde la escuadra de Simpson, cuatro veces superior a la española en potencia de fuego y alcance artillero, destruyó la del almirante Cervera, al habérsele ordenado a éste abandonar la bahía de Santiago, donde el almirante español quería mantenerse para ayudar a la resistencia de la plaza sitiada por el enemigo. Además, otra fuerza de desembarco conquistó fácilmente la indefensa isla de Puerto Rico.

Al recibirse en Madrid las noticias de los desastres de Cavite y Santiago, se solicitó el armisticio, firmado el 12 de agosto. El tratado de paz impuesto por Estados Unidos en París el 10 de diciembre fue un «dictado», no el resultado de una negociación. Todas las enmiendas españolas fueron rechazadas, incluso la que España proponía para asegurar la independencia de Cuba. Por ese tratado España cedía a Estados Unidos la soberanía en Cuba, Puerto Rico y Filipinas, así como la isla de Guam en las Marianas. Sólo en 1903 Estados Unidos otorgó a Cuba una independencia tutelada.

Pero el «desastre del 98» fue algo más que una derrota militar o la liquidación de los últimos vestigios del antiguo imperio hispánico. Actuó como un revulsivo de la conciencia nacional que está en los inicios de la nueva España «que a vivir empieza» en el siglo XX.

CAPÍTULO 13

Una España que a vivir empieza

En la reacción inmediata al «desastre» destacan dos connotaciones: el abatimiento del ánimo popular y el examen de conciencia colectivo que afectó a los sectores de opinión más calificados. A la polémica de las responsabilidades, estéril como suelen serlo todas las de esa clase en análogas circunstancias, siguió un revisionismo crítico de la situación, tanto entre los políticos de dentro y fuera del régimen, como entre los portavoces intelectuales de la sociedad. La que más tarde sería llamada «generación del 98» es un exponente de lo que representaron las minorías intelectuales en el despertar de España a una nueva vida, tratando de sintonizar con el ritmo de los países europeos más avanzados de nuestro entorno.

Regeneracionistas y noventayochistas

El revisionismo político desde el plano de los partidos de gobierno fue iniciado por Silvela, para incorporar al sistema «turnante» a las nuevas fuerzas políticas regionales que se habían generado en la sociedad española. Los mejores valedores del propósito revisionista fueron, más tarde, Maura y Canalejas, a la derecha y a la izquierda del régimen respectivamente.

Los regeneracionistas propugnaban un revisionismo radical, que no se limitaba a denunciar la ineficacia de los partidos gobernantes, sino que reclamaba la atención prioritaria a las necesidades reales de España, es decir, a la recuperación del atraso económico. El apogeo de los regeneracionistas se sitúa entre 1899 y 1906, y estuvieron flanqueados por «el feroz análisis de todo» que llevaron a cabo los intelectuales de la generación del 98, según palabras de Azorín, uno de ellos.

Los regeneracionistas, por su sentido pragmático aplicado a la economía y a la administración, han sido comparados unas veces a los arbitristas del siglo XVII, otras a los tecnócratas de nuestro tiempo. Creían poder transformar la realidad y mejorarla gracias a un esfuerzo colectivo inteligente, y en ese sentido sintonizaban con la línea progresista. Joaquín Costa, su más notable figura, era hombre del Pirineo oscense, polígrafo incansable, aplicado a múltiples actividades. De varia y dispersa cultura, proyectista imaginativo, hombre de acción y no sólo de reflexión, se consumió en escarceos políticos fracasados, pero dejó la siembra de un ideario muy simple en sus demandas, fáciles de incorporar por ello a los programas de los demás. Dotado del don de la comunicación, acuñó lemas que tuvieron amplio eco. Demócrata a su manera, no tenía inconveniente en preconizar la conveniencia de «un cirujano de hierro» para una política de realidades, frente a la ineficaz verborrea liberal del siglo XIX. A mitad de camino entre el despotismo ilustrado y la dictadura revolucionaria, despreciaba el mecanismo institucional de su tiempo, que consideraba viciado por la «oligarquía» y el «caciquismo». Ponía el acento, sobre todo, en lo económico, convencido de que con una economía medieval no se podía construir una nación moderna. Por eso reclamaba «escuela y despensa», es decir, una política de instrucción pública y de promoción de la riqueza, basada en el aprovechamiento de los recursos hidráulicos para regar el sediento campo español. El agrarismo regeneracionista de Costa se completaba con el fomento del crédito agrícola, la repoblación forestal y la construcción de obras públicas de infraestructura.

Los regeneracionistas fueron voceros de la «europeización» de España. La polémica tradición-europeización se remontaba a los últimos lustros del siglo XIX, y dio lugar a múltiples ensayos, artículos y discursos. En verdad, en ella se refleja una arriscada «guerra intelectual» sobre el ser de España. Unos renegaban del pasado, otros lo sublimaban; unos proclamaban un mañana sin ayer, otros un ayer sin mañana. Esta polémica había arrastrado a dos figuras estelares de su tiempo, a Marcelino Menéndez Pelayo y a Francisco Giner de los Ríos. En las confrontaciones de esta naturaleza se percibe un eco español de lo que fue la polémica del positivismo europeo, las disputas sobre la ciencia y la fe, sobre la Iglesia y la cultura moderna. Pero, como Azorín comentó en 1912, a la muerte de Joaquín Costa, la europeización no significaba borrar todo lo español antiguo, de lo que muy pocos renegaban, sino «encauzar lo genuino español en aquellos cánones, reglas y moldes que puedan ser comunes a todos los pueblos civilizados».

Los hombres de letras de la «generación del 98» también participaron en las polémicas del casticismo y la modernización, de la tradición y el europeísmo. Precisamente en 1898 había ocurrido la trágica muerte de Ángel Ganivet, autor del *Idearium español* y a quien se puede considerar el precursor en la búsqueda de lo español esencial, de la intrahistoria, que estaba en el fondo del análisis histórico de los noventayochistas, tema que apasionaba singularmente a Unamuno, quien ya en 1895 había publicado en *La España moderna* su serie de artículos «En torno al casticismo». Unamuno, con José Martínez Ruiz *(Azorín)* y Antonio Machado, son las tres grandes figuras literarias e intelectuales de aquella generación, a las que se suman otras relevantes, como Pío Baroja, Ramón del Valle-Inclán, Ramiro de Maeztu, que enlazan con hombres más jóvenes, como Pérez de Ayala o Ramón de Basterra, fluctuantes a veces en sus posturas ideológicas, pero inspirados todos en el patriotismo dinámico de su inconformismo, que los hacía abominar de la España «vieja y tahúr, zaragatera y triste». Pero con el transcurso de los años, superados los radicalismos juveniles, se afirmaron también en la apreciación positiva de la cultura española vista con ojos modernos. De este modo se convirtieron en inspiradores de la renovación de los gustos, las actitudes mentales y los hábitos de la vida española.

Al redescubrimiento de España, en los albores del siglo XX, se suman también los músicos como Albéniz y Falla, o los pintores como Regoyos o Zuloaga. Se inicia así el «medio siglo de plata» de la cultura literaria y artística de España que ha florecido durante la primera mitad de este siglo.

A los hombres de la generación literaria del 98 los acompañan, en el panorama cultural, como observó Gregorio Marañón, otros hombres de ciencia coetáneos, que renovaron la vida española en variados campos de actividad, y que dieron «matices de innovación radical a aquellos años». Tal es el caso de Ramón y Cajal, figura paradigmática de la ciencia española; de Eduardo Hinojosa y la escuela medievalista; o de Leonardo Torres Quevedo, adelantado de la ingeniería moderna, inventor y precursor de las máquinas calculadoras, y en quien culmina una nómina bastante notable, aunque poco conocida, de los ingenieros españoles de la segunda mitad del siglo XIX, de la que suele recordarse tan sólo el nombre del marino Isaac Peral, que ya en 1889 probó con éxito su invento del submarino.

Los regionalismos

Los movimientos políticos regionalistas habían aparecido en los últimos lustros del siglo XIX y adquirieron fuerza durante los años posteriores al «desastre». El más importante, por su amplitud y maduración, era el catalanismo. Se había alimentado en varias fuentes: en el romanticismo literario, que hacía hincapié en el cultivo del idioma; en el proteccionismo aduanero, grato a la clase empresarial; en el foralismo carlista, reforzado por el tradicionalismo eclesiástico; y en el federalismo republicano. El Centre Català de Valentín Almirall por la izquierda, y la primera Lliga de Catalunya por la derecha, dieron las primeras formulaciones políticas al catalanismo, que en el manifiesto de la Unió Catalana de 1897 reivindicaba una amplia autonomía. Después del «desastre», en 1901, Prat de la Riba agrupó a varias tendencias dispersas de la derecha catalanista en la nueva Lliga Regionalista, en la que muy pronto contó con un joven colaborador, llamado a desempeñar importante papel en el futuro, Francisco Cambó.

Unos años más tarde, en 1906, Prat de la Riba publicaba en forma de libro varios de sus trabajos doctrinales con el título *La nacionalitat catalana,* para sostener la tesis de que «Cataluña es una nación». Una escuela histórica, sobre todo del derecho catalán, había constituido el soporte intelectual previo a sus afirmaciones. La Lliga Regionalista, el Centre Nacionalista y otros grupos menores formaron ese año la Solidaridad Catalana, unión electoral que en 1907 obtuvo un notable éxito, aunque la Solidaridad no logró mantenerse mucho tiempo. Entretanto, para encauzar el catalanismo político dentro del régimen, Antonio Maura recogió las sugerencias de «mancomunar» a las diputaciones provinciales, a fin de crear instituciones político-administrativas de carácter regional, proyecto que ni él ni Canalejas, que le sucedió en el gobierno, consiguieron se aprobara en las Cortes, pero que finalmente el gobierno Dato sacó adelante por real decreto de 18 de diciembre de 1913, siendo nombrado Prat de la Riba presidente de la Mancomunidad catalana.

Desde entonces la derecha regionalista, polarizada en torno a la Lliga, adquirió notable desarrollo, mientras que se debilitaba el catalanismo de izquierdas. En las Cortes de 1916 Cambó defendió una enmienda al mensaje de la Corona, pidiendo el reconocimiento de un Estado catalán federado en la comunidad española. En esta situación se llegaría a la crisis de 1917, en la que la «iniciativa catalana» de Cambó iba a tener singular protagonismo. La posterior aproximación Maura-Cambó en el gobierno de concentración de 1918 no dio resultados satisfactorios, por la obstinada oposición de los liberales albistas, lo que debilitó la posición de Cambó en Cataluña. Mientras tanto, en la izquierda, Francisco Maciá acentuaba el radicalismo nacionalista, cuando el principio de autodeterminación de los pueblos, sostenido en 1918 por el presidente norteamericano Wilson, alentaba los nacionalismos en los pequeños pueblos europeos que emergían de la descomposición del Imperio austro-húngaro y del hundimiento de la Rusia de los zares.

A fines del siglo XIX había irrumpido bruscamente en Vizcaya un nacionalismo radical, que se extendió luego lentamente a todo el País Vasco. La abolición del régimen foral en 1876 causó fuerte rechazo en esa región, donde el sentimiento foralista permaneció latente. De ese sentimiento herido brotó el nacionalismo separatista de Sabino Arana. No había existido en este caso la elaboración previa de una escuela histórica, pues hasta 1892 no se publicó la obra de Fidel Sagarmínaga, el primer estudio importante en defensa de la singularidad del régimen foral vizcaíno. No existió tampoco en el caso vasco, en contraste con los otros regionalismos, una fase literaria previa, por la falta de desarrollo y cultivo de una literatura en lengua vernácula.

Sabino Arana procedía de familia profundamente religiosa y antiliberal; estudió medicina en Barcelona por los años de exaltación del nacionalismo catalán, y a su vuelta a Bilbao escribió varios artículos, reeditados con el título *Bizcaya por su independencia*. En 1890 agrupó a varios amigos para desplegar la actividad política, que se concretó unos años más tarde en el Partido Nacionalista Vasco. Padecía la enfermedad de Addison, la llamada enfermedad de los poetas, y había en él más pasión emotiva que racionalidad doctrinal. Inventó el vocablo «Euzkadi» para definir el conjunto de los seis «estados vascos» (las tres provincias del País Vasco español, Navarra y las comarcas francesas de Laburdi y Zuberoa), que, según él, debían formar una confederación, en la que cada uno de esos territorios conservaría su singularidad.

La atracción proselitista se basó en afirmar la identidad vasca en la raza y en el idioma, así como en la oposición del catolicismo al liberalismo. A los componentes religiosos y fueristas, de origen carlista, añadió la expresa declaración antimonárquica y antiespañola. Para él, Euzkadi sería un Estado teocrático, «con una completa e incondicional subordinación de lo político a lo religioso, del Estado a la Iglesia», según su punto de vista. El integrismo racista le hizo definir también el nacionalismo como «el derecho de la raza vasca a vivir con independencia de toda otra raza» y a reclamar la «pureza» de esa raza, preservándola de los elementos extraños que pudieran contaminarla, por lo que se oponía a los matrimonios mixtos con gentes foráneas.

Arana murió joven, a los treinta y ocho años, sin haber logrado implantar su movimiento más que en Vizcaya y muy débilmente en Guipúzcoa. Falleció desilusionado y al final de su vida propuso una rectificación táctica del primitivo radicalismo antiespañol. Con su muerte terminaba un período de siembra confusa de ideas, pero de afirmación de sentimientos.

Durante los años siguientes se produjeron varias escisiones en el nacionalismo vasco, aunque prosiguió la difusión lenta y constante entre las juventudes, en los medios eclesiásticos y en algunos sectores financieros y empresariales, de los que el naviero Ramón de la Sota era figura destacada. En algún momento los nacionalistas vascos tomaron contacto con la Lliga catalana y en 1917 Cambó fue invitado a exponer sus puntos de vista en Bilbao. Aquel año, por vez primera, los nacionalistas obtuvieron mayoría en la Diputación de Vizcaya. Entonces las tres Diputaciones de Vizcaya, Álava y Guipúzcoa reclamaron la reintegración del régimen foral, en lo que coincidían el tradicionalismo carlista y muchos liberales, y dirigieron al presidente del gobierno un documento en el que se exponía la aspiración «de obtener, dentro de la unidad nacional española, las más amplias facultades autonómicas». Se suscitó de este modo en el País Vasco, lo mismo que en Cataluña, la idea de un Estatuto de autonomía, como fórmula para dar salida política a los regionalismos. Pero desde 1919 y hasta el golpe de Estado de 1923, el nacionalismo vasco retrocedió en las elecciones generales, replegándose a las instituciones municipales y provinciales.

También en Galicia y Valencia afloraron durante la restauración movimientos regionalistas de carácter cultural y literario. En el caso de Galicia, la raíz carlista daba cierto tono político a un sector del galleguismo. Uno de los fundadores de la Asociación Regionalista Gallega, en 1891, fue precisamente Vázquez de Mella, el mentor ideológico del carlismo. Pero, sobre todo, el regionalismo gallego incipiente tuvo sus mejores exponentes en la veta literaria de Rosalía de Castro y en la de Curros Enríquez, este último matizado por el progresismo político de izquierdas. Fue Alfredo Brañas, en el libro *El regionalismo,* publicado en 1889, quien dio contenido político a un movimiento que proclamaba la descentralización administrativa, sin merma de la unidad nacional española. El galleguismo de tintes políticos se diversificó a partir de 1897, al fundarse la Liga Gallega, pálida imitación nominal de la catalana. Pero el regionalismo político en Galicia tuvo muy débil respuesta hasta avanzado el siglo XX.

En Valencia, durante la restauración, había florecido un valencianismo cultural y literario, del que Teodoro Llorente fue principal patriarca, hasta su fallecimiento ocurrido en 1911. Aunque después de 1898 se manifestaron varias tendencias políticas

Los regeneracionistas creían poder transformar la realidad y mejorarla gracias a un esfuerzo colectivo inteligente, y en ese sentido sintonizaban con la línea progresista. Joaquín Costa, su más notable figura, no tenía inconveniente en preconizar la necesidad de un «cirujano de hierro», despreciaba el mecanismo institucional de su tiempo —viciado por la «oligarquia y el caciquismo»— y reclamaba una política de «escuela y despensa». Fue uno de los voceros de la «europeización» de España.

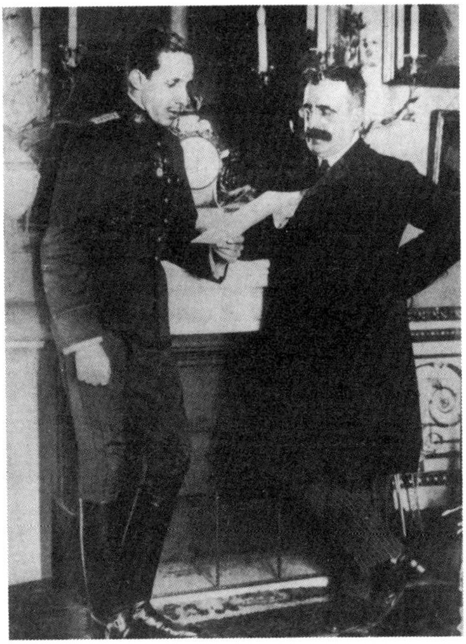

Tras la caída de Maura por los sucesos de la Semana Trágica barcelonesa, tomó el relevo José Canalejas (aquí despachando con el rey). **Fue el hombre de izquierdas con mayor talla de estadista. Político de autoridad sin merma de la libertad —lo que era novedoso en España—, tuvo que hacer frente a los desórdenes públicos, la agitación social y religiosa, el problema regionalista y la cuestión de Marruecos. Pero fue asesinado a los dos años escasos de ejercer la presidencia del Consejo.**

Partidario de una «revolución desde arriba», a Maura (en la foto, cabalgando tras Alfonso XIII) **se debió la creación del Instituto Nacional de Previsión, la rectificación de la ley de huelgas, la de emigración y la de arbitraje y conciliación. Testimonio legal de una política social, sintonizaba con el reformismo europeo de aquellos años.**

de carácter regionalista, por mimetismo con lo que sucedía en Cataluña, apenas tuvieron desarrollo significativo, salvo las de raíz carlista, por el bloqueo que experimentaban, tanto desde la derecha del régimen como desde la izquierda republicana, bastante arraigada en Valencia, en torno a la figura intelectual y política de Blasco Ibáñez.

La descomposición del sistema de la restauración. La crisis de 1917

En 1902 comenzó el reinado personal de Alfonso XIII, al cumplir dieciséis años. En los partidos del «turno» varios delfines se disputaban la sucesión de los jefes históricos: la de Cánovas, asesinado en 1897, y la de Sagasta, que falleció en 1903. Con este motivo se produjeron repetidas crisis de gobierno, mal llamadas «orientales», porque no estuvieron urdidas en el palacio de Oriente. Pero el turno, que era fundamento del sistema, se siguió respetando hasta 1909, y tras un turno de varios gobiernos conservadores (1903-1905) siguió un turno de varios gobiernos liberales, hasta que en 1907 se llegó al gobierno «largo» de Maura.

Antonio Maura se había erigido en cabeza indiscutida del Partido Conservador. Su programa proponía sanear la vida política, acudiendo con sincero convencimiento a sus fuentes democráticas, movilizando la «ciudadanía», es decir, la participación electoral del pueblo para descartar las corruptelas del caciquismo. La ley electoral de 1907 se encaminaba a ello, y para conseguirlo creyó debía empezarse por la vida municipal, la que es más inmediatamente sensible a los intereses de los ciudadanos; de ahí la importancia de su ley de reforma de la administración local. Entendía Maura que la sociedad española estaba a medio hacer, que tenía pocas «nervaduras naturales». Se anticipaba de algún modo al concepto de la España invertebrada de Ortega.

También promovió Maura la ley de reconstrucción de la armada, que debía dotar a España de una fuerza naval suficiente para preservar la defensa nacional, y que sería al mismo tiempo un estímulo para la naciente industria española de construcción naval. Había que partir de cero, porque, después de 1898, la escuadra española había desaparecido. Cuando en 1901 se quiso enviar el único navío disponible, el *Carlos V,* a los funerales de la reina Victoria, no pudo llegar a Inglaterra porque estallaron seis de sus doce calderas.

Partidario de una «revolución desde arriba», o sea, de reformas sociales dirigidas desde el gobierno, creó en 1908 el Instituto Nacional de Previsión, avance importante en la administración pública de carácter social, y desarrollando la línea política inspirada desde el Instituto de Reformas Sociales, que también él había fundado en 1903, cuando era ministro de la Gobernación, y cuya presidencia encomendó a Gumersindo Azcárate, sin importarle su calificación política republicana, pero de acreditada experiencia como sociólogo. La rectificación de la ley de huelgas, la ley sobre emigración y la de arbitraje y conciliación son testimonio de una política social que sintonizaba con el reformismo europeo de aquellos años.

Trató además de aproximarse al catalanismo político entonces en auge, admitiendo la posibilidad de crear instituciones político-administrativas supraprovinciales, o «mancomunidades», como hemos dicho, proyecto que no había conseguido hacer aprobar todavía en las Cortes cuando salió del gobierno.

El cese de Maura en 1909 fue, esta vez sí, una «crisis oriental» y hay que situarla en la onda larga de la Semana Trágica de Barcelona. La protesta por el embarque de tropas para acudir en defensa de Melilla, atacada por los moros, fue el factor desencadenante de los sucesos de aquella semana, iniciados el 26 de julio, sucesos que ni se produjeron espontáneamente ni tampoco tuvieron una dirección clara, y que se saldaron con más de un centenar de muertos y con cincuenta y dos edificios religiosos destruidos. Pero se dio el caso paradójico de que en una revuelta antimilitar y socialmente revolucionaria no sufrieran daño ni los cuarteles ni los bancos. ¿Por qué este estallido de anticlericalismo violento? No es fácil responder a esta pregunta, aunque lo intentara Maragall; pero en cualquier caso no sería aquél el último capítulo de esta historia que veremos repetirse en otras ocasiones revolucionarias de la España contemporánea. Un dirigente de la izquierda comunista, Maurín, dijo más tarde que los rebeldes de Barcelona se equivocaron al atacar a la Iglesia en vez de asaltar el Estado.

La jurisdicción militar intervino en la represión, por la naturaleza de la revuelta y en virtud de haberse declarado el estado de guerra. Se impusieron diecisiete penas de muerte, de las que cinco fueron ejecutadas, entre ellas la de Francisco Ferrer Guardia, personaje siniestro, mitad Landrú explotador de mujeres, mitad fanático y astuto revolucionario, que había sido inductor del atentado perpetrado por Mateo Morral contra el rey en 1906. Pero no le faltaron apoyos. Dentro y fuera de España se produjo un clamor de protestas, una campaña orquestada que Unamuno, nada sospechoso de veleidades mauristas, calificó de «indecente, de mentiras, embustes y calumnias». Pero aquella campaña no la sostuvieron sólo los enemigos del régimen, sino también el partido liberal, que se alió con la izquierda antidinástica en el veto a Maura. Alfonso XIII creyó entonces necesario sacrificar al jefe del gobierno para distender la situación, y aceptó una dimisión que Maura no había presentado. No era, pues, aquélla una normal crisis de gobierno, sino una crisis extraparlamentaria, que rompía las reglas del juego. Era la primera ruptura del mecanismo político de la restauración. El «Maura, no», impuesto desde la calle y coreado por el Partido Liberal, tuvo como réplica el «no de Maura» a los liberales. Se ha dicho que Maura fue desde entonces una conciencia moral herida. En adelante quedó en un voluntario distanciamiento que malogró la capacidad de uno de los estadistas más notables de su tiempo.

El gobierno liberal que se formó entonces estuvo presidido por José Canalejas, quien se consagró como nuevo líder de su partido. Fue el hombre de izquierdas que tuvo también mayor talla de estadista. Político de autoridad sin merma de la libertad, lo que era novedoso en la izquierda española, tuvo que hacer frente a los desórdenes públicos y a la agitación social. Hubiera querido reajustar las relaciones Iglesia-Estado, alteradas por la «ley del candado» que él había promovido, y por la que se limitaba el número de congregaciones religiosas instaladas en España, a raíz de las leyes persecutorias francesas de fin de siglo. Pero se vivían momentos de crispación y los sectores militantes del catolicismo arreciaron su ofensiva contra él.

También quiso continuar la política de encauzamiento del catalanismo por medio de las «mancomunidades», pero encontró las mayores resistencias en su propio partido. Tampoco pudo restablecer la armonía con la derecha del régimen y el turno de partidos, aunque sostuvo para ello algunos contactos con Maura, apoyados por el rey; pero fue asesinado antes de que se progresara por ese camino.

En política exterior tuvo que afrontar el problema de Marruecos. La intervención militar francesa en 1911 motivó la decisión de Canalejas de ocupar Larache. Luego siguió la negociación del protectorado, que ocasionó fricciones con Francia, por resistirse Canalejas a las pretensiones de recortar las zonas de influencia española. El acuerdo hispano-francés sólo se firmó el 27 de noviembre de 1912, días después de caer asesinado el presidente del gobierno español. De esta manera la política internacional saltaba al primer plano de España, cuando en Europa se perfilaban las alianzas que desembocaron en la guerra de 1914.

Canalejas fue asesinado en la Puerta del Sol el 12 de noviembre de 1912, abatido por Pardiñas, un matón profesional. ¿Quiénes fueron los inductores? ¿Los anarquistas, que habían vuelto a la práctica de la violencia terrorista? ¿Los franceses, para eliminar las resistencias a sus pretensiones en Marruecos? ¿Hubo algún otro inductor ignorado? Por entonces se prodigaban las amenazas con demasiada irresponsabilidad por parte de algunos dirigentes revolucionarios.

Tras la muerte de Canalejas y el subsiguiente ostracismo político de Maura, se inicia una etapa de escisiones y disolución de los partidos de gobierno. Los conservadores se escindieron en «idóneos» y mauristas. De los liberales oficialistas, dirigidos por Romanones, se separaron los demócratas de García Prieto y los albistas. Los partidos de gobierno se convirtieron en reducidas clientelas personales: fue el «fulanismo» de la política española denunciado por Unamuno. Al margen del régimen, además de los republicanos agrupados en el Partido Radical, los socialistas y los regionalistas, aparece un nuevo partido «reformista», basado en una activa minoría intelectual de izquierdas.

El fraccionamiento de los partidos no permitía la formación de gobiernos homogéneos y estables. Se hizo difícil gobernar en aquellas condiciones, aunque se intentaron gobiernos de coalición, de concentración de notables, de salvación nacional. Todo ello concurre con el descrédito parlamentario y con la agitación social. Ortega y Gasset, la nueva estrella del pensamiento español, se hacía eco de la general repulsa a la «vieja política». Así se llega al año 1917, en que la crisis del sistema se manifestó ostensiblemente en tres diferentes sucesos: las Juntas Militares de Defensa, la Asamblea de Parlamentarios y la huelga general. Como telón de fondo, el mundo se hallaba convulsionado por la guerra.

Las Juntas Militares eran asociaciones antirreglamentarias de jefes y oficiales, que irrumpieron como anticonstitucionales instrumentos de presión política. Lo sorprendente no es que surgieran, sino el aplauso con que fueron saludadas por la izquierda enemiga del régimen, aclamándolas como «progresistas», y a las que tendieron la mano para intentar que contribuyeran a la coacción sobre los poderes públicos. Pero ¿no era más bien una «regresión» a situaciones que parecían ya desterradas de nuestra vida política? El ejército, que en el sistema canovista había permanecido en los cuarteles, amagaba ahora volver a los malos hábitos de otros tiempos.

Las juntas se habían constituido en medio de un clima de descontento y división del ejército, a consecuencia de las operaciones de Marruecos, y se negaron a obedecer la orden de disolución emanada del gobierno. El 1 de junio publicaron un «manifiesto» que era, en verdad, un ultimátum. Las juntas no impusieron «su» gobierno, pero el rey y el gobierno tuvieron que ceder ante ellas. En su insolencia, el coronel Benito Márquez, el principal jefe juntero, llegó a declarar: «Que dé gracias a Dios [el rey] de que le permitimos seguir en Madrid.»

Inmediatamente después del «plante» de las juntas, sobrevino la Asamblea de Parlamentarios, en julio, segundo exponente de la crisis. El factor desencadenante fue la «iniciativa catalana» de exigir la inmediata reunión de Cortes en función de constituyentes. Al no ceder el gobierno Dato ante esa exigencia, se convocó en julio una asamblea en Barcelona, a la que concurrieron, además de los parlamentarios de la Lliga catalana, los reformistas de Melquíades Álvarez, los republicanos de Lerroux y los socialistas de Pablo Iglesias. Fue un conato de «revolución parlamentaria», aunque no hubo sedición y no exigieron la entrega del poder. Reclamaban algo necesario, una puesta al día del sistema vigente, pero expusieron sus objetivos de modo irregular, confuso, produjeron alarmas innecesarias y no sumaron colaboraciones suficientes. ¿Era acaso el momento propicio para forzar extraconstitucionalmente una reforma constitucional, cuando la guerra europea estaba a nuestras puertas y existían presiones intervencionistas sobre España, a la vez que republicanos y socialistas amenazaban con el ejemplo de los sucesos de Rusia?

La revolución parlamentaria no forzó una solución en orden. El problema de las juntas seguía en el aire. Se ensayó entonces una tercera vía coactiva sobre los poderes públicos: la huelga general indefinida, convocada el 12 de agosto. El sindicalismo obrero había adquirido fuerza desde 1910, tanto el de signo socialista como el anarcosindicalismo de la CNT. La iniciativa de la huelga fue de la UGT, que dejó al margen a los confederales cenetistas. Era una huelga estrictamente política, carente de reivindicaciones laborales. Salvo en Asturias, donde la huelga se mantuvo quince días, con el apoyo de reformistas y republicanos, quedó pronto desarticulada en Madrid, Vizcaya y algunas otras provincias donde había estallado.

No es fácil precisar las relaciones entre los tres elementos que desencadenaron la crisis de 1917. A fines de aquel mismo año, un periodista ligado al Partido Socialista, Luis de Araquistain, las explicaba de la siguiente manera: «La agitación militar originó la agitación de las izquierdas revolucionarias. El 19 de julio de la Asamblea de Barcelona fue hijo del 1 de junio de las Juntas de Defensa militar. El pensamiento político buscaba el enlace con el brazo armado, en un común anhelo de renovación. A su vez, la Asamblea de Barcelona fue el impulso que de modo directo e inmediato contribuyó a poner en pie a la clase obrera.»

El fracaso de las movilizaciones de 1917 revelaba las dificultades de conseguir el asalto por la violencia al Estado, cuando éste tiene voluntad de resistencia. Pero revelaba también la incapacidad de renovación del sistema. Lo que ocurre los años siguientes, hasta 1923, es la demostración de la imposibilidad de gobernar con los instrumentos operativos de la «vieja política». Muy pronto se apelaría al brazo militar, como habían anunciado las juntas.

La cuestión de Marruecos

España se libró de intervenir en la guerra europea de 1914-1918. Situada al margen de los dos bloques de alianzas, su posición geográfica excéntrica y la voluntad de algunos políticos responsables, como fue Dato, secundados por el rey, ayudaron a conservar la neutralidad, a pesar de las presiones de aliadófilos y germanófilos, que en vano trataron también de movilizar a la opinión pública a favor de sus tendencias belicistas.

Pero España tenía planteado desde comienzos de siglo un problema político internacional, en un doble aspecto diplomático y militar: el problema de Marruecos. Las pretensiones encontradas de Francia, Inglaterra y Alemania sobre Marruecos habían determinado la internacionalización del problema, que se trató de encauzar en la conferencia de Algeciras, en abril de 1906, sobre la base del mantenimiento de la soberanía e independencia del sultán, aunque reservando a Francia y España funciones de policía e intervención. Los agentes franceses siguieron fomentando el desorden interno en Marruecos, lo que les permitió tomar posiciones militares y asentarse en ciudades importantes, como Uxda y Casablanca. La rebelión de Fez en 1911 fue el pretexto para que Francia ocupara esa ciudad. Alemania respondió enviando un crucero al puerto de Agadir, mientras España, por su parte, ocupaba Larache y otras posiciones, según se ha dicho. Fue un momento de gran tensión internacional, que presagiaba la guerra, pero que pudo resolverse diplomáticamente por el acuerdo de Berlín, firmado el 4 de noviembre de aquel año. Francia obtenía luz verde para ejercer el protectorado sobre Marruecos, que efectivamente quedó establecido por el tratado franco-marroquí de 30 de marzo de 1912. El posterior acuerdo franco-español fijaba las zonas del protectorado español.

La ocupación y pacificación de Marruecos costó a España más de quince años de campañas militares, no siempre bien coordinadas en las regiones del Rif y la Yebala, las más abruptas y difíciles de someter. La inestabilidad de los gobiernos en Madrid y la consiguiente falta de continuidad en los criterios de mando dejaban muchas veces al descubierto a los jefes militares en campaña. La política de aproximación amistosa a los marroquíes llevada a cabo por el general Gómez Jordana no pudo tampoco lograr resultados demasiado satisfactorios. A su vez, los efectos de la guerra europea se hacían sentir en aquel país como consecuencia de las conspiraciones de los agentes alemanes. Pero fue la rebelión rifeña la que ocasionó más graves problemas. Había surgido allí un jefe militar de talento, Abd el-Krim, que organizó un ejército dotado de armamento moderno, y que en 1921 infligió una grave derrota a las tropas españolas en Annual. Las responsabilidades por este nuevo «desastre» flotaban en el aire cuando se produjo el golpe de Estado de 1923.

La dictadura del general Primo de Rivera

El desorden social continuaba imperando en la calle, con la violencia terrorista que había ocasionado más de setecientos asesinatos en los últimos años, entre los que destacan el del cardenal Soldevila en Zaragoza y el del presidente del gobierno Eduardo Dato. La economía española, en auge durante el período 1915-1919, favorecida por los beneficios extraordinarios deducidos de nuestra neutralidad en la guerra mundial, experimentaba una caída desde 1921, reflejada en el descenso de la producción. Aunque la situación militar en Marruecos se había restablecido después del desastre de Annual, el descontento general era evidente, y el «expediente Picasso», que debía depurar responsabilidades por aquella derrota, sembraba alarmas, que tenían en su punto de mira incluso al rey. En el verano de 1923 se hablaba públicamente del advenimiento de una dictadura militar y hasta se señalaba el nombre del general Aguilera para ejercerla.

Pero no fue Aguilera el protagonista, sino el capitán general de Cataluña, Miguel Primo de Rivera, quien se «pronunció» en Barcelona el 13 de setiembre de 1923 y formó un «directorio militar» en calidad de gobierno. No fue aquél un pronunciamiento contra un partido para apoyar a otro, como había sido habitual en los pronunciamientos del siglo XIX, sino contra todos los partidos. Era la primera vez en España que se formaba un gobier-

En 1917 —el problema de las Juntas militares y de la catalana Asamblea de Parlamentarios sin resolver— el proletariado ensayó una tercera vía coactiva sobre los poderes públicos: la huelga general indefinida convocada el 12 de agosto (en la imagen). El sindicalismo obrero había adquirido fuerza desde 1910, tanto el de signo socialista de la UGT como el anarcosindicalista de la CNT. La iniciativa, en la ocasión, correspondió a los primeros.

España se libró de intervenir en la guerra mundial de 1914-1918, pero desde comienzos de siglo tenía planteado un doble problema, diplomático y militar, en Marruecos. Su ocupación y pacificación costó más de quince años. Las responsabilidades derivadas, en 1921, del desastre de Annual flotaban en el aire cuando, dos años después, se produjo el golpe de Estado del general Primo de Rivera. (En la foto, revistando fuerzas norteafricanas en nuestro Protectorado.)

Fracasado en 1930 el Gobierno Berenguer, se formó otro de concentración presidido por el almirante Aznar (aquí, con Alfonso XIII, visitando las obras de la Ciudad Universitaria madrileña). Los comicios municipales del 12 de abril de 1931 supusieron el triunfo de la coalición republicano-socialista en casi todas las capitales de provincia y ciudades importantes. Dos días más tarde —mientras el rey salía para el exilio— se proclamaba en Madrid la Segunda República española.

no exclusivamente militar. El rey aceptó el hecho consumado. Pero ¿quién no lo aceptó entonces? Azaña, que junto con Unamuno es uno de los pocos intelectuales que estuvieron desde el principio hasta el fin contra la dictadura, reconocía en 1924: «No diremos lo que algunos improvisados defensores de la dictadura, que toda España estaba con el Directorio, pero es innegable que una parte del país le apoya y otra mucho mayor espera de él pasivamente grandes cosas... Gentes honradas, de las que forman la masa neutra, han acogido con júbilo este *escobazo*.»

Primo de Rivera se consideraba a sí mismo el «cirujano de hierro» predicado por Joaquín Costa. Desde el primer momento se propuso acabar con el caciquismo, con los males que se atribuían a la «vieja política» y regenerar a España promoviendo el desarrollo de una economía moderna. Su dictadura tuvo poco que ver con el modelo fascista, entonces triunfante en Italia, aunque el humor popular puso en circulación aquello de que era *Primo* de Rivera, *ma secondo* de Mussolini. Fue un dictador liberal, regeneracionista, con un componente de exaltación nacionalista, muy frecuente en la Europa de la posguerra.

Durante la primera fase de la dictadura el objetivo prioritario fue poner fin a la guerra de Marruecos. En el manifiesto del 13 de setiembre había declarado: «Ni somos imperialistas, ni creemos pendiente de terco empeño en Marruecos el honor del ejército... Buscaremos al problema de Marruecos solución pronta, digna y sensata.» Su primer plan consistía en un repliegue de las posiciones españolas. Pero el error de Abd el-Krim al atacar a los franceses en 1924 y la derrota que les infligió, hizo que Francia reaccionara firmando un acuerdo de cooperación militar con España. Así fue posible el éxito del desembarco en Alhucemas, clave de la definitiva victoria de las armas españolas, que en poco más de un año pudieron completar la pacificación. La operación de Alhucemas fue una enseñanza que trascendió al concepto de la guerra anfibia estudiado en los estados mayores occidentales, en los que el fracaso de Gallípoli en 1915 había desacreditado este tipo de acciones. La lección del desembarco en Alhucemas tuvo, pues, un último efecto en las operaciones de los aliados durante la Segunda Guerra Mundial.

Después de Alhucemas, Primo de Rivera modificó su gobierno, dando paso a un Directorio civil, y fue entonces cuando concentró el esfuerzo en la política de desarrollo económico, para cuya financiación pudo contar con la acumulación de capitales generada por los beneficios extraordinarios de los años 1914-1918. Los objetivos del desarrollo abarcaban la mejora de los rendimientos agrarios mediante una modernización de las estructuras, que se concretó en el plan de confederaciones hidrográficas, y el impulso a la industrialización, mediante un intervencionismo estatal y una autorregulación corporativista, correctoras de la iniciativa privada. Ambos objetivos tendrían como complemento necesario la realización de una política de obras públicas, principalmente hidráulicas, y de transportes y comunicaciones.

La desastrosa situación financiera de las compañías ferroviarias en 1924 dio pie a la intervención estatal para reorganizar el sector con una fuerte inversión de deuda pública. Pero en la década de los años veinte España había entrado en la era del automóvil, próximo a competir con el transporte ferroviario y a completarlo. Los 20 000 vehículos automóviles que se habían matriculado hasta 1923, llegaron a 179 000 en 1929. En 1926 se aprobó la construcción del Circuito Nacional de Firmes Especiales, que preveía 7 086 kilómetros de carreteras, de los que en tres años se construyeron 2 337. Salvador Madariaga, nada benévolo con el dictador ni con la dictadura, dice de aquellas carreteras «que llegaron a merecer en la prensa inglesa el honroso título de las mejores del mundo». En 1928 se estudiaba un anteproyecto de autovías, a tenor con la ingeniería más avanzada de entonces.

También en 1926 se promulgó la ley de confederaciones hidrográficas del Ebro, Guadalquivir, Duero, Segura y Pirineo Oriental. Tenían por finalidad «coordinar todos los objetivos y posibilidades de su área para el mejor racional aprovechamiento hidrográfico: riegos, energía eléctrica, repoblación forestal, lucha contra la erosión, abastecimiento de aguas a poblaciones, transporte fluvial». Hasta 1930 se habían puesto en regadío más de 72 000 hectáreas y estaban a punto de concluirse las obras de otras 22 000, además de haberse mejorado 109 000 hectáreas de antiguos regadíos. A la eficacia de las confederaciones hidrográficas hay que atribuir las más importantes mejoras introducidas en el agro español hasta nuestros días. Su ejemplo sirvió de modelo en 1933 a la creación de la Tennesse Valley Authority en Estados Unidos.

El sector industrial experimentó un fuerte tirón, y en realidad fue entonces cuando se inició su despegue, que pronto quedaría interrumpido por la depresión de los años treinta. Los recursos energéticos se incrementaron con la explotación hidroeléctrica, que se duplicó entre 1923 y 1929, así como con el petróleo, cuyo refino y comercialización fue monopolizado por CAMPSA, creada en 1927. También se incrementó considerablemente la producción carbonífera. Los indicadores macroeconomicos de la producción industrial alcanzaron su momento óptimo en 1929, cuyos índices no serían recuperados hasta los años cincuenta.

Pero el éxito de Marruecos y los favorables resultados económicos no pudieron paliar el fracaso político de la dictadura. Primo de Rivera contó con el apoyo inicial del ejército y quiso buscar el de las clases medias, movilizándolas políticamente en una anodina organización llamada Unión Patriótica, que terminó siendo núcleo de un caciquismo de nuevo cuño, precisamente el mal que había pretendido combatir. También intentó atraerse a los sectores obreros a través de los socialistas, tendiendo la mano a la UGT con ofertas de participación institucional. El eco que en toda Europa tuvo la formación en Inglaterra del gobierno *lib-lab,* de coalición de liberales y laboristas, presidido por Mac Donald, en diciembre de 1923, alentó fugazmente la esperanza de un «laborismo» español. Pero la coalición *lib-lab* inglesa no fue duradera, y en España los socialistas se dividieron acerca de la aceptación o no de las ofertas de Primo de Rivera. Largo Caballero encabezó el sector que admitió la participación condicionada en cargos públicos bajo la dictadura, y él mismo fue vocal del Consejo Superior del Trabajo, del Consejo de Estado y de la Organización Corporativa del Trabajo. En cambio, Indalecio Prieto estuvo al frente del sector que se oponía a toda colaboración, lo que motivó su dimisión de la ejecutiva del PSOE. Sin embargo, a partir de 1928, cuando la dictadura se encierra en un callejón sin salida, se produjo el paulatino alejamiento y finalmente la ruptura con el dictador.

No fueron las oposiciones las que habían de derribar la dictadura, sino sus propios defectos. La hostilidad creciente de los intelectuales, la revuelta bullanguera de los estudiantes, la conspiración de algunos políticos con militares del arma de artillería, que se habían enfrentado con el dictador, el choque con otros sectores sociales de elite, no eran bastante para provocar la caída de Primo de Rivera.

Fue entonces cuando cometió el error definitivo de consultar a los capitanes generales sobre su continuidad o no en el gobierno, en una especie de nuevo intento de golpe de Estado, prescindiendo del rey, quien dispuso inmediatamente el cese del dictador el 30 de enero de 1930.

Pero la caída de Primo de Rivera arrastraría también la del propio Alfonso XIII. Los acontecimientos se precipitaron en 1930. Se intentó volver a la normalidad constitucional, encargando al general Berenguer la presidencia de un gobierno monocolor formado por antiguos conservadores, que tuvo que hacer frente a una intentona de rebelión militar republicana en Jaca, en diciembre de aquel año, fácilmente desbaratada. Pero la convocatoria de elecciones a Cortes fue boicoteada por la izquierda monárquica. Fracasado el gobierno Berenguer, se formó otro de concentración, presidido por el almirante Aznar, que, según Pabón, procedía geográficamente de Cartagena y políticamente de la Luna, incapaz de dirigir aquel conglomerado en el que, como explica uno de sus miembros, el conde de Romanones, «cada ministro se convirtió en un cantón independiente».

El gobierno Aznar anuló la convocatoria electoral de Berenguer y optó por pulsar la opinión pública a través de un calendario electoral escalonado, que empezaría por los comicios municipales el 12 de abril. El resultado de aquellas elecciones administrativas adquirió inesperadamente una decisiva significación política. Las candidaturas de la coalición republicano-socialista habían ganado en casi todas las capitales de provincia y ciudades importantes. El presidente del gobierno comentó a los periodistas que España se había acostado monárquica y se había despertado republicana. En medio del general desconcierto, Romanones pactaba con el comité republicano la entrega del poder y la salida de España de Alfonso XIII. Así, el día 14 de abril de 1931 se proclamaba en Madrid la segunda República española.

CAPÍTULO 14

No fue posible la democracia

La segunda República se instauró tras una pacífica sustitución de poderes, en un clima de esperanza mesiánica popular. Como tantas veces ha ocurrido a lo largo de nuestra historia, se confiaba en que una nueva situación política, dirigida por ideas y hombres nuevos, acabaría con los males de España y generaría por sí sola la felicidad y el bienestar de los ciudadanos. La constitución republicana creó las condiciones objetivas para el desarrollo de un sistema democrático, que en vano se había ensayado en 1869 y en las reformas democratizantes de la monarquía desde 1891. Pero la democracia requiere, entre otras cosas, para su autenticidad y consolidación, que a nadie se excluya del acceso al poder por las vías legales y que nadie se arrogue el monopolio de las credenciales democráticas.

La República estuvo acosada por un factor externo, la depresión económica mundial de los años treinta, cuyo impacto en España se hizo sentir en la caída de la producción y el fuerte aumento del paro obrero, con toda la sintomatología de inestabilidad social inherente a aquella situación. Esto favorecía el acoso revolucionario de los anarcosindicalistas, que se alzaron en armas repetidas veces entre 1931 y 1933. La CNT había emergido de la clandestinidad en 1930 con gran fuerza, después de sufrir la persecución de la dictadura primorriverista, y estaba controlada desde 1927 por el grupo radicalizado de la FAI (Federación Anarquista Ibérica). También hubo una intentona armada monárquica en 1932, protagonizada por el general Sanjurjo, episodio fácilmente desarticulado. Pero más grave fue el asalto al gobierno legítimo republicano de centro-derecha, en 1934, por el alzamiento armado del gobierno de la Generalitat de Cataluña, y por el de los socialistas y sus aliados protagonistas de la revolución de Asturias. Algunos historiadores o cronistas actuales se sienten incómodos al interpretar estos sucesos y tienden a minimizarlos. Pero no hay peor servicio a la historia que prescindir del pasado que nos resulta ingrato. Desde los tiempos antiguos, la voz de Epicteto nos recuerda que la verdad se abre siempre paso por sí misma, sólo la mentira necesita complicidad.

La vida azarosa de la República se refleja en las continuas suspensiones de las garantías constitucionales y el consiguiente uso de la censura de prensa o la suspensión de periódicos, en virtud de la Ley de Defensa de la República de 1931 y de la posterior Ley de Orden Público de 1933.

La fase constituyente de la República

El heterogéneo gobierno provisional surgido el 14 de abril agrupaba al amplísimo abanico de tendencias republicanas y a los socialistas, presidido por Alcalá-Zamora, antiguo ministro de la monarquía. Celebradas las elecciones a Cortes Constituyentes el 28 de junio, los resultados dieron un triunfo aplastante a socialistas y republicanos de izquierda. La derecha monarquizante, desorganizada tras el cambio de régimen y en algunos casos coaccionada, estuvo ausente en la mayor parte de los distritos. Los partidos gubernamentales alcanzaron 378 escaños, de ellos 117 los socialistas, 93 los radicales de Lerroux, 59 los radicalsocialistas, que fueron así los partidos con más fuerza parlamentaria. La oposición de derecha sólo sumaba 45 diputados. El gobierno había conseguido muy sobradamente los «trescientos hombres decididos... dispuestos a levantarse y a fulminar el rayo de la cólera popular sobre los culpables de la tiranía española» que Azaña había pedido en el famoso discurso electoral de Valencia, conocido como el «discurso de las trituraciones» porque en él empleó varias veces el verbo triturar para declarar lo que había de hacerse desde el gobierno con los que se considerasen enemigos de la República.

La constitución definió la República como un «Estado integral», fórmula que eludía el viejo y desacreditado federalismo español, y con la que se pensaba hacer compatible el régimen de autonomías regionales y la unidad nacional. En otro aspecto el texto constitucional suponía un avance sobre los del siglo XIX, al recoger materias nuevas en cuanto a derechos y deberes sociales; pero la imprecisión respecto a la gradual socialización de la propiedad privada y la posibilidad de expropiar sin indemnización produjo algunas alarmas. Ahora bien, la mayor tensión se alcanzó al discutirse el artículo 24 del proyecto (luego artículo 26 de la constitución). Además de la separación de la Iglesia y el Estado, la aconfesionalidad y libertad de creencias, se proponía la disolución de todas las órdenes religiosas y la incautación de sus bienes, así como otras restricciones al culto público. Se opuso a este artículo el presidente del gobierno provisional, Alcalá-Zamora, que dijo ser aquélla una «fórmula sectaria». Desde las filas republicanas Ossorio y Gallardo declaró también que aquello era tener «media sociedad española vuelta de espaldas a la República». Por su parte, el joven jefe parlamentario de la nueva derecha española, Gil Robles, afirmó: «Vosotros seréis los responsables de la guerra espiritual que se va a desencadenar en España.»

La intervención parlamentaria de Azaña en este debate le consagró en el liderazgo de la izquierda republicana; trató de frenar las actitudes extremistas de radicalsocialistas y socialistas, según explica él mismo en sus «diarios», y propuso una fórmula mediante la cual se expulsaría a los jesuitas, pero salvaba a las demás órdenes, aunque para ello acentuó la prohibición de ejercer la enseñanza a todas, que serían sometidas a una ley especial de congregaciones religiosas. La escuela laica y única quedó consagrada en la constitución. El artículo 26 fue finalmente aprobado por 178 votos, o sea, menos de la mitad de la Cámara, porque se registraron numerosas ausencias y abstenciones, además de 59 votos en contra.

Ha sido preciso detenernos en ese artículo porque es el que desató el choque frontal con la Iglesia, que entonces tenía un ascendiente social muy importante. Un conspicuo republicano, y escéptico en materia religiosa, Salvador Madariaga, reconoce este grave error de la República naciente, cuyo «espíritu de anticlericalismo estrecho y vengativo se manifestó en otras medidas de carácter baladí». El anticlericalismo tenía una doble raíz, intelectual y popular. Aquél no se proponía directamente provocar violencias, sino transformar las mentalidades y las creencias mediante la vía educativa. El anticlericalismo popular descargaba, en cambio, con violencia contra los templos y las personas eclesiásticas. Ya el 11 de mayo de 1931 el pacífico advenimiento de la República se vio alterado por la quema de 107 edificios religiosos en toda España, de ellos 11 en Madrid. Se dieron versiones deformadas de los hechos, como suele ocurrir en casos semejantes, se habló de agentes provocadores, versiones que han circulado en algunos supuestos libros de historia. Pero en las memorias de Miguel Maura, el entonces ministro de Gobernación, confiesa: «Se había tratado de quemar iglesias y conventos no por espíritu revolucionario... sino por simple manifestación sectaria de un puñado de falsos intelectuales del Ateneo, y como diversión o entretenimiento de una turba de verdaderos golfos, a quienes se aseguraba la más absoluta impunidad.»

En vano el nuncio Tedeschini y el cardenal de Tarragona, Vidal y Barraquer, habían tratado de distender las relaciones con el gobierno republicano y apaciguar la crispación de ánimo de los católicos. La presión laicista prosiguió hasta la aprobación de la ley de Congregaciones religiosas el 17 de mayo de 1933, que motivó la protesta del episcopado en una carta colectiva encabezada precisamente por Vidal y Barraquer, así como la del papa Pío XI en la encíclica *Dilectissima nobis*. Los obispos denunciaban «el laicismo agresivo» de la ley, recusable «por su desviación del derecho contemporáneo», ya que no se consideraba a la Iglesia «como persona moral y jurídicamente reconocida y respetada debidamente dentro de la legalidad constituida, sino como un peligro» para la República.

El gobierno estaba empeñado en derribar los pilares del régimen anterior, entre los cuales consideraba a la Iglesia y al Ejército. Por eso Azaña, ministro de la Guerra, emprendió también inmediatamente la reforma militar. Para ella había motivos razonables, técnicos y de personal, por la plétora de jefes y oficiales, consecuencia derivada de la guerra de Marruecos. Pero se solapaban también otras razones políticas. Se restaron atribuciones a las autoridades militares, se suprimieron algunas instituciones y, mediante una ley de retiros, se procuró apartar del mando a los militares monárquicos más conspicuos. Estas reformas, en opinión del general Casado, jefe de la escolta de Azaña cuando fue elevado a la Presidencia de la República, hubieran podido ser aceptadas por la oficialidad, «que las consideró razonables, útiles y necesarias», pero provocaron muchos rechazos por el modo de ponerlas en práctica, «por el desprecio incontenible que sentía [Azaña] hacia el hombre militar».

Los gobiernos del primer bienio republicano

El 9 de diciembre de 1931 se promulgó la constitución. Seguidamente se eligió presidente de la República a Alcalá-Zamora y se confirmó como jefe del gobierno a Manuel Azaña, que lo fue hasta el 12 de setiembre de 1933, con el apoyo y colaboración de las izquierdas republicanas y los socialistas. Pero quedó excluido del gobierno de la coalición el Partido Radical dirigido por Alejandro Lerroux, que había evolucionado desde las actitudes extremistas de comienzos de siglo hasta posiciones moderadas de centro.

Los gobiernos presididos por Azaña pusieron en marcha, por consiguiente, una República de izquierdas, que de alguna manera se inspiraba en la tercera República francesa, modelo que Azaña conocía bien. Pero la burguesía izquierdista, que en Francia dio un sólido soporte social a la República, era aquí débil y, en parte, apoyaba al Partido Radical. Azaña dependía, por tanto, en las Cortes y en la calle, de los socialistas, quienes a su vez estaban divididos en cuanto al alcance que debía darse a la colaboración gubernamental, por temor a que las masas obreras se sintieran defraudadas y se dejaran arrastrar por los anarcosindicalistas.

Durante este período se avanzó en el régimen autonómico, al aprobarse el Estatuto de Cataluña; pero no prosperó un proyecto de Estatuto vasconavarro, defendido por la coalición de nacionalistas vascos y tradicionalistas, el «Estatuto de Estella», con el que se trataba de crear un ámbito territorial protegido contra las leyes laicistas de la República. La implacable hostilidad del PSOE, sostenida por Indalecio Prieto, diputado por Bilbao, impidió que aquel proyecto siguiera adelante. Luego se disolvió la coalición vasconavarra y el PNV suscitó otro proyecto de estatuto sólo para el País Vasco, que tampoco se llevó a las Cortes en aquella legislatura.

La cuestión agraria fue el gran tema de la reforma social durante el primer bienio republicano. Se habían hecho muchas promesas relativas principalmente a reforma agraria y seguros sociales. Pero las opiniones se dividieron sobre el modo de encarar esa reforma agraria: los republicanos, partidarios de la parcelación de tierras que permitiera formar una clase media rural de pequeños propietarios; los socialistas, inclinados a la colectivización y socialización de la tierra, y los anarcosindicalistas, partidarios de la colectivización sin estatalización. Las diferencias de criterios no estribaban sólo sobre el régimen de propiedad y uso de la tierra, sino también sobre las variantes regionales de los problemas estructurales del agro (regiones de latifundio y de minifundio, foros de Galicia, concentración parcelaria, recomposición del patrimonio comunal de los municipios, usura y crédito agrario, inversiones y medios técnicos modernos de cultivo). La ley agraria aprobada en setiembre de 1932 tenía, por eso, un alcance parcial aplicable a catorce provincias donde prevalecía el latifundio (Andalucía, Extremadura, Salamanca, Ciudad Real, Toledo y Albacete). Se creó un Instituto de Reforma Agraria encargado de inventariar las fincas expropiables y formar un censo de campesinos beneficiarios, así como llevar a la práctica el asentamiento de los mismos. Pero la insuficiencia de medios técnicos y financieros y la agitación subversiva del proletariado rural entorpecieron la aplicación de aquella ley.

Precisamente la agitación rural anarcosindicalista dio lugar a un grave suceso en Casas Viejas, un pueblo de la provincia de Cádiz, donde en enero de 1933 la fuerza pública reprimió con gran dureza un conato subversivo, por orden del director general de Seguridad. Casas Viejas fue un golpe mortal para la coalición de socialistas y republicanos en el gobierno. Aquéllos eran blanco de las críticas, que los acusaban de ametrallar al pueblo.

Por otra parte, las elecciones municipales parciales que se celebraron en abril de 1933 constituyeron una rotunda y significativa derrota del gobierno, aunque Azaña quiso descalificarlas despectivamente con el apelativo de «burgos podridos». Pero también en las elecciones a vocales del Tribunal de Garantías Constitucionales, celebradas entonces, quince de los veintitrés elegidos eran opuestos al gobierno. Alcalá-Zamora, que nunca se había llevado bien con Azaña, aprovechó el evidente desgaste gubernamental para provocar la crisis, y después de un breve gobierno Lerroux, disolvió las Cortes y encargó a Martínez Barrio la celebración de nuevas elecciones generales.

La «rectificación de la República». La revolución de octubre de 1934

El resultado de las elecciones de noviembre-diciembre de 1933 supuso un vuelco completo del mapa político. En aquellas elecciones votaron por primera vez las mujeres y el voto femenino influyó, sin duda, decisivamente en el cambio operado. La nueva derecha organizada por Gil Robles, la CEDA (Confederación Española de Derechas Autónomas), que hizo acatamiento de la República, fue la minoría mayoritaria, con 115 diputados, y los demás grupos de la derecha (monárquicos, agrarios, independientes y los catalanistas de la Lliga) totalizaban otros 113, sumando así 228 diputados el conjunto de la derecha. Era una rotunda y espectacular recuperación, aunque no alcanzaba la mayoría absoluta de 237 diputados. El centro se mantenía estable, con 102 diputados del Partido Radical. Los grandes perdedores eran los partidos gobernantes del primer bienio: el PSOE perdía casi la mitad de sus escaños, quedando reducidos a 60; el Partido Radicalsocialista sólo obtuvo 3, desapareciendo después como partido; la Acción Republicana, de Azaña, se redujo a 5 diputados, y el total de las izquierdas gobernantes hasta entonces sumó sólo 96 diputados.

Gil Robles no pretendió capitalizar políticamente de modo inmediato su triunfo electoral. No ignoraba las dificultades para

La Segunda República estuvo acosada por un factor externo: la depresión económica de los años treinta (el «crack» de Wall Street en la foto). **Su impacto en España se hizo sentir en la caída de la producción y el fuerte aumento del paro obrero, con toda la sintomatología de inestabilidad social inherente a aquella situación. Esto favorecía el acoso revolucionario de los anarcosindicalistas.**

En vano el nuncio Tedeschini había tratado de atemperar las relaciones de la Iglesia con el Gobierno de Azaña (izquierda). **La presión laicista prosiguió hasta la aprobación de la ley de Congregaciones religiosas, el 17 de mayo de 1933, que motivó la protesta del episcopado en una carta colectiva encabezada por el cardenal Vidal y Barraquer** (derecha).

El resultado de las elecciones del otoño de ese año supuso un vuelco completo del mapa político. La nueva derecha organizada por Gil Robles, la CEDA, fue la minoría mayoritaria con 115 diputados. Los socialistas anunciaron el día D y la hora H en que se alzarían en armas si la CEDA entraba en el Gobierno. Ello ocurrió el 5 de octubre de 1934 y la Revolución de ese nombre tuvo como escenarios principales Barcelona y Asturias. (En la foto, apresamiento de un grupo de mineros rebeldes por la Guardia Civil.)

hacerse admitir como hombre de gobierno por sus adversarios, incluido el presidente de la República. Quería que la «rectificación de la República» procediera del centro republicano histórico. Así llegaba la hora de Lerroux y los radicales, que durante nueve meses gobernaron apoyados en las Cortes por la CEDA. Pero la respuesta de las izquierdas derrotadas en las elecciones se caracterizó por una hipersensibilidad alarmista. Azaña y las izquierdas creían preciso contener el giro a la derecha, presuntamente monarquizante, incluso con medios extraordinarios que provocasen el desgaste o la remoción de la nueva mayoría parlamentaria, y presionaron al presidente de la República para que interpusiera toda clase de recursos y argucias, a fin de negar a la derecha el acceso al poder. La izquierda catalanista, desde el gobierno de la Generalitat, que seguía en sus manos, debía ser «el baluarte de la República» en opinión de Azaña, pero basculó más radicalmente hasta llegar a la insurrección armada. Previamente la Generalitat y el Parlamento catalán echaron un pulso político al gobierno de la República y al Tribunal de Garantías Constitucionales, desobedeciendo la sentencia de éste sobre la ley de cultivos. El presidente del gobierno autónomo, Luis Companys, declaró: «La sentencia del Tribunal de Garantías ha sido un acto de agresión contra Cataluña. Tal vez os diga, ¡hermanos, seguidme!, y toda Cataluña se levantará.»

La alarma de los socialistas, del PSOE y de la UGT, se doblaba por el temor a que los anarcosindicalistas los aventajaran como vanguardia revolucionaria del proletariado, y también por la crisis general del socialismo europeo en aquellos años de la depresión. Hitler había liquidado al prestigioso Partido Socialista alemán. Los laboristas británicos habían sido ampliamente barridos en las elecciones y se había producido una grave escisión entre ellos; en Francia, después del *putsch* del 6 de febrero de 1934, los socialistas quedaron excluidos del gobierno de «unión nacional sagrada»; en Austria, donde el canciller Dollfuss se batía frente al doble peligro de una «Austria nazi» y de una «Austria roja», el Partido Socialista también quedó disuelto, tras una fracasada intentona revolucionaria a principios de 1934. En Italia hacía tiempo que Mussolini había acabado con los socialistas, y en toda Europa el auge del fascismo era indudable por aquellos años.

Los socialistas anunciaron el día D y la hora H: se alzarían en armas si la CEDA entraba en el gobierno; y el 5 de octubre de 1934 fueron designados tres ministros cedistas en un nuevo gobierno presidido por Lerroux. Las amenazas se cumplieron. La víspera el periódico del PSOE, *El Socialista*, remachando las acusaciones contra la CEDA de monarquizante y fascistoide, concluía así: «La CEDA es el desafío a la República y a las clases trabajadoras. Y nadie puede jactarse hasta ahora de habernos desafiado con impunidad y sin que le ofreciésemos, inmediata y eficaz, nuestra respuesta.» Éste era el lenguaje del ultimátum y la intimidación.

La revolución de octubre de 1934 tiene, pues, dos protagonistas y dos escenarios principales. En Barcelona, el gobierno de la Generalitat, institución legal de la República, se alzó contra la legalidad constitucional y contra el gobierno de la República. En Asturias, a la insurrección de los socialistas se sumaron los comunistas heterodoxos del Bloque Obrero y Campesino, y los ortodoxos del Partido Comunista de España, que a última hora habían recibido la luz verde que Stalin dio a la Internacional Comunista para aliarse con los socialistas, hasta entonces calificados despectivamente por él como «socialfascistas». La CNT, que en el resto de España se negó a unirse a los socialistas, también se sumó en Asturias a las Alianzas Obreras, instrumentos organizativos de la revolución.

La sublevación de la Generalitat, no secundada popularmente, se dominó en pocas horas. La revolución de Asturias se prolongó, por el contrario, quince días. Fue un anticipo o ensayo de lo que ocurriría en 1936. Los comités revolucionarios y las milicias populares, la eficaz actuación de las unidades profesionales del ejército español de Marruecos para reprimir la rebelión, los desmanes y el terror revolucionario, con el asesinato de algunos civiles y varios eclesiásticos, la réplica violenta de la represión, la cooperación de las organizaciones juveniles de derecha con el ejército, incluso la división ideológica de éste, y la designación del general Franco para dirigir desde el Estado Mayor las operaciones militares en Asturias; todos estos factores vienen a constituir antecedentes de lo que en gran escala ocurriría en la guerra civil de 1936. Sobre todo, se anticipó la quiebra de la democracia española y la posibilidad de crear un marco de convivencia para todos los españoles. El chantaje de la izquierda al presidente de la República, la insurrección institucional de la Generalitat y la revolución de los socialistas dinamitaron los débiles cimientos de la democracia republicana.

Además de grandísimos daños materiales, la revolución asturiana costó 236 muertos y 639 heridos al ejército, Guardia Civil y otras fuerzas públicas. Hubo 900 paisanos muertos y 1 500 heridos. En el castigo de la rebelión se dictaron 30 condenas a muerte, de las que se ejecutaron dos, impuestas a un sargento desertor y a un asesino terrorista; pero los principales jefes de la insurrección, tanto en Barcelona como en Asturias, fueron indultados. La discrepancia en la política de indultos supuso la ruptura de la coalición gubernamental y de las relaciones con el presidente de la República. Aunque se rehízo un nuevo gobierno presidido por Lerroux con más ministros cedistas, entre ellos Gil Robles, la conjunción radicalcedista quedó ya debilitada para siempre.

El desprestigio de los radicales se acrecentó al denunciarse el tráfico de influencias en el negocio del *Straperlo* y el caso Nombela, dos asuntos turbios que salpicaban a personas próximas a Lerroux. El presidente Alcalá-Zamora consideró el momento oportuno para disolver las Cortes y designar un jefe de gobierno personalmente adicto a él, Portela Valladares, confiando obtener una representación parlamentaria suficiente para hacer de bisagra centrista y controlar así los gobiernos y la posible reforma constitucional, a la que se inclinaba con sus propios criterios el presidente de la República. Así se liquidó el bienio radicalcedista.

Las elecciones del Frente Popular

Las elecciones se celebraron el día 16 de febrero de 1936. Las izquierdas acudieron unidas electoralmente y esta vez contaron con el apoyo de los anarcosindicalistas. El resultado fue otro bandazo, esta vez hacia la izquierda. El Frente Popular obtuvo 260 escaños, de los que 99 correspondían al PSOE y 87 a la nueva Izquierda Republicana, liderada por Azaña. El Partido Comunista irrumpió por primera vez en el Congreso con 13 diputados. Las derechas consiguieron 150 escaños, 88 de ellos correspondían a la CEDA. El centro experimentó la gran derrota: los radicales fueron barridos y su líder Lerroux no consiguió acta. El nuevo centro que habían querido inventar Portela y Alcalá-Zamora no pasó de los 16 escaños. Hasta la Lliga catalana perdió la mitad de sus diputados.

Al conocerse los primeros resultados electorales, las masas frentepopulistas se echaron a la calle. El presidente Portela, sin esperar a la segunda vuelta electoral, abandonó el gobierno y Azaña tuvo que formar uno nuevo sólo con azañistas y republicanos. Se concedió inmediatamente amnistía a los condenados de 1934, mientras el desbordamiento popular provocaba desórdenes callejeros, quemas de iglesias, ocupaciones de fincas y huelgas salvajes. Las expectativas revolucionarias se reavivaron, alentadas por los anarcosindicalistas, los comunistas y un sector del PSOE capitaneado por Largo Caballero, que entonces empezó a dejarse aclamar como «el Lenin español». También las Juventudes Socialistas, dirigidas por Santiago Carrillo, extremaban la radicalización y en el mes de abril se «unificaron» con las juventudes comunistas.

El primer acto de las nuevas Cortes fue destituir al presidente de la República, para cuyo cargo fue elegido poco después Azaña, quien, para controlar la situación, hubiera querido contar con un gobierno de republicanos y socialistas moderados, dirigido por Indalecio Prieto, pero el PSOE no lo autorizó. Así se perdió la oportunidad de un gobierno capaz de sacar adelante un programa avanzado de reformas, pero sin claudicaciones demagógicas. El gobierno quedó en manos de un hombre débil y violento, Casares Quiroga.

Las derechas por su parte se radicalizaban también. Gil Robles perdió crédito por su relativo fracaso electoral, y un nuevo líder surgió de las filas monárquicas, José Calvo Sotelo, que no desdeñaba oponer la fuerza a la amenaza revolucionaria. A izquierda y derecha las organizaciones juveniles paramilitares, socialistas y falangistas, hacían demostraciones de fuerza y actuaban de catalizadores de una voluntad de lucha violenta cada vez más extendida en sectores sociales opuestos. Las estridencias de lenguaje de los demagogos anunciaban la inminencia de la revolución. Como botón de muestra basta tomar cualquier discurso de Largo Caballero en aquella época, o los artículos de su periódico *Claridad*. En un acto de masas celebrado el 6 de abril en la plaza de toros de Madrid decía: «Es necesario que en ese momento estemos todos unidos para una finalidad común, y ninguna de las fuerzas coercitivas del Estado burgués será suficiente para contrarrestar la pujanza de la masa trabajadora, que es la que tiene que acceder al poder para instaurar la dictadura del proletariado, que es la verdadera democracia.» Y el 15 de junio en Oviedo recomendaba la creación del «Ejército Rojo» para «sostener la guerra civil que desencadenará la instauración de la dictadura del proletariado... porque no hay que olvidar que el acto de fuerza por el cual se puede conquistar el poder es el procedimiento indispensable para hacer la revolución social».

La oficialidad joven del ejército se agitaba en los cuartos de banderas y algunos altos mandos iniciaban tanteos conspiratorios, que al fin cuajarían bajo la dirección del general Mola. La tensión en España durante la primavera de 1936 se hizo insostenible. El 1 de mayo en Cuenca prevenía Prieto contra los desmanes falsamente revolucionarios que creaban un clima propicio a la reacción fascista. «Lo que no puede soportar un pueblo es la sangría constante del desorden público y de su propia vitalidad económica manteniendo el desasosiego... Podrán decir espíritus simples que esta intranquilidad la padecen sólo las clases dominantes. Esto a mi juicio constituye un error... y de esa intranquilidad no tarda en sufrir los efectos perniciosos la propia clase trabajadora... Si el desmán y el desorden se convierten en sistema perenne, por ahí no se va al socialismo, por ahí no se va tampoco a la consolidación de una República democrática..., se va a una anarquía desesperada..., se va a un desorden económico que puede acabar con el país.»

Un ex dirigente comunista, Enrique Castro Delgado, describe en un libro de memorias, con fuerte garra expresiva, aquella situación: «España entera era miedo. Un miedo escondido y repartido en el fondo de millones de figuras humanas, para las que el día era un tormento de temblores interiores, de miradas oblicuas, de blasfemias a flor de labios, de plegarias, de un andar viviendo y pensando en la muerte. Al anochecer el miedo era amo y señor de España. Se le veía entrar en las iglesias y mirar y penetrar en el cuerpo y en el alma de mujeres enlutadas que rezaban precipitadamente a un Dios que no veían. Se le veía entrar en los cuarteles y ahogar las risas de los oficiales, poner fin a sus partidas de póquer y hacerlos llevar instintivamente la mano a la pistola... Se le veía entrar en la Casa del Pueblo, para provocar un silencio angustioso o para dar vida a un mundo de murmullos. Las prostitutas comenzaron a retirarse a la hora de las gentes decentes. El vino comenzó a no emborrachar a los borrachos... El miedo ahogaba la risa de todo un pueblo; provocaba el insomnio de toda una nación... Temblaba una España. Y la otra. Las dos tenían miedo.»

Entretanto, ¿qué medidas tomaban Casares Quiroga y Azaña para prevenir la conspiración militar, de la que no carecían de noticias a través de las confidencias de la Unión Militar Antifascista y de los servicios oficiales de información? Removieron los altos mandos militares, de manera que siete de los ocho capitanes generales fueron leales al gobierno al ocurrir el alzamiento, así como los tres inspectores generales, el jefe de la Guardia Civil y los altos mandos de Marruecos. Creyeron tener de este modo controladas a las fuerzas armadas, por el sentido jerárquico y de disciplina inherentes a la corporación militar, confiando que cualquier intentona aislada sería reducida sin dificultad. Tenían noticias de algunos tropiezos de los conspiradores y hasta parece que uno de ellos se quiso poner en contacto con el presidente de la República con ánimo de desertar. Con estas seguridades probablemente Azaña sentía reforzado su innato desprecio hacia el ejército. El recuerdo del fallido golpe de

1932 le confundió aún más. No calculó la capacidad de los jefes y oficiales jóvenes para decidir el alzamiento. Tampoco tuvo el instinto, que no le faltó en cambio a Prieto, para percibir la capacidad de reacción de la derecha ante el revanchismo frentepopulista, que agitaba además la imagen fantasmal de una revolución comunista.

Julio de 1936. Alzamiento y revolución

El 17 de julio a las 17 horas se iniciaba en Melilla el alzamiento militar, que se extendió al resto de Marruecos y, durante los días 18 y 19, a la mayor parte de las guarniciones. En unas la rebelión triunfó, apoyada por partidos y milicias civiles, falangistas, requetés, monárquicos que habían visto caer asesinado a su líder Calvo Sotelo, y juventudes de la Acción Popular gilroblista, desmarcadas de la línea oficial de su partido. En otras ciudades quedó sofocada la insurrección, por la actitud de las fuerzas armadas leales al gobierno republicano, reforzadas por las milicias paramilitares de las organizaciones obreras, socialistas y anarquistas, y de las Juventudes Socialistas Unificadas, que se hicieron dueñas de la calle y establecieron sus propios instrumentos de poder.

El desconcierto y la desmoralización de Casares Quiroga provocó el 18 de julio la dimisión del gobierno, que dio paso al día siguiente a otro presidido por el republicano Giral, quien consintió la entrega de armamento a las milicias populares. Éstas, faltas de control, actuaban con absoluta irresponsabilidad. Surgieron así los comités sindicales y los consejos municipales que suplantaron a las autoridades republicanas. En verdad, el 19 de julio el Estado republicano cayó bajo los efectos de un doble asalto: en unas partes por la insurrección militar, en otras por la irrupción revolucionaria.

Los comités llevaron a cabo la colectivización de fábricas, empresas y tierras, la incautación de edificios e iglesias, los alistamientos en las milicias, mientras el gobierno disolvía las unidades del antiguo ejército, a pesar de que en buen número habían permanecido leales a la legalidad republicana, pero que se había hecho sospechoso a las organizaciones revolucionarias. En Cataluña el Comité de Milicias Antifascistas suplió de hecho a la Generalitat.

Al no triunfar rápidamente el alzamiento y no ser tampoco vencido, degeneró en guerra civil. La situación de España se proyectó en seguida sobre Europa. Los dos bandos en lucha se dirigieron, por su parte, en demanda de ayuda exterior. Desde el primer momento el gobierno de Madrid solicitó de Francia el envió de aviación, y el 28 de julio cinco aparatos franceses llegaban a Barcelona, a los que siguieron el 3 de agosto otros 16 aviones. Los sublevados lograban a su vez que les llegasen de Italia 9 Saboyas el 30 de julio, con los que se reforzó el «puente aéreo» para transportar tropas desde Marruecos a la Península. Las autoridades rebeldes despacharon a Alemania una comisión, recibida allí al principio con correcta frialdad, pero finalmente Hitler prometió tomar en consideración sus demandas. Alemania acababa de remilitarizar Renania, quebrantando el tratado de Versalles, y se disponía a efectuar un gran rearme y despliegue militar, para el cual el caso de España era secundario. Sin embargo, en la primera quincena de agosto llegaron a la zona rebelde dos escuadrillas de Junkers y otro armamento. En Moscú, el 21 de julio, la Komintern y la Profintern acordaron prestar ayuda a los «obreros» españoles, y cinco días después se dispuso el reclutamiento de voluntarios. Cuenta Kostler que, cuando a primeros de agosto, visitó en París las oficinas de la Komintern, los servicios de enganche funcionaban activamente, ya que era fácil encontrar voluntarios entre el gran número de obreros parados que había en Europa a causa de la gran depresión de los años treinta.

La declaración el 8 de agosto de No intervención comprometía a las potencias a no remitir material de guerra a los contendientes, pero los acuerdos no fueron cumplidos. A lo largo de la guerra los dos bandos fueron abastecidos de armamento, principalmente soviético, alemán e italiano; así como de combatientes de las Brigadas Internacionales, del Cuerpo de Tropas Voluntarias italiano y de la Legión Cóndor. En realidad los gobiernos extranjeros se alinearon según sus particulares conveniencias ideológicas o estratégicas. Además, la guerra de España agudizó en cada país los enfrentamientos políticos, y las gentes tomaban partido con apasionado fervor por unos y otros, apasionamientos que procuraban alimentar las oficinas de propaganda. El simplista binomio fascismo-democracia se complicaba con la creciente influencia del comunismo internacional en la España republicana y la persecución religiosa que conmovió muchas conciencias del mundo católico.

Las operaciones militares de la guerra civil

La guerra era, sobre todo, un hecho militar que sólo tendría solución por la vía militar o por la vía diplomática. Las varias tentativas de mediación que surgieron a lo largo de los mil días de

El resultado de las elecciones del 16 de febrero de 1936 significó otro bandazo, esta vez hacia la izquierda, todas sus fuerzas unidas coyunturalmente. Las expectativas revolucionarias se reavivaron y las derechas, por su parte, se radicalizaron también. La joven oficialidad del Ejército se agitaba en los cuartos de banderas y algunos altos mandos iniciaban tanteos conspiratorios que, al fin, cuajarían bajo la dirección del general Mola. La guerra civil estallaría al poco de caer asesinado Calvo Sotelo.

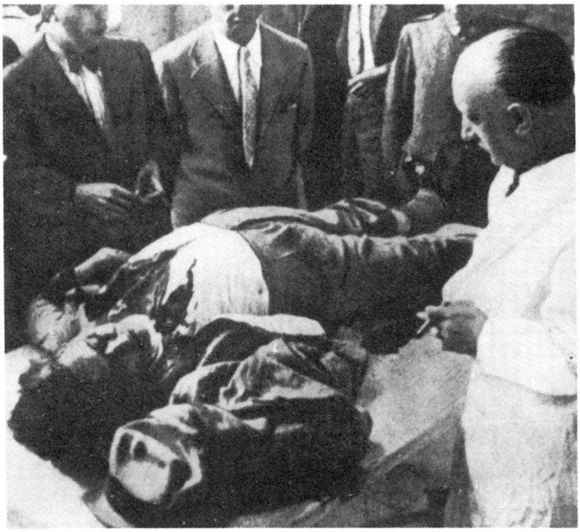

Los casi tres años de contienda civil dejaron un terrible saldo de destrucciones materiales y de pérdidas humanas. A los 139 000 muertos en campaña, o como consecuencia de heridas de guerra, hay que añadir los 127 000 que fueron asesinados o ejecutados por sentencia judicial en ambas zonas. Los de posguerra fueron años de penalidades (como refleja la foto), **la reconstrucción material del país dificultada por la conflagración mundial entre 1939-1945**

Discutido y puesto en cuarentena desde el exterior, Franco afianzó su poder personal dentro de España, rodeándolo de un aparato ideológico e institucional. En 1938 promulgó el Fuero del Trabajo, el Fuero de los Españoles en 1945 y, dos años después, la ley de Sucesión a la Jefatura del Estado. A estas leyes de rango fundamental se añadieron la ley de Principios del Movimiento (1958) y la ley Orgánica del Estado (1967). Por la reforma legal de esas leyes se produciría la transición a la nueva democracia española. (El príncipe Juan Carlos jura ante las Cortes.)

combate no dieron ningún resultado. Después de los meses de tensión y miedo que precedieron a julio de 1936, la guerra provocó el estallido de dos entusiasmos: el bando que supo canalizar mejor, con disciplina y eficacia, aquel entusiasmo es el que logró la victoria. En la zona republicana, el entusiasmo revolucionario motivó que se diera inicial preferencia a la revolución sobre la guerra; sólo el Partido Comunista, con sentido pragmático, antepuso el concepto de la guerra al de la revolución, y apoyó al gobierno Giral en el intento de crear un nuevo ejército de la República.

Los repetidos fracasos militares de las milicias populares, por falta de adiestramiento y disciplina, obligaron por fin a restablecer el ejército profesional y militarizar a las milicias; si bien se creó el Comisariado político en el ejército, cuyo control quedó en manos de los comunistas. De este modo se inició la recuperación parcial de las instituciones del Estado republicano, aunque esa labor se llevara a cabo bajo el nuevo gobierno «obrero» presidido por Largo Caballero, en el que participaban los comunistas e incluso los anarcosindicalistas de la CNT. En la zona nacional la unidad de mando quedaba afirmada poco después, al designarse el 1 de octubre a Franco generalísimo de los ejércitos y jefe del Estado, que consolidó su poder seis meses más tarde al disolver todos los partidos y refundirlos en la FET y de las JONS, de la que él mismo sería declarado jefe nacional.

Durante la primera fase de la guerra el objetivo principal de los sublevados era Madrid, por el efecto político que se atribuía a la posesión de la capital de la nación. Las columnas que desde Valladolid y Pamplona avanzaron por el Norte sobre Madrid quedaron contenidas en la Sierra. Las que desde Andalucía remontaron por Extremadura y el Tajo hasta Toledo para liberar el Alcázar, que se había convertido en un símbolo de incalculables efectos psicológicos, llegaron a primeros de noviembre hasta los arrabales madrileños, fijándose un frente a orillas del Manzanares y en la Ciudad Universitaria. Franco renunció a atacar frontalmente Madrid, optando por realizar operaciones de cerco. Este sentido tienen las batallas del Jarama y Guadalajara, en febrero y marzo de 1937. Guadalajara era la primera derrota que experimentaban las tropas de Franco, que llevó entonces la iniciativa al frente norte, es decir, a la franja cantábrica de Vizcaya, Santander y Asturias, zona de gran densidad demográfica y potencial industrial. La ofensiva victoriosa, realizada de marzo a octubre de 1937, dio a Franco la posesión de las importantes ciudades de Bilbao, Santander y Gijón. Las maniobras de diversión intentadas por los republicanos en Belchite, en el frente de

Aragón, y en Brunete, para descongestionar el asedio de Madrid, no tuvieron éxito.

La liquidación del frente norte tuvo como consecuencia aumentar considerablemente los recursos humanos y económicos de Franco, que proyectó volver de nuevo su fuerza sobre Madrid. Pero se anticipó la iniciativa del renovado Ejército Popular de la República, cuya organización y armamento había progresado bajo el gobierno Negrín, quien había sustituido a Largo Caballero, defenestrado por las presiones de Stalin. El ataque republicano se dirigió contra Teruel, conquistado a primeros de enero de 1938, aunque la contraofensiva franquista consiguió recuperar la ciudad pocas semanas después.

A la batalla de Teruel siguió la maniobra de Aragón, que llevó a las tropas de Franco hasta el Mediterráneo, quedando el 15 de abril cortada en dos la zona republicana, y se avanzó el frente aragonés hasta tierras catalanas, a la vez que la ocupación de importantes embalses pirenaicos disminuía considerablemente los recursos hidroeléctricos de Cataluña. Las fuerzas navales de Franco habían conseguido también dominar las aguas del Mediterráneo, a pesar de la pérdida del crucero *Baleares*. En mayo-junio de 1938 la balanza de la guerra parecía inclinarse definitivamente del lado de los nacionales. Varias operaciones habían ensanchado la franja en la costa mediterránea, desde Amposta-Tortosa hasta Nules, a 40 km de Valencia. Sin embargo, la ofensiva sobre Valencia quedó detenida al iniciarse la batalla del Ebro, la gran batalla de desgaste que duró casi cuatro meses y decidió la suerte de la guerra.

La batalla del Ebro la planteó el general Rojo, tras una concienzuda preparación, que dio inicialmente frutos positivos a los atacantes republicanos, que se adueñaron de la gran curva del río, obligando a replegarse al enemigo hasta Gandesa. Pero allí acabó la penetración ofensiva, que no pudo romper el dispositivo adversario. Pronto las tropas de Franco emprendieron la contraofensiva y la resistencia tenaz de los republicanos convirtió aquel pequeño territorio en la más dura y prolongada batalla de toda la gucrra, con empleo de grandes masas de artillería y aviación. La batalla iniciada el 25 de julio quedó concluida el 16 de noviembre. Las mejores tropas del ejército republicano habían sido aniquiladas y las pérdidas de material bélico imposibles de reponer.

Franco desató a las pocas semanas la maniobra en Cataluña, tomó Barcelona el 26 de enero y alcanzó la frontera francesa el 10 de febrero. La guerra estaba militarmente liquidada, y políticamente ganada al producirse el reconocimiento de Franco por Inglaterra y Francia. Sin embargo, Negrín, apoyado por los comunistas, quiso prolongarla, con la esperanza de que la situación internacional abocara a una conflagración general europea. Pero la voluntad de resistencia en la zona republicana estaba agotada. El general Casado se alzó en Madrid contra Negrín y constituyó una Junta de Defensa a fin de negociar la rendición. Franco exigió la rendición sin condiciones y llevó a efecto las últimas operaciones militares sin encontrar resistencia. El 1 de abril de 1939 la guerra había concluido.

El régimen del generalísimo Franco

A los cinco meses de terminada la guerra española comenzó la guerra mundial. La contienda civil había dejado un terrible saldo de destrucciones materiales y de pérdidas humanas. A los 139 000 muertos en campaña o como consecuencia de heridas de guerra, hay que añadir los 127 400 que fueron asesinados o ejecutados por sentencia judicial en ambas zonas. Además, una secuela de vidas deshechas, de castigos y represalias fue la herencia de la posguerra. Los que habían sufrido persecución en la zona republicana se convertían ahora en perseguidores. Se exigieron responsabilidades políticas a quienes habían ejercido cargos públicos, a los militares profesionales que prestaron servicios al ejército republicano, a los directivos de las organizaciones sindicales o partidos políticos del Frente Popular. Los odios desatados en 1936 no concluyeron en 1939. No se pasa de la guerra a la paz en un día, y más aún cuando se trata de una guerra civil.

La posguerra española se vio alterada también por la conflagración mundial de 1939 a 1945. Fueron años de penalidades, la reconstrucción material se vio dificultada por las circunstancias exteriores, aunque España no tomó parte en la contienda armada. Hubo momentos graves, se ejercieron presiones dentro y fuera, pero la «doble estrategia» de Franco con los alemanes y con los aliados dio buen resultado. Esa estrategia consistía en inspirar confianza a Hitler, asegurándole la simpatía y la posible cooperación de España, con algunos gestos teatrales como el envío a Rusia de la División Azul; y al mismo tiempo aplazando cualquier compromiso bélico indefinidamente, aduciendo la bien fundada razón de que España no estaba militarmente en condiciones de hacer la guerra. Por su parte, Inglaterra mantuvo una táctica cautelar respecto a España, potencial enemigo al que se debía mantener en un nivel de máxima debilidad, administrando con cuentagotas los *navy-certs,* que autorizaban la llegada por mar de suministros indispensables: lo cierto es que hubo escasez de alimentos y las fábricas trabajaban a media jornada.

Los panegiristas de Franco exhiben como un éxito personal suyo el haber librado a España de la segunda guerra mundial. Los detractores, por el contrario, se niegan a apuntar en su haber la precaria neutralidad española y subrayan el apoyo parcial dado a Alemania. Pero lo cierto es que España se mantuvo al margen, gracias a una mezcla de retranca gallega, marrullería ibérica y sentido común militar.

Discutido y puesto en cuarentena desde el exterior, Franco afianzó su poder personal dentro de España, rodeándolo de un aparato ideológico e institucional. En 1938, en plena guerra civil, promulgó el Fuero del Trabajo, inspirado parcialmente en el modelo italiano, y arropado en una fraseología de estilo falangista, en el que se declaraban los principios de la política social y económica del nuevo Estado. En 1942 se crearon las Cortes españolas, restableciendo una tradición institucional, órgano legislativo colaborador de la suprema potestad de promulgar leyes reservada al Caudillo, y a su vez supuesto instrumento de participación orgánica de la sociedad.

En 1945 se promulgó el Fuero de los Españoles, «texto fundamental definidor de sus derechos y deberes», según se declara en el preámbulo del mismo, y la ley de referéndum nacional, por la que el jefe del Estado se reservaba la facultad de someter a consulta popular directa las leyes votadas en Cortes que considerase conveniente por su trascendencia o por la incertidumbre respecto a la opinión sobre las mismas.

En 1947 la ley de Sucesión a la Jefatura del Estado declaraba a España constituida en reino y establecía los requisitos para designar a la persona que hubiese de suceder al caudillo a título de rey. Se creaba también un Consejo del Reino, asesor del jefe del Estado, pero que podría desarrollar importantes facultades en una situación futura para garantizar la continuidad del régimen. El artículo 10 de esta ley de sucesión declaraba leyes fundamentales las cinco mencionadas, que en su conjunto venían a formar una especie de *corpus* constitucional del Estado. A estas leyes de rango fundamental se añadieron posteriormente la ley de Principios del Movimiento, en 1958, y la ley Orgánica del Estado en 1967. Es importante tenerlas en cuenta, porque desde esta situación jurídica institucional se iba a producir más tarde, por la reforma legal de la misma, la transición a la nueva democracia española.

Durante los treinta y nueve años de su gobierno, Franco retuvo, en verdad, un poder personal indiscutido, que ejerció discrecionalmente, apoyado en un aparato institucional dócil. Hasta 1970 asumió la jefatura del Estado y la del gobierno, designando y removiendo los ministros para dar entrada a representaciones sociales diversas, militares, empresarios, personalidades destacadas de las varias tendencias subyacentes en el Movimiento Nacional o de la Organización sindical falangista. Sólo en 1973 decidió separar de su mando directo la jefatura del gobierno, que encomendó a uno de sus colaboradores más veteranos y de mayor confianza, el almirante Carrero Blanco.

Durante tan largo período de mando el régimen de Franco experimentó alteraciones formales, pero se mantuvo sin cambios en lo esencial. En los años de la posguerra mundial tuvo que soportar el aislamiento internacional y la reprobación de la ONU en 1946, cuando se retiraron casi todos los embajadores de Madrid. Pero la situación internacional producida por la «guerra fría» y la guerra de Corea favorecieron su apertura al exterior: el acuerdo de bases militares con Estados Unidos en 1953 y el concordato con el Vaticano en la misma fecha abrieron una etapa de normalización, que se completó con el ingreso de España en varias organizaciones internacionales y finalmente en la ONU en 1963.

Desarrollo económico y cambio social

La normalización de las relaciones con el mundo exterior se vio favorecida por el giro en la política económica, que supuso el abandono de la autarquía y el estatismo de los años iniciales del franquismo, y que habían ocasionado el estancamiento económico. La política de estabilización de los años 1957-1959 y los posteriores planes de desarrollo, liberalizadores de una economía de mercado, pusieron en marcha el crecimiento espectacular de la economía española. Durante la «década prodigiosa» de los años sesenta España experimentó un crecimiento próximo a los niveles máximos de Europa. Los excedentes de mano de obra fueron absorbidos por la demanda exterior y se consiguió aquí el pleno empleo. Las remesas de rentas de los emigrantes y la apertura al turismo internacional, junto al ahorro interior, constituyeron las principales fuentes de financiación que hicieron posible aquel despegue de la economía, especialmente en el sector industrial. Por vez primera España se situaba al empezar los años setenta en el décimo lugar del *ranking* de las potencias industriales. Se había popularizado el consumo de automóviles y de aparatos electrodomésticos, así como la adquisición de viviendas familiares.

El crecimiento económico y la mayor comunicación con el mundo exterior a través del turismo y del comercio influyeron decisivamente en los cambios experimentados en la sociedad, que se hizo permeable a los modos de vida y a las mentalidades que entonces predominaban en los pueblos del Occidente europeo. La urbanización de la sociedad española, por otra parte, era un factor de cambio que se venía produciendo a lo largo del siglo XX, pero que se acentuó desde 1950 y aún más desde el impulso desarrollista de 1960. España no podía escapar al fenómeno de la redistribución geográfica de la población inducido por el desarrollo industrial. Por eso, en los períodos 1920-1930 y 1950-1970 es cuando más se acusó este proceso. En 1950 todavía se estaba más cerca de los índices de principios de siglo que de los de 1970. En 1900 sólo uno de cada tres españoles vivía en municipios de más de 10 000 habitantes; en 1950 la proporción era de 1 a 2,5. En 1970 la situación se había invertido: dos tercios vivían en poblaciones de más de 10 000 habitantes, y el fenómeno ha continuado su progresión, pues, en el censo de 1981, de los 37,7 millones de habitantes censados, 27,3 millones habitan las poblaciones grandes.

Aplicando un método multidimensional en la tipificación de las clases medias (cultura, profesión y renta), en 1950 el 27 por ciento de la población activa correspondía a esa categoría social, aunque otras estimaciones varían algo al alza este porcentaje. En todo caso, la distribución regional era bastante irregular. Si a los cuatro grupos ocupacionales característicos de las clases medias (directores y administradores, profesionales y funcionarios, empleados semiautónomos o asimilados, y autopatronos o independientes) se suman otros grupos de las «nuevas clases medias» (técnicos, administrativos, especialistas), la mesocracia que representaba en 1965 el 34,5 por ciento de la población, en 1981 llegaba casi al 65 por ciento.

Aun cuando la distribución funcional de la renta no tiene un valor significativo absoluto respecto al grado de equidad social, puede tener un valor indicativo complementario de la evolución general de esa sociedad. Por tanto merece señalarse que la participación salarial en la renta, que en 1964 era del 54,4 por ciento, llegaba en 1975 al 68,1 por ciento, cifra ligeramente más alta que en Italia, aunque distanciada todavía del Reino Unido (el 83,1 por ciento), la Alemania Federal (74,2 por ciento) o Francia (72 por ciento). El crecimiento de los deciles intermedios en la renta familiar disponible (deciles 3 al 7) y la disminución de los extremos de los mismos por arriba y por abajo, entre 1964 y 1974, viene a confirmar también la tendencia a la formación de una sociedad más equilibrada.

A la «revolución tecnológica» que en la época del desarrollismo se estaba produciendo en España, debía corresponder una adecuación de las mentalidades por la vía de la educación, a través de las instituciones de la enseñanza y de los medios de comunicación, además del contacto exterior. El sistema educativo, considerado como una variable independiente de la estructura económica, y puesto en función de potenciar el «capital humano», desembocaría de hecho en la masificación de los estudios superiores, con el consiguiente desempleo masivo también de los titulados universitarios, que no dejaba de producir desasosiegos y frustraciones; pero, en todo caso, estableció un sistema abierto y contribuyó a la movilidad social. En esa dinámica tuvo un papel nada despreciable, desde 1950, la incorporación de la mujer al mercado de trabajo y a las actividades públicas.

Así, entre los años 1960 y 1975, España ofreció la imagen de una sociedad en movimiento, con una fuerte dinámica de cambio, tendente a la modernización y a la aproximación a los modelos avanzados de la Europa occidental. La modernización se reflejaba no tanto en la asimilación de corrientes filosóficas, sino en el ámbito de la convivencia social y la aceptación de criterios de racionalidad y secularización de los modos de vida. Sobre este soporte social se iba a operar, a la muerte del generalísimo Franco, el proceso político de transición a la democracia.

CAPÍTULO 15

¿Será posible la democracia?

Al morir Franco el 20 de noviembre de 1975, sucedió en la jefatura del Estado, a título de rey, don Juan Carlos I. En un ambiente de expectación y escepticismo del mundo exterior y de atonía de la sociedad española, con la que apenas sintonizaban las militancias políticas del régimen o de las oposiciones, se inició el proceso de transición de un régimen autoritario y personalista a la democracia.

Había ocurrido poco antes la ruptura violenta de la dictadura portuguesa postsalazarista, la «revolución de los claveles», y por entonces reinaba en el país vecino el desorden y el trauma revolucionarios, cuyas consecuencias sembraban todavía la alarma en Europa. ¿Sería posible en España otro modelo distinto, de transición pacífica por la reforma del ordenamiento existente desde su propia legalidad? Ésta era la interrogante que los españoles y el mundo entero se formulaban a fines del año 1975. A la pregunta que muchos se habían planteado con inquietud: «Después de Franco, ¿qué?», se le había dado una respuesta para algunos pretendidamente continuista: «Después de Franco, las instituciones.» Lo que pocos pensaban antes de 1975 es que a partir de las instituciones se lograría precisamente el cambio.

El protagonista principal de la primera fase de la transición, la fase preconstituyente, fue el titular de la más alta institución del reino. En efecto, Juan Carlos fue el motor y el acelerador del cambio. Durante veinte meses gobernó con los poderes que le atribuían las leyes fundamentales del régimen anterior, que utilizó para ser artífice, paso a paso, de la reforma, hasta llegar a las elecciones a Cortes de 1977, de las que había de salir la nueva constitución democrática. Pero la Historia no termina al concluir la segunda fase de la transición, la fase constituyente. Desde diciembre de 1978 se inicia la tercera fase, la de la consolidación democrática; una historia inacabada todavía, que apunta hacia el futuro. Una historia *in fieri,* que estamos haciendo día a día los españoles; con la esperanza de que este nuevo ensayo de democracia política y de convivencia logre consolidarse definitivamente.

La situación de España en 1975

Desde la distancia en el tiempo, hoy podemos saber que en 1975 el régimen político vigente a la muerte de Franco no era tan fuerte como creían los inmovilistas, ni tan débil como presumían sus adversarios. En todo caso, era un régimen nada propicio a dejarse desmantelar, sostenido por un *establishment* poderoso que dominaba las administraciones públicas. Todos los pilares sobre los que se había asentado institucionalmente, menos la Iglesia, se mantenían firmes. Pero la llave de aquel mecanismo estaba en la Corona y dependía, por tanto, de la actuación de su titular el funcionamiento del mismo. Además, en el seno del Movimiento-organización existían corrientes de apertura política, que se proponían acercar la sociedad a un régimen remozado formalmente, mediante la participación pluralista asociativa. Estas corrientes se habían expresado de varias maneras y parecieron afirmarse en el que se llamó «espíritu del 12 de febrero» de 1974, por el discurso que en esa fecha pronunció Carlos Arias, presidente del gobierno nombrado después del asesinato del almirante Carrero Blanco. Estas corrientes propicias a un reformismo desde la legalidad se expresaban también en el grupo «Tácito» y en otras agrupaciones fundadas para patrocinar una evolución democratizante.

El régimen era acosado violentamente por los grupos terroristas entonces actuantes, la ETA y el GRAPO, pero sus efectos resultaban contrarios, porque alentaban el espíritu de resistencia del llamado «búnker» inmovilista, al airear el riesgo de perder la paz ciudadana, uno de los activos políticos más notorios de aquella situación.

Los numerosos grupos de la oposición política estaban desunidos y actuaban según diferentes iniciativas, sin coordinación, como suele ocurrir casi siempre en situaciones análogas de clandestinidad. Una polvareda de grupos y grupúsculos comunistas, socialistas de varias tendencias y denominaciones, socialdemócratas en multifacético muestrario, liberales, monárquicos juanistas, democristianos e independientes, además de las variantes regionales y de los grupos nacionalistas periféricos, formaban el mosaico del activismo político opositor. Hasta el mes de julio de 1974 no se formó una Junta Democrática patrocinada por el Partido Comunista de Santiago Carrillo, con algunos socios de poco peso específico, a la que un año después dio la réplica la Plataforma Democrática, de más amplio espectro. Hubo que esperar hasta bien entrado el año 1976 para que una y otra se concertaran en la llamada Platajunta, que, sin embargo, tampoco funcionó como eficaz instrumento coordinador, por las diferencias de criterios y expectativas, ya iniciada la transición. En lo único que coincidían casi todos los grupos opositores era en la desconfianza hacia don Juan Carlos.

Así, las actuaciones públicas de los grupos opositores, las movilizaciones en la calle (alborotos estudiantiles, huelgas, manifestaciones) no constituían en ningún caso una fuerza rompedora, capaz de derribar por sí misma el régimen establecido o, al menos, de debilitarlo seriamente. Santiago Carrillo declara en sus memorias que aquella actuación, de la que él era uno de los líderes principales, «no logró romper la pasividad de la inmensa mayoría de los españoles».

En el plano exterior, las relaciones con Estados Unidos y con los países de la Comunidad Económica Europea eran frías, pero correctas, y por este lado no se plantearía ningún problema grave. Sólo la Marcha Verde sobre el Sáhara, provocada por el habitual oportunismo sin escrúpulos de Hasán II, dio algún quebradero de cabeza, pero se solventó sin mayores contratiempos.

La situación social de España era el resultado del desarrollismo económico experimentado desde quince años antes, como hemos dicho en el capítulo anterior. Nunca un mayor número de bienes había sido distribuido a un mayor número de ciudadanos. Es decir, el crecimiento y distribución de la renta había creado el marco de una sociedad bastante equilibrada. Todos los indicadores sociológicos de la época señalan el ensanchamiento de las clases medias y la aproximación a la tipología europea occidental. El informe FOESSA, uno de los documentos más solventes sobre la situación social en aquellos tiempos, subraya que la etapa desarrollista había creado hábitos socioculturales modernos, que se acercaban al modelo europeo; pero se advertía también la falta de madurez política. Esto mismo reflejan otras muchas encuestas de aquellos años, en las que se advierte la escasa información política de los ciudadanos, pero también su rechazo a la ruptura violenta. Desmovilizada, pues, políticamente, la atonía era el síntoma de aquella sociedad, propicia en cambio a conservar sin riesgos los bienes duraderos adquiridos a crédito, como la vivienda, el automóvil y los electrodomésticos.

La situación económica a fines de 1975 era relativamente satisfactoria, aunque se presentaron algunos signos preocupantes de cara al futuro. La crisis petrolera, iniciada en 1973 en Europa, no se había hecho notar todavía en España, salvo la interrupción de la demanda de mano de obra en los mercados exteriores, que interrumpió la emigración y dio lugar a la aparición del desempleo laboral, si bien todavía dentro de límites muy tolerables, inferiores al 3 por ciento de la población activa. También se produjo por primera vez el recorte del turismo extranjero y un leve repunte inflacionista, no compensado suficientemente por el alza de los salarios, pero sin que ocasionara desajustes importantes en aquellos momentos.

El mensaje de la Corona. Los poderes del rey

Durante la última enfermedad de Franco, a fines de octubre de 1975, un conocido redactor volante de la acreditada revista *Newsweek,* Arnaud de Borschgrave, publicó un amplio comentario a la entrevista que había celebrado con el príncipe Juan Carlos: «Está decidido a ser rey de todos, por encima de la política de los partidos. La restauración de la auténtica democracia es una de las finalidades, pero España no debe ahorrar esfuerzo para evitar el desorden y el caos... Se propone hacer un gobierno moderno, dedicado a asegurar el futuro de España, no conservar el pasado... Quiere crear una democracia moderna en España y tiene conciencia de que será un proceso delicado y difícil... Estaba decidido a actuar legal y constitucionalmente en todas y cualesquiera de las circunstancias.» Todo esto se publicaba todavía en vida del generalísimo Franco, en una revista internacional de gran difusión, y era una manera discreta de filtrar su pensamiento y sus propósitos inmediatos de gobierno.

Cuando, al ser proclamado rey, el 22 de noviembre, se dirigió a todos los españoles desde las Cortes en el mensaje de la Corona, expuso esos mismos propósitos, con la cautela y la solemnidad que la ocasión requería. «Que todos entiendan con generosidad y altura de miras que nuestro futuro se basará en un efectivo consenso de conciliación nacional.» La palabra «conciliación» adquiere en el mensaje un redoblado significado, porque claramente señalaba la voluntad de supurar las heridas de la guerra civil, las discordias perpetuadas por unos y los revanchismos alentados por otros. Se refería también al pluralismo político, a «integrar en objetivos comunes las distintas y deseables opiniones». Afirmaba por eso: «Hoy comienza una nueva etapa de la historia de España», que no podía consistir en el

El 22 de noviembre de 1975, don Juan Carlos I dio a entender su decisión de ser rey de todos los españoles con la cautela y solemnidad que la ocasión requerían: «Que todos entiendan con generosidad y altura de miras —dijo— que nuestro futuro se basará en un efectivo consenso de conciliación nacional.»

Aunque confirmó en la jefatura del Gobierno a Carlos Arias, éste no resultó el hombre idóneo para proseguir la vía reformista democratizadora, trabado por las presiones del «búnker» inmovilista y por sus propias vacilaciones. La divergencia de criterios dentro del Gobierno, y la actitud obstruccionista de la Comisión Mixta Gobierno-Consejo Nacional del Movimiento, impedían diseñar un programa claro, completo y en plazos razonablemente cortos.

Llegados los primeros días de julio de 1976, el rey tuvo que edir a Carlos Arias la dimisión y nombró un nuevo equipo de gobierno presidido por Adolfo Suárez, quien trabajó con rapidez y eficacia. Se trataba de establecer una «reforma ialogada» con las oposiciones que permitiera sacar adelante el proceso político sobre un complicado telón de fondo de gitaciones callejeras, huelgas olitizadas y brotes terroristas.

continuismo encubierto, pero tampoco en la ruptura violenta. Quedaba, pues, bien señalado el proceso evolutivo que la nueva monarquía trazaba para el advenimiento de la democracia.

Pero ¿acaso podría el rey conducir este proceso?

Desde que fue proclamado príncipe de España y sucesor a título de rey, en 1969, se había desatado una polémica teórica sobre los poderes y atribuciones del rey en la futura monarquía. Para algunos prestigiosos tratadistas, la ley de sucesión otorgaba un amplio fondo de poder al monarca, pero limitado por el refrendo necesario en cada uno de sus actos, bien fuese del gobierno, del Consejo del Reino o de las Cortes. Este refrendo institucional significaba que al gobierno omnipotente de Franco sucedía una monarquía limitada. ¿Querría esto decir también que el rey tendría las manos atadas y bien atadas?

La clave estribaba en el alcance que se diera a la inmutabilidad de las leyes fundamentales, que eran la base constitucional del régimen, y a la posibilidad de modificarlas. El análisis de la minuciosa y razonada polémica académica, entreverada de intencionalidad política, nos ofrece tres posiciones doctrinales acerca de la sucesión y los poderes del rey: la posición continuista, la democratizante a base de reformas parciales y la que sostenía la facultad regia para promover la modificación radical de las leyes fundamentales desde el propio orden legal vigente.

Se llegaba a la conclusión de que el rey *podía* emprender la reforma. Podía y, además, *quería* hacerlo, como lo expuso en momento oportuno. Pero una tarea de esta índole necesitaba contar con suficientes apoyos institucionales. El rey contó en todo momento con el apoyo de las fuerzas armadas, cuando no sobraban las lealtades incondicionales: a estos efectos fue importante el otro mensaje que la Corona dirigió a las fuerzas armadas el mismo día 22 de noviembre, mensaje redactado con brevedad, en términos castrenses, y en el que se invocaba la lealtad debida a la Corona.

El rey pudo contar también con las personalidades reformistas, situándolas en puestos clave. En el acierto de aquella elección estuvo el mérito del monarca. Estos colaboradores tuvieron que realizar la diaria tarea de gobierno y mantener contactos a dos bandas, para que el proyecto prosperase: con los inmovilistas de dentro del régimen, para neutralizar las resistencias viscerales y ganar el apoyo necesario a las reformas legales; y con los rupturistas al margen de la legalidad, para quebrantar su terco enfrentamiento e incorporarlos a la vía reformista. Fue, sin duda, una delicada y difícil labor de persuasión porque los unos interpretaban el proyecto como un entreguismo, en tanto que los otros temían que fuese un «maquillaje» continuista.

El mensaje de la Corona fue recibido con alivio por muchos, a derecha e izquierda, por su contenido esperanzador, ponderado y sereno. Pero no todas las respuestas al mensaje fueron esperanzadoras. También produjo rechazos a derecha e izquierda. Desde nuestra perspectiva actual nos sorprende el comentario de la directiva del PSOE, que tachaba el mensaje de continuista y sin contenido concreto. Pesaba, sin duda, el republicanismo histórico de los socialistas y la creencia, entonces muy extendida en los sectores marxistas, en la incapacidad de autotransformación de los regímenes autoritarios. Pero, en general, los comentarios de la prensa española y de gran parte de la extranjera subrayaban las palabras y el tono positivo del mensaje. Aunque no se había mencionado expresamente la palabra «reforma», quedaba implícita por alusiones.

Desde la oposición democrática emergida de la clandestinidad no faltaron voces que aconsejaban no empecinarse en un negativismo rígido ante las posibilidades o las ofertas reformistas, ni adoptar una actitud provocativa cuando se carecía de fuerza para sostenerla. En la dialéctica ruptura-reforma cabía distinguir el punto de vista ideológico, de adhesión a la ruptura, y el oportunismo práctico de aceptar la reforma por etapas, en cuyo caso no había por qué negar al rey el apoyo para conseguir sacarla adelante.

Los gobiernos de la transición

El rey tenía muy clara la idea de devolver al pueblo la soberanía y establecer la legitimidad democrática, en transición ordenada, de la ley a la ley. Para realizar su propósito necesitaba que los instrumentos políticos de la legalidad vigente cooperasen a ello; en primer lugar el gobierno y el Consejo del Reino. Esta institución gozaba de amplísimas facultades, incluso la de proponer los presidentes del gobierno. El rey nombró presidente del Consejo del Reino a Torcuato Fernández Miranda, que había de desempeñar muy importante papel como realizador de la transición política en la fase preconstituyente. Confirmó en el cargo de jefe del gobierno a Carlos Arias, aunque introduciendo cambios ministeriales significativos, con un programa reformista. El Consejo del Reino quedó advertido, en sesión presidida por Juan Carlos, que el rey podría apelar directamente al pueblo en referéndum, en virtud de lo dispuesto en las leyes fundamentales, si encontraba entorpecimientos o dificultades insuperables.

En efecto, el presidente Arias no resultó idóneo para proseguir la vía reformista democratizadora, trabado por las presiones del *bunker* inmovilista y por sus propias vacilaciones. La divergencia de criterios dentro del gobierno y la actitud obstruccionista de la Comisión mixta gobierno-Consejo Nacional del Movimiento, que se había creado para estudiar y preparar las leyes de reforma, impedían diseñar un programa claro, completo y en plazos razonablemente cortos.

Llegados los primeros días de julio de 1976, el rey tuvo que pedir a Carlos Arias la dimisión, para nombrar un nuevo equipo de gobierno, que estuvo presidido por un político joven, Adolfo Suárez, casi desconocido hasta entonces, que había sido secretario general del Movimiento, y que por ello estaba en condiciones de doblegar, desde dentro de la misma, las resistencias de aquella organización. Su nombramiento causó inicialmente sorpresa y desconcierto, que se refleja en los comentarios de prensa de aquellos días. Según el veterano periodista Augusto Assía, esos comentarios hicieron una verdadera demostración «de no saber lo que en política es y no es posible». Pagaban algunos la novatada del nuevo estilo político.

El rey había mantenido desde el advenimiento al trono contactos con personalidades destacadas de la oposición democrática, aunque limitados por el republicanismo visceral y la hostilidad manifiesta de algunos. Los miembros del nuevo gobierno, el propio presidente Suárez y el vicepresidente Alfonso Osorio, sobre todo, ampliaron esos contactos a todos los sectores políticos. No se trataba de una reforma otorgada, ni de una reforma negociada, sino de una reforma dialogada con las oposiciones para distender en lo posible las crispaciones y preparar el camino de una posterior inteligencia.

El gobierno Suárez, alentado por la buena acogida dispensada en el extranjero, gracias al margen de confianza ganado por el rey en los medios exteriores, trabajó con rapidez y eficacia. La colaboración del gobierno, el Consejo del Reino, el Consejo Nacional y las Cortes consiguió obviar las resistencias de quienes se consideraban custodios del anterior régimen. Las Cortes aprobaron la ley de reforma política el 18 de noviembre: hubo 425 votos a favor, 54 en contra y 13 abstenciones. El *harakiri* de la mayoría de los procuradores franquistas revelaba el convencimiento de aquella clase política de que su papel estaba acabado. La ley fue ratificada por amplia mayoría en el referéndum popular del 15 de diciembre.

Todo este proceso político se llevó a cabo sobre un telón de fondo de agitaciones callejeras, de huelgas politizadas y de brotes terroristas; pero los estallidos de violencia y presión desde la calle de los grupos opositores más radicalizados no desviaron al gobierno de sus proyectos.

Las elecciones de 1977. La constitución democrática

La ley para la reforma política era el primer paso hacia la institucionalización democrática. En un comentario de prensa de aquellos días, el conocido analista político Maurice Duverger opinaba: «La democracia no ha nacido todavía. Este texto de cinco artículos la hace posible, no la establece... Juan Carlos ha conducido notablemente esta empresa extraordinaria.» Sin embargo, la ley de reforma fue recibida dentro de España con notoria hostilidad por los comunistas, que se empeñaban en actitudes rupturistas, temerosos de quedar excluidos de la vía reformista. Tampoco fue bien recibida por los socialistas del PSOE, que recomendaron la abstención activa en el referéndum. A favor del «Sí» argumentaron, en cambio, los socialistas históricos y los de Tierno Galván.

Los resultados del referéndum fueron capitalizados políticamente por el gobierno para preparar la última etapa preconstituyente, las elecciones a Cortes. Por otra parte, aquellos resultados indujeron a las oposiciones a revisar sus planteamientos y a buscar la aproximación al gobierno, exhibiéndose como los verdaderos dispensadores de las credenciales democráticas. El gobierno ofreció negociar la participación de las oposiciones en las elecciones a Cortes. Los puntos fundamentales de esta negociación estribaron en el acatamiento del principio monárquico; la reconciliación nacional, o sea, por un lado la amnistía, y por otro la renuncia a toda responsabilidad política derivada del franquismo; la libertad sindical; y, finalmente, el acuerdo sobre la normativa electoral, con la supresión de los instrumentos organizativos del Movimiento Nacional.

La oferta de Santiago Carrillo de acatar la monarquía y la bandera nacional, a cambio de la legalización del Partido Comunista, provocó también la inflexión del PSOE, que dejó de cuestionar la institución monárquica, aunque sin renunciar a su republicanismo dogmático tradicional. De este modo, el dilema monarquía-república fue quedando relegado al olvido. La legalización del Partido Comunista, el 9 de abril de 1977, efectuada por sorpresa, creó sin embargo un momento de máxima tensión, especialmente entre las fuerzas armadas, que pareció avivar los

La ley para la Reforma política era el primer paso hacia la institucionalización democrática. La posterior legalización del partido comunista, la amnistía concedida, la libertad sindical y las elecciones celebradas el 15 de junio de 1977 devolvieron al pueblo español la soberanía. En el acto de apertura (arriba) **de las Cortes constituyentes —nuestra primera base democrática—, don Juan Carlos declaró: «La democracia ha comenzado. Ahora hemos de tratar de consolidarla.» A ello coadyuvaría, junto con la UCD, el rey con tacto, prudencia y energía en la noche del 23-F** (abajo).

A esa consolidación de la democracia ha contribuido, posteriormente, el ordenado relevo en el año 1982: a consecuencia de los resultados electorales, por vez primera se daba entrada, en la historia de España, a un gobierno socialista monocolor.

La nueva democracia española —que parece asentada sobre mejores principios y mejor voluntad de concordia— sólo se consolidará de una vez por todas con el responsable quehacer cotidiano de los gobernantes y la crítica, fiscalizadora y serena, de los gobernados. Así podremos confiar en que la sexta fundación de España aborde con éxito los tres desafíos de nuestro tiempo: la creación del Estado de las Autonomías, la integración en Europa (en la foto, firma de adhesión a la CEE) **y la fraterna llamada de Iberoamérica.**

rescoldos de la guerra civil, pero que pudo disiparse gracias a la personal intervención del rey, al ascendiente moral de la Corona y a la eficaz cooperación de la prensa, que multiplicó sus llamamientos a la serenidad y a la cordura, del que fue ejemplo el «editorial conjunto» que publicaron simultáneamente varios importantes periódicos el día 16.

La amnistía concedida, la libertad sindical y la supresión de la Organización Sindical antigua completaron las medidas conducentes a la celebración en orden de las elecciones democráticas, con importante índice de participación ciudadana. Las elecciones del 15 de junio de 1977 devolvieron al pueblo español la soberanía. Las Cortes, que se declararon constituyentes, eran la primera institución democrática, ante la que el rey, en el acto de apertura, declaró: «Al presidir esta histórica sesión veo cumplido un compromiso al que siempre me he sentido obligado como rey: el establecimiento pacífico de la convivencia democrática... Este solemne acto de hoy tiene una significación histórica muy concreta: el reconocimiento de la soberanía del pueblo español... La democracia ha comenzado... Ahora hemos de tratar de consolidarla.»

La elaboración de la constitución realizada por aquellas Cortes fue lenta y trabajosa, en el seno de la comisión constitucional y también a través de contactos complementarios irregulares, pero se logró por vez primera en España un texto constitucional de amplio consenso entre partidos opuestos, aprobado en diciembre de 1978. Era el primer instrumento para la consolidación de la democracia.

El golpe del 23-F de 1981 sirvió también para reafirmar la voluntad democrática del pueblo y de los partidos, en torno a la figura del rey Juan Carlos, que, con tacto, prudencia y energía, resolvió, una vez más, una situación crítica. A la consolidación de la democracia ha contribuido posteriormente el ordenado relevo en el poder en 1982, a consecuencia de los resultados electorales, dando entrada por primera vez en la historia de España a un gobierno socialista monocolor.

Pero la democracia política recién estrenada requiere no sólo la posibilidad de alternativas ordenadas de gobierno, sino también la cooperación continuada de todos los ciudadanos, la participación activa de ellos, el mutuo respeto, la prioridad de las cuestiones de Estado sobre los intereses de partido, el comportamiento debido de la clase política para que no se convierta en detentadora de intereses personales y contribuya, en cambio, a prestigiar desde el gobierno o desde la oposición la vida parlamentaria. Una clase política que no genere desencantos y decepciones en la sociedad que le confía su voto. Una clase política que acierte a crear el marco de seguridad pública y de garantías políticas, en el que los ciudadanos ejerzan sus derechos y libertades, sin riesgo de que sean reprimidas o menoscabadas por sectarismos y abusos de poder.

La democracia política no es un don que viene del cielo. Es una planta delicada a la que se necesita cultivar y que exige a veces sacrificios y voluntarias limitaciones a sus custodios. Uno de los clásicos de la democracia, Alexis de Tocqueville, advirtió hace más de un siglo que la perversión de ese sistema proviene de confundir «ideal democrático» con «tiranía de la mayoría». Y uno de los clásicos de nuestro tiempo, Franz von Hayeck, en *El orden político de un pueblo libre,* recordaba hace pocos años que los poderes del Estado han de ser siempre limitados, para que los gobernantes no puedan actuar a su antojo con el pretexto de la mayoría. El mecanismo funcional concreto de la democracia ha de evitar ese otro riesgo sutil de estatismo encubierto que convierte a los gobiernos en instituciones de beneficencia, expuestos a los chantajes de los intereses particulares.

Las experiencias democráticas anteriores en España fracasaron por la inmadurez política del pueblo, más propicio a dejarse arrastrar por la demagogia del trágala que por la reflexión inteligente y la voluntad de concordia; pero también porque a ese pueblo le faltaron conductores responsables dispuestos a entenderse desde la discrepancia por la vía del diálogo, de la estimación y el respeto a los contrarios. La nueva democracia española, que parece asentada sobre mejores principios y mejor voluntad de concordia, tendrá que salvar los naturales tropiezos del día a día en toda sociedad avanzada. Pero del quehacer cotidiano responsable de los gobernantes y de la crítica fiscalizadora exigente, pero serena, de los gobernados dependerá a fin de cuentas que sea ya posible, de una vez por todas, la democracia. Así podremos confiar que la sexta fundación de España, en la que estamos empeñados los españoles de fines del siglo XX, aborde con éxito los tres desafíos de nuestro tiempo: la creación del Estado de las autonomías, la integración europea y la fraterna llamada de Iberoamérica.

ÍNDICE ONOMÁSTICO

Las cifras en cursiva remiten a las ilustraciones

Impreso en Talleres Gráficos
DUPLEX, S. A.
Ciudad de Asunción, 26-D
08030 Barcelona